中华职教社第二届黄炎培职业教育思想研究规划重点课题
"黄炎培职业教育体系与中国式残疾人职业教育现代化"(ZJS2024ZN002)成果

智力与发展性障碍学生的劳动教育理论与实践

郭文斌　张占平　编著

陕西师范大学出版总社　西安

图书代号　JY25N0320SY

图书在版编目(CIP)数据

智力与发展性障碍学生的劳动教育理论与实践 / 郭文斌，张占平编著. -- 西安：陕西师范大学出版总社有限公司，2024.9. -- ISBN 978-7-5695-4692-7

Ⅰ. G76

中国国家版本馆 CIP 数据核字第 2024KA7113 号

智力与发展性障碍学生的劳动教育理论与实践
ZHILI YU FAZHANXING ZHANG'AI XUESHENG DE LAODONG JIAOYU LILUN YU SHIJIAN
郭文斌　张占平　编著

责任编辑	钱　栩
责任校对	王东升
封面设计	金定华
出版发行	陕西师范大学出版总社
	(西安市长安南路199号　邮编710062)
网　　址	http://www.snupg.com
印　　刷	西安报业传媒集团(西安日报社)
开　　本	787 mm×1092 mm　1/16
印　　张	16.75
字　　数	408千
版　　次	2024年9月第1版
印　　次	2024年9月第1次印刷
书　　号	ISBN 978-7-5695-4692-7
定　　价	59.00元

读者购书、书店添货或发现印装质量问题，请与本社高等教育出版中心联系。
电话：(029)85303622(传真)　85307864

序

中国特色社会主义事业已经进入了新时代,建设中国特色社会主义教育强国是以中国式现代化推进中华民族伟大复兴的基础工程。加强新时代劳动教育是全面贯彻落实党的教育方针的基本要求,是办好人民满意教育的重要内容,是加快建设高质量教育体系、建成教育强国的重要举措。残疾人职业教育是我国职业教育体系的重要组成部分,对于协助残疾人自身发展和更好融入社会、实现全面发展具有不可忽视的作用。2010年《国家中长期教育改革和发展规划纲要(2010—2020年)》明确提出要重视和发展特殊教育,加大对特殊教育的投入和支持力度。2017年,教育部等七部门联合发布了《第二期特殊教育提升计划(2017—2020年)》,强调推进特殊教育的融合发展,加强特殊儿童与健全儿童的交流互动,营造包容、平等、互助的社会环境。2017年《中华人民共和国残疾人教育条例》修订草案进一步强调,要保障残疾人的受教育权,完善特殊教育体系,提高特殊教育质量。各级地方政府也积极响应国家政策,制定了一系列地方性特殊教育政策。2020年教育部印发《大中小学劳动教育指导纲要(试行)》,提出职业院校要结合专业特点,进一步提高学生职业劳动技能水平,培育不断探索、精益求精、追求卓越的工匠精神和爱岗敬业的劳动态度。这些政策为智力与发展性障碍学生劳动教育发展提供了有力的政策保障。不少学校在智力与发展性障碍学生劳动教育理论研究、模式构建、资源开发与利用、条件保障等方面进行了深入研究,这是我国智力与发展性障碍学生劳动教育发展的大势所趋,也是我国劳动教育高质量发展的必然要求。

郭文斌作为我博导生涯的第 23 名博士研究生，也是我的博士关门弟子，是我认为最努力、最勤奋好学的研究生之一。2015 年 8 月他调动工作回到陕西师范大学之后，敏锐地意识到开展残疾人职业教育的重要性，于 2017 年作为主持人申报并中标国家社会科学基金教育学一般课题"基于供给侧改革的残疾人职业教育支持保障体系构建的实证研究"（BJA170099）项目，该项目于 2023 年顺利结项，他同时出版课题成果《残疾人职业教育供给侧改革的实证研究》。该成果既是郭文斌带领他指导的硕士、博士研究生在深圳元平、温州市特殊教育学校、宁波市特殊教育中心学校、玉溪市特殊教育学校等国内 20 余所特校，展开持续 5 年的残疾人职业教育相关实践研究的结晶，亦是其团队在学术刊物上发表 20 余篇残疾人职业教育相关论文，撰写的 14 篇学位论文成果的理论凝练。基于对前期残疾人职业教育相关成果的梳理和思考，郭文斌将研究对象聚焦于智力与发展性障碍学生，重点探寻智力与发展性障碍学生的劳动教育。他和眉县特殊教育学校张占平校长一起对眉县特殊教育学校多年开展的特殊学生劳动教育实践经验的总结、提炼和精选，编写成《智力与发展性障碍学生的劳动教育理论与实践》一书。该书的每部分内容均是理论与实践较好结合的产物，具有较强的学习和借鉴价值。

当本书写成之际，又适逢国家颁布并实施《残疾人中等职业学校设置标准》，大力提倡和发展残疾人职业教育，这部《智力与发展性障碍学生的劳动教育理论与实践》的出版恰逢其时，值得庆贺，这是郭文斌和张占平校长主动对残疾人劳动教育展开研究，并积极进行残疾人劳动教育实践尝试的产物。郭文斌要求我为本书写几句话，是以为序。

2024 年 1 月 19 日

前言

《智力与发展性障碍学生的劳动教育理论与实践》这本书的出版,旨在响应我国近年来对于智力与发展性障碍学生劳动教育的重视和政策倡导,为智力与发展性障碍学生劳动教育提供理论支持和实践指导。本书从学生的身心特点出发,深入剖析智力与发展障碍学生劳动教育的理念、方法、途径和策略,为从事智力与发展性障碍学生劳动教育的教师、家长和相关专业人士提供重要参考。随着社会的发展和科技的进步,人们对劳动教育的关注和认识逐渐加深。我国政府也高度重视劳动教育,并制定了一系列相关政策。2022年,教育部印发《义务教育劳动课程标准(2022年版)》,明确提出要以习近平新时代中国特色社会主义思想为指导,"遵循教育教学规律,落实立德树人根本任务,发展素质教育。以人民为中心,扎根中国大地办教育。坚持德育为先,提升智育水平,加强体育美育,落实劳动教育",大力推进义务教育阶段劳动教育的开展。教育部在深入分析和借鉴吸收国内外相关研究成果、实践经验的基础上,结合培智学校学生生理、心理发展的特点颁布实施了《培智学校义务教育劳动技能课程标准(2016年版)》。培智学校的劳动技能教育能帮助特殊学生更好地适应生活和融入社会,对特殊学生的发展具有十分重要的意义。该标准的颁布和实施,旨在让培智学生通过自我服务、家务劳动、公益劳动和简单生产劳动技能的学习,形成独立或半独立的生活能力,为平等参与社会生活和就业打好基础。《中华人民共和国残疾人教育法》修订草案进一步强调,要保障残疾人的受教育权,完善特殊教育体系,提高特殊教育质量。在这样的政策背景下,智力与发展性障碍学生劳动教育正逐渐成为我国教育领域的一个热点话题。劳动教育是新时代党对教育的新要求,是中国特色社会主义教育制度的重要内容,是全面发展教育体系的重要组成部分,是残疾人职业教育必须开展的教育活动。它强调劳动是一切财富、价值的源泉,一切劳动和劳动者都应该得到鼓励和尊重;倡导通过诚实劳动创造美好生活、实现人生梦想,要求必须加强学校教育与社会生活、生产实践的直接联系,发挥劳动在个人与社会之间的纽带作用,引导学生认识社会,增强社会责任感;引导学生以动手实践为主要方式,在认识世界的基础上,获得有积极意义的价值体验,学会建设世界,塑造自己,实现树德、增智、强体、育美的目的。通过劳动教育,智力与发展性障碍学生可以学会与健全儿童交往、互动,培养自己的自尊、自信和独立意识,为其未来的学习和生活奠定坚实基础。

本书的作者长期从事特殊儿童劳动教育工作,具有丰富的实践经验和理论素养。书中所提出的智力与发展性障碍学生劳动教育理念和方法,紧密围绕国家相关政策,充分体现了时代精神。全书共分为八章,从智力与发展性障碍学生劳动教育的概述入手,详细介绍了智力与发展性障碍学生劳动教育的产生与发展、现状与趋势、课程设置、模式构建、实践类型等。同时,本书还结合大量实际案例,为读者提供了可操作性强的教育建议和实践指导。值得一提的是,本书在阐述智力与发展性障碍学生劳动教育的同时,还特别强调要加强从知识、健康、法律方面提供坚实保障,为智力与发展性障碍学生劳动教育的实施提供更加全面、深入的支持。

第一章智力与发展性障碍学生劳动教育绪论,主要从三个方面进行阐述,首先,概述智力与发展性障碍学生劳动教育的历史与现状,从中总结经验、把握规律,增强在智力与发展性障碍学生劳动教育领域不断开拓前进的勇气和力量;其次,全面介绍智力与发展性障碍学生劳动教育的目标,为该领域更好发展锚定方向;最后,深入分析智力与发展性障碍学生劳动教育的价值,逐一分析其生存价值,以及树德、增智、强体、育美综合价值,为其发展提供有力抓手,从而引导更多学者不断加深对该领域研究,更好推动智力与发展性障碍学生劳动教育发展。

第二章智力与发展性障碍学生劳动教育的理论基础,主要包含三方面内容:一是智力与发展性障碍学生概述,对智力障碍、发展性障碍、智力与发展性障碍等核心概念及相关特征进行了概述,并介绍了智力与发展性障碍学生的诊断与评估。二是智力与发展性障碍学生劳动教育相关理论,系统梳理了人的全面发展理论、具身认知理论、情境学习理论,及其在智力与发展性障碍学生劳动教育中的应用,为残疾人劳动教育发展提供理论支撑。三是智力与发展性障碍学生劳动教育相关思想,主要介绍了国内外近现代代表性的劳动教育思想,包括马克思、恩格斯的劳动教育思想,马卡连柯的劳动教育思想,蔡元培、黄炎培、陶行知等的劳动教育思想,这对发挥智力与发展性障碍学生劳动潜能、提高身体运动能力、促进身心和谐同样具有重要意义。

第三章智力与发展性障碍学生劳动教育现状分析,主要包含三方面内容:一是智力与发展性障碍学生劳动教育资源的现状,主要对劳动教育课程概念、发展历程、实施要点、师资建设、实践基地、教育设备等内容进行了简要介绍,初步描述了残疾人劳动教育现状。二是智力与发展性障碍者劳动教育模式的现状,详细介绍了实践教学模式、社会实践模式、竞赛活动模式、课程融合模式等,并对其实施要点进行了简要分析。三是智力与发展性障碍学生劳动教育机制的现状,主要介绍了家庭劳动教育机制、学校劳动教育课程机制、劳动教育全社会共同联动机制。

第四章智力与发展性障碍学生劳动教育的课程设置,主要包含四方面内容:一是智力与发展性障碍学生劳动教育课程的目标设置,参考义务教育、培智教育等相关课程标准,将其主要分为核心素养目标、总目标、分段目标,具有体系化和阶段化特点。二是智力与发展性障碍学生劳动教育课程内容,主要包含劳动教育课程内容设置原则、劳动教育课程内容设置思想、劳动教育课程内容的学段设置。三是智力与发展性障碍学生劳动教育课程实施,详细介绍了课程实施要坚持的原则,包括先评估后实施原则,个人选择和家长、教师、专家推荐选择相结合原则和适应性原则三种劳动教育基本原则,六种劳动教育实施主要原则:生活性原则、实践性原则、整合性原则等。四是智力与发展性障碍学生劳动教育课程评价,主要围绕评价目的、评价原则、评价建议和评价量表探索四个方面进行介绍,这是对教育活动、教育过程和教育结果进行价值判断,为提高教育质量和教育决策提供依据的过程。

第五章智力与发展性障碍学生劳动教育模式的构建,主要包含四方面内容:一是学前段智力与发展性障碍学生劳动教育模式的构建,主要从劳动教育模式的构建类型、构建原则以及路径三个方面进行论述。二是义务段智力与发展性障碍学生劳动教育模式的构建,主要包括劳动实践教学模式、社会劳动实践模式、劳动竞赛模式以及融合劳动教育课程四种模式。三是智力与发展性障碍学生职业教育模式的构建,主要以庇护性就业、支持性就业、援助性创业三种主要就业模式为主。四是智力与发展性障碍学生职业转衔模式的构建,开展了"3+4"智力与发展性障碍学生职业转衔教育模式的探索和实践,探寻帮助智力与发展性障碍学生从"学校人"到"社会人"顺利转变的路径。

第六章智力与发展性障碍学生劳动教育的实践类型,主要包含三方面内容:一是智力与发展性障碍学生学校劳动教育的实践,主要从生活自理类劳动教育的实践、生活体验类劳动教育的实践、劳动技能类劳动教育的实践、安全教育类劳动教育实践四个方面开展。二是智力与发展性障碍学生家庭劳动教育的实践,按照学生年龄的发展顺序和特点,主要从自我服务类劳动教育的实践、家庭服务类劳动教育的实践、社区服务类劳动教育实践三方面开展。三是智力与发展性障碍学生社会劳动教育的实践,主要从生产类劳动教育的实践、社会服务类劳动教育的实践、文化类劳动教育的实践三方面开展。

第七章智力与发展性障碍学生劳动教育资源的开发利用,主要包含三方面内容:一是学校劳动教育资源的开发与利用,主要介绍学校劳动教育资源是最方便获取、最适于规划的教育资源,是培养学生劳动价值观和劳动品质的主阵地与重要来源,详细介绍其内涵、特点与要求。二是家庭劳动教育资源的开发与利用,详细介绍家庭劳动教育人力资源的基本情况,包括物质资源、人力资源、心理资源、文化资源和活动资源等。三是社会劳动教育资源的开发与利用,详细介绍了社会劳动教育资源的特点和发展现状,主要包含劳动实践基地资源、乡土劳动教育资源、社区劳动教育资源、城镇职业体验资源等,并对其利用方式与学段要求进行了阐述。

第八章智力与发展性障碍学生劳动教育的条件保障,主要包含三方面内容:一是智力与发展性障碍学生劳动教育的安全知识保障,对其概念、意义、内容进行了简要介绍,指出在低龄段开展安全教育,有利于智力与发展性障碍儿童丰富和熟练安全知识和技能。二是智力与发展性障碍学生劳动教育的健康保障,主要包括包含身体健康、心理健康和环境和谐健康,这些均属于教育健康保障,是智力与发展性障碍学生开展好劳动教育不可或缺的部分。三是智力与发展性障碍学生劳动教育的法律保障,详细介绍了劳动教育法律保障的内涵、主要内容和构建举措。

　　本书内容虽然参阅了大量国内外相关研究资料,但由于作者能力水平所限,书中内容难免存在错误和疏漏之处,敬请各位读者批评指正。

郭文斌　张占平
2024 年 1 月

目 录

第一章　智力与发展性障碍学生劳动教育绪论 ················· 1
　　第一节　智力与发展性障碍学生劳动教育的历史与现状 ············ 2
　　第二节　智力与发展性障碍学生劳动教育的目标 ··············· 11
　　第三节　智力与发展性障碍学生劳动教育的价值 ··············· 15

第二章　智力与发展性障碍学生劳动教育的理论基础 ············· 20
　　第一节　智力与发展性障碍学生概述 ····················· 21
　　第二节　智力与发展性障碍学生劳动教育相关理论 ·············· 34
　　第三节　智力与发展性障碍学生劳动教育相关思想 ·············· 37

第三章　智力与发展性障碍学生劳动教育现状分析 ··············· 47
　　第一节　智力与发展性障碍学生劳动教育资源的现状 ············· 48
　　第二节　智力与发展性障碍学生劳动教育模式的现状 ············· 58
　　第三节　智力与发展性障碍学生劳动教育机制的现状 ············· 65

第四章　智力与发展性障碍学生劳动教育的课程设置 ············· 75
　　第一节　智力与发展性障碍学生劳动教育课程的目标设置 ··········· 76
　　第二节　智力与发展性障碍学生劳动教育课程内容 ·············· 83
　　第三节　智力与发展性障碍学生劳动教育课程实施 ·············· 97
　　第四节　智力与发展性障碍学生劳动教育课程评价 ·············· 109

第五章　智力与发展性障碍学生劳动教育模式的构建 ············· 126
　　第一节　学前段智力与发展性障碍幼儿劳动教育模式的构建 ········· 127

第二节 义务段智力与发展性障碍学生劳动教育模式的构建 ······ 130

第三节 智力与发展性障碍学生职业教育模式的构建 ······ 136

第四节 智力与发展性障碍学生职业转衔模式的构建 ······ 144

第六章 智力与发展性障碍学生劳动教育的实践类型 ······ 152

第一节 智力与发展性障碍学生劳动教育的学校实践 ······ 153

第二节 智力与发展性障碍学生劳动教育的家庭实践 ······ 160

第三节 智力与发展性障碍学生劳动教育的社会实践 ······ 165

第七章 智力与发展性障碍学生劳动教育资源的开发与利用 ······ 171

第一节 学校劳动教育资源的开发与利用 ······ 172

第二节 家庭劳动教育资源的开发与利用 ······ 176

第三节 社会劳动教育资源的开发与利用 ······ 185

第八章 智力与发展性障碍学生劳动教育的条件保障 ······ 192

第一节 智力与发展性障碍学生劳动教育的安全知识保障 ······ 193

第二节 智力与发展性障碍学生劳动教育的健康保障 ······ 199

第三节 智力与发展性障碍学生劳动教育的法律保障 ······ 209

参考文献 ······ 215

附录 ······ 218

跋 ······ 254

第一章

智力与发展性障碍学生劳动教育绪论

学习目标

1. 了解智力与发展性障碍学生劳动教育的历史与现状。

2. 理解智力与发展性障碍学生劳动教育在国家、社会、学校、家庭和个人层面的目标。

3. 理解并掌握智力与发展性障碍学生劳动教育的价值。

知识导图

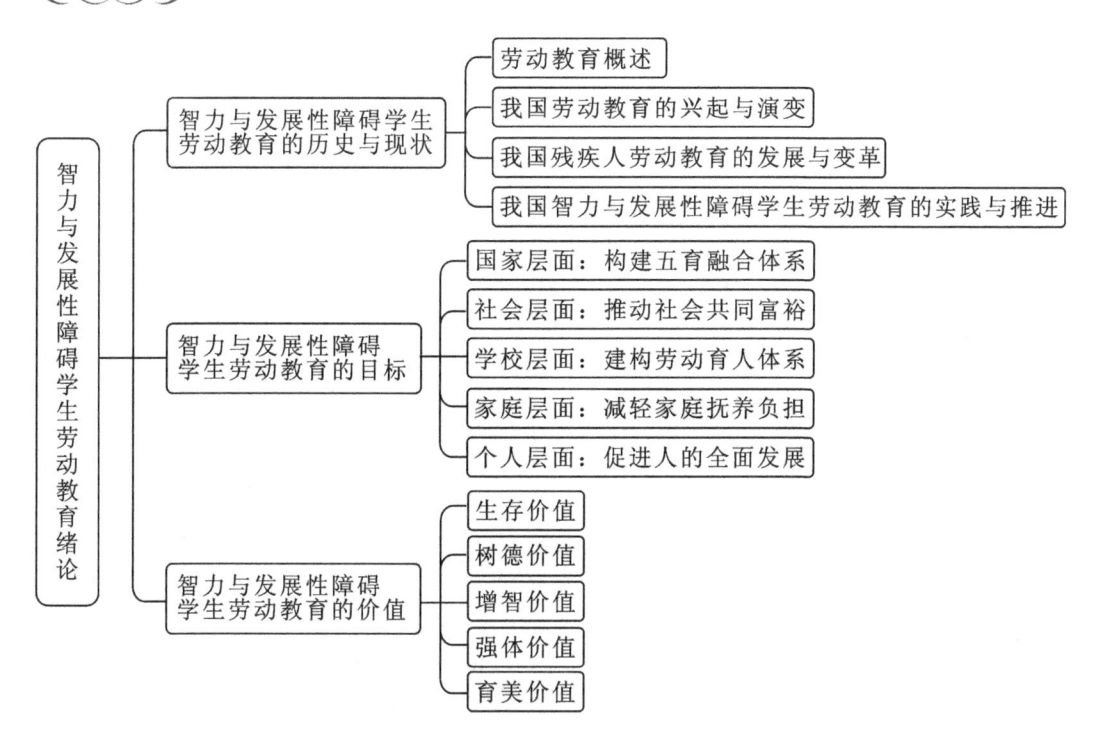

- 智力与发展性障碍学生劳动教育绪论
  - 智力与发展性障碍学生劳动教育的历史与现状
    - 劳动教育概述
    - 我国劳动教育的兴起与演变
    - 我国残疾人劳动教育的发展与变革
    - 我国智力与发展性障碍学生劳动教育的实践与推进
  - 智力与发展性障碍学生劳动教育的目标
    - 国家层面：构建五育融合体系
    - 社会层面：推动社会共同富裕
    - 学校层面：建构劳动育人体系
    - 家庭层面：减轻家庭抚养负担
    - 个人层面：促进人的全面发展
  - 智力与发展性障碍学生劳动教育的价值
    - 生存价值
    - 树德价值
    - 增智价值
    - 强体价值
    - 育美价值

导读

在现代社会中,劳动教育被视为一种促进学生全面发展的重要手段。然而,对于智力与发展性障碍学生而言,他们的家长有着更为朴素的期望:希望孩子能够基本沟通、生活自理,以及更好地融入社会。这些期望虽然看似简单,但对于智力与发展性障碍学生来说,却是一条充满挑战的旅程。智力与发展性障碍学生在成长的道路上面临着比健全儿童更多的困难和障碍。然而,正如人们常说的,"每个人都有努力生活、爱护他人的权利"。智力与发展性障碍学生也不例外,他们同样拥有通过劳动教育提升自身能力、实现自我价值的机会。

思考

1. 你接触过智力与发展性障碍学生吗?
2. 你认为智力与发展性障碍学生劳动教育的价值何在?

第一节 智力与发展性障碍学生劳动教育的历史与现状

本节主要阐明劳动教育与教育、职业教育、劳动技能等概念之间的联系和区别,明确劳动教育的内涵和特征,介绍我国劳动教育的兴起与演变、残疾人劳动教育的发展与变革,以及智力与发展性障碍学生劳动教育的实践与推进过程。

一、劳动教育概述

在社会政治、经济、文化等多方面因素的影响下,劳动教育在不同时期被赋予了不同的意义和概念。2020年,教育部印发的《大中小学劳动教育指导纲要(试行)》明确指出,"劳动教育是发挥劳动的育人功能,对学生进行热爱劳动、热爱劳动人民的教育活动"[①]。但在实际的应用过程中,劳动教育的概念易与其他概念混淆,下面就劳动教育的概念界定、对象与内容、劳动教育与相关概念的辨析等进行阐述,以进一步明确劳动教育的内涵和特征。

(一)劳动教育概念

1. 劳动

劳动是一种客观存在的现象,有关劳动的定义一致认同劳动是人类特有的基本的社

---

① 教育部.《大中小学劳动教育指导纲要(试行)》[EB/OL]. (2020-07-09)[2023-08-03]. http://www.moe.gov.cn/srcsite/A26/jcj_kcjcgh/202007/t20200715_472808.html.

会实践活动,即人类在劳动中证明人的本质,但不同领域在关于劳动具体内涵的阐述上有所区别。

《中国大百科全书(哲学卷)》认为,劳动是人类特有的基本的社会实践活动,也是人类通过有目的的活动改造自然对象并在这一活动中改造人自身的过程。[①]《教育大辞典》将劳动定义为人类特有的基本的社会实践活动。人类凭借工具改造自然物,使之适合自己需要,同时改造人自身的有目的的活动。劳动首先是人与自然之间的一种物质和能量的交换过程,即"人以自己的活动来引起、调整和控制人和自然之间物质交换的过程"[②]。在劳动过程中,人通过劳动资料(工具)作用于自然,改变着自然物的存在形态,在自然物上实现自己的目的。劳动的自觉目的性表明人是能动地支配自然界,这是人和动物的本质区别。人类所特有的劳动只有在一定的社会关系、社会结合形式中才能实现。劳动过程最简单的要素有三:一是有目的的活动或劳动本身;二是劳动对象或人作用于其上的自然物(客体);三是劳动资料或工具。[③]《义务教育劳动教育课程标准(2022年版)》中提出,劳动是创造物质财富和精神财富的过程,是人类特有的基本社会实践活动。

2. 劳动教育

劳动教育,顾名思义是"关于劳动的教育",对劳动教育实践问题的探究离不开对劳动教育本质内涵的理解和把握。《教育大辞典》将劳动教育定义为在劳动、生产、技术和劳动素养方面的教育,同时指出劳动教育的主要任务有:(1)培养学生正确的劳动观点;(2)培养学生正确的劳动态度;(3)培养学生具有良好的劳动习惯、艰苦奋斗作风;(4)使学生获得工农业生产的基本知识和技能。[④]

《义务教育劳动教育课程标准(2022年版)》指出劳动教育是发挥劳动的育人功能,对学生进行热爱劳动、热爱劳动人民的教育活动。劳动教育有三个基本特征:一是鲜明的思想性,强调劳动者是国家的主人,一切劳动和劳动者都应该得到鼓励和尊重,反对一切不劳而获、崇尚暴富、贪图享乐的错误思想;二是突出的社会性,要求引导学生走向社会,认识社会,强化责任担当意识,体会社会主义社会平等、和谐的新型劳动关系;三是显著的实践性,以动手实践为主要方式,引导学生在认识世界的基础上,学会建设世界,塑造自己,实现树德、增智、强体、育美的目的。劳动教育主要内容包括日常生活劳动、生产劳动和服务性劳动中的知识、技能与价值观。

此外,不同学者对劳动教育的内涵进行了探讨。例如:黄济认为劳动是人类特有的活动,是人类区别于动物的本质特征,是人类社会赖以生存和发展的基础。他在此基础

---

① 马俊峰.劳动[M/OL]//中国大百科全书.北京:中国大百科全书出版社.[2023-06-12]. https://www.zgbk.com/ecph/words? SiteID=1&ID=91537&Type=bkzyb&SubID=101978.
② 顾明远.教育大辞典:上[M].增订合编本.上海:上海教育出版社,1998:930.
③ 顾明远.教育大辞典:上[M].增订合编本.上海:上海教育出版社,1998:934.
④ 顾明远.教育大辞典:上[M].增订合编本.上海:上海教育出版社,1998:296.

上提出学校的劳动教育,包括两大方面:一是劳动技能的培养,二是思想品德的教育。劳动教育与其他教育有着密切的联系。[①] 檀传宝提出"劳动教育"是以促进学生形成劳动价值观(即确立正确的劳动观点、积极的劳动态度,热爱劳动和劳动人民等)和养成劳动素养(有一定劳动知识与技能、形成良好的劳动习惯等)为目的的教育活动。他认为,劳动教育其实就是一般素养的"学以致用",或者德智体美学习之后的"理论联系实际"环节。如此,与德育、智育、体育、美育等边界明确的概念不同,所谓"劳动教育"其实是一个复合性的教育概念。[②]

(二)劳动教育对象与内容

2020年3月,《中共中央 国务院关于全面加强新时代大中小学劳动教育的意见》(以下简称《意见》)发布,为落实《意见》,加快构建德智体美劳全面培养的教育体系,2020年7月,教育部印发《大中小学劳动教育指导纲要(试行)》(以下简称《指导纲要》),为劳动教育的实施进一步指明了方向。2021年3月,《教育部关于大力推进幼儿园与小学科学衔接的指导意见》(以下简称《指导意见》)发布,首次将促进儿童德智体美劳全面发展和身心健康成长作为指导思想,为推进新时代幼儿劳动教育提供了政策基础。

根据《意见》《指导纲要》和《指导意见》,劳动教育应贯通大中小学、学前各学段,劳动教育对象包含学前、小学、初中、普通高中、职业院校、普通高等学校学生,大中小学根据教育目标,针对不同学段、类型学生特点,以日常生活劳动、生产劳动和服务性劳动为主要内容开展劳动教育。结合产业新业态、劳动新形态,注重选择新型服务性劳动的内容。现将《意见》《指导纲要》和《指导意见》中有关劳动教育各学段及相对应的劳动教育内容的表述汇总如下。

1. 学前

《指导意见》将"促进儿童德智体美劳全面发展"作为指导思想,提出要关注儿童发展的可持续性,培养有益于儿童终身发展的习惯与能力。幼儿期是个体生长发展最关键、最基础的时期,在学前阶段加强劳动教育,鼓励幼儿主动参加各种力所能及的劳动教育实践,培养劳动兴趣和基础劳动素养,是促进儿童德智体美劳全面发展的良好途径。但目前幼儿劳动教育缺乏顶层设计,尚无系统的幼儿劳动课程体系,新时代幼儿劳动教育的独特育人作用难以充分发挥,关于幼儿劳动教育的问题仍需进一步探讨。

2. 小学

(1)小学低年级

《意见》指出小学低年级要注重围绕劳动意识的启蒙,让学生学习日常生活自理,感知劳动乐趣,知道人人都要劳动。《指导纲要》提出小学低年级要以个人生活起居为主要

[①] 黄济.关于劳动教育的认识和建议[J].江苏教育学院学报(社会科学版),2004(5):17-22.
[②] 檀传宝.劳动教育的概念理解:如何认识劳动教育概念的基本内涵与基本特征[J].中国教育学刊,2019(2):82-84.

内容,开展劳动教育,注重培养劳动意识和劳动安全意识,使学生懂得人人都要劳动,感知劳动乐趣,爱惜劳动成果。指导学生:(1)完成个人物品整理、清洗,进行简单的家庭清扫和垃圾分类等,树立自己的事情自己做的意识,提高生活自理能力;(2)参与适当的班级集体劳动,主动维护教室内外环境卫生等,培养集体荣誉感;(3)进行简单手工制作,照顾身边的动植物,关爱生命,热爱自然。

(2)小学中高年级

《意见》指出小学中高年级要注重围绕卫生、劳动习惯养成,让学生做好个人清洁卫生,主动分担家务,适当参加校内外公益劳动,学会与他人合作劳动,体会到劳动光荣。《指导纲要》提出小学中高年级要以校园劳动和家庭劳动为主要内容开展劳动教育,体会劳动光荣,尊重普通劳动者,初步养成热爱劳动、热爱生活的态度。指导学生:(1)参与家居清洁、收纳整理,制作简单的家常餐等,每年学会1—2项生活技能,增强生活自理能力和勤俭节约意识,培养家庭责任感;(2)参加校园卫生保洁、垃圾分类处理、绿化美化等,适当参加社区环保、公共卫生等力所能及的公益劳动,增强公共服务意识;(3)初步体验种植、养殖、手工制作等简单的生产劳动,初步学会与他人合作劳动,懂得生活用品、食品来之不易,珍惜劳动成果。

3. 初中

《意见》指出初中要注重围绕增加劳动知识、技能,加强家政学习,开展社区服务,适当参加生产劳动,使学生初步养成认真负责、吃苦耐劳的品质和职业意识。《指导纲要》提出初中要兼顾家政学习、校内外生产劳动、服务性劳动,安排劳动教育内容,开展职业启蒙教育,体会劳动创造美好生活,养成认真负责、吃苦耐劳的劳动品质和安全意识,增强公共服务意识和担当精神。让学生:(1)承担一定的家庭日常清洁、烹饪、家居美化等劳动,进一步培养生活自理能力和习惯,增强家庭责任意识;(2)定期开展校园包干区域保洁和美化,以及助残、敬老、扶弱等服务性劳动,初步形成对学校、社区负责任的态度和社会公德意识;(3)适当体验包括金工、木工、电工、陶艺、布艺等项目在内的劳动及传统工艺制作过程,尝试家用器具、家具、电器的简单修理,参与种植、养殖等生产活动,学习相关技术,获得初步的职业体验,形成初步的生涯规划意识。

4. 普通高中

《意见》指出普通高中要注重围绕丰富职业体验,开展服务性劳动、参加生产劳动,使学生熟练掌握一定劳动技能,理解劳动创造价值,具有劳动自立意识和主动服务他人、服务社会的情怀。《指导纲要》提出高中要注重围绕丰富职业体验,开展服务性劳动和生产劳动,理解劳动创造价值,接受锻炼、磨炼意志,具有劳动自立意识和主动服务他人、服务社会的情怀。指导学生:(1)持续开展日常生活劳动,增强生活自理能力,固化良好劳动习惯;(2)选择服务性岗位,经历真实的岗位工作过程,获得真切的职业体验,培养职业兴趣;积极参加大型赛事、社区建设、环境保护等公益活动、志愿服务,强化社会责任意识和奉献精神;(3)统筹劳动教育与通用技术课程相关内容,从工业、农业、现代服务业以及中华优秀传统文化特色项目中,自主选择1—2项生产劳动,经历完整的实践过程,提高创意物化能力,养成吃苦耐劳、精益求精的品质,增强生涯规划的意识和能力。

5. 职业院校

《意见》指出中等职业学校重点是结合专业人才培养,增强学生职业荣誉感,提高职业技能水平,培育学生精益求精的工匠精神和爱岗敬业的劳动态度。《指导纲要》提出职业院校要重点结合专业特点,增强职业荣誉感和责任感,提高职业劳动技能水平,培育积极向上的劳动精神和认真负责的劳动态度。组织学生:(1)持续开展日常生活劳动,自我管理生活,提高劳动自立自强的意识和能力;(2)定期开展校内外公益服务性劳动,做好校园环境秩序维护,运用专业技能为社会、为他人提供相关公益服务,培育社会公德,厚植爱国爱民的情怀;(3)通过实习实训参与真实的生产性劳动与服务性劳动,在实践过程中深化职业认同感与劳动自豪感,提升创意转化能力,培育精益求精、追求卓越的工匠精神,树立爱岗敬业的职业态度。在此过程中,引导学生深刻理解"三百六十行,行行出状元"的价值观,体认劳动无分贵贱,领悟平凡岗位的光荣性,坚定"任何职业皆可成就卓越"的信念。

6. 普通高等学校

《意见》指出高等学校要注重围绕创新创业,结合学科和专业积极开展实习实训、专业服务、社会实践、勤工助学等,重视新知识、新技术、新工艺、新方法应用,创造性地解决实际问题,使学生增强诚实劳动意识,积累职业经验,提升就业创业能力,树立正确择业观,具有到艰苦地区和行业工作的奋斗精神,懂得空谈误国、实干兴邦的深刻道理;注重培育公共服务意识,使学生具有面对重大疫情、灾害等危机主动作为的奉献精神。《指导纲要》提出普通高等学校要强化马克思主义劳动观教育,注重围绕创新创业,结合学科专业开展生产劳动和服务性劳动,积累职业经验,培育创造性劳动能力和诚实守信的合法劳动意识。使学生:(1)掌握通用劳动科学知识,深刻理解马克思主义劳动观和社会主义劳动关系,树立正确的择业就业创业观,具有到艰苦地区和行业工作的奋斗精神;(2)巩固良好日常生活劳动习惯,自觉做好宿舍卫生保洁,独立处理个人生活事务,积极参加勤工助学活动,提高劳动自立自强能力;(3)强化服务性劳动,自觉参与教室、食堂、校园场所的卫生保洁、绿化美化和管理服务等,结合"三支一扶"、大学生志愿服务西部计划、"青年红色筑梦之旅""三下乡"等社会实践活动开展服务性劳动,强化公共服务意识和面对重大疫情、灾害等危机主动作为的奉献精神;(4)重视生产劳动锻炼,积极参加实习实训、专业服务和创新创业活动,重视新知识、新技术、新工艺、新方法的运用,提高在生产实践中发现问题和创造性解决问题的能力,在动手实践的过程中创造有价值的物化劳动成果。

(三)劳动教育与相关概念辨析

1. 劳动教育与教育

劳动教育是一种以培养学生的劳动素养为主要内容和目的的教育活动,包括传授劳动知识、技能、观念、品格等,使学生在参与各种形式和内容的劳动实践中,实现德、智、体、美等方面的全面发展。[①] 教育是人类有目的地培养人的一种社会活动,是有目的地增进人的知识和功能,影响人的思想品德的活动。[②] 劳动教育是教育的重要组成部分,它既是教育的手段,也是教育的内容。作为教育的手段,劳动教育可以激发学生的学习兴趣,提高学生的学习效率,培养学生的创新精神和实践能力。作为教育的内容,劳动教育可以传授学生必要的劳动知识和技能,培养学生正确的劳动观念和品质,增强学生的社会责任感和公民意识。

2. 劳动教育与职业教育

2022年4月新修订的《中华人民共和国职业教育法》指出职业教育是指为了培养高素质技术技能人才,使受教育者具备从事某种职业或者实现职业发展所需要的职业道德、科学文化与专业知识、技术技能等职业综合素质和行动能力而实施的教育,包括职业学校教育和职业培训。[③] 职业教育是劳动教育的专业版,职业教育的培养目标本身就包含工作或劳动技能,是与劳动操作密切相关的专业教育。[④] 劳动教育是职业教育的基础和前提,两者均发挥了劳动的育人功能,都要求学生掌握必要的劳动知识和技能,培养正确的劳动观念和品格,增强社会责任感和公民意识。两者的区别主要在于侧重点和范围不同,劳动教育侧重于培养学生的劳动观念、劳动能力、劳动习惯与品质及劳动精神,适用于所有年龄阶段的学生。职业教育则更加专业化和系统化,侧重培养学生对特定职业或专业领域的能力和素养,主要针对初中以上的学生开展中等职业教育、高等职业教育、成人职业教育。

3. 劳动教育与劳动技能

劳动技能是指从事各种类型和层次的劳动所需的知识、技能和方法,包括基本的劳动操作技能、专业的劳动技术技能和创新的劳动创造技能等。[⑤] 劳动技能这一概念一直在培智学校课程体系中占据着重要地位。1987年原国家教委印发的《全日制弱智学校

[①] 曲波.新时代劳动教育的思想意涵与实践要义[N].光明日报,2019-05-06(6).
[②] 教育学原理编写组.教育学原理[M].北京:高等教育出版社,2019:45.
[③] 教育部.中华人民共和国职业教育法[EB/OL].(2022-04-20)[2023-08-03].http://www.moe.gov.cn/jyb_sjzl/sjzl_zcfg/zcfg_jyfl/202204/t20220421_620064.html?eqid=eb0926c80009b67000000000 06642ea00b.
[④] 赵伟.试论劳动、劳动教育和职业教育的关系[J].中国高教研究,2019(11):103-108.
[⑤] 中共中央 国务院关于全面加强新时代大中小学劳动教育的意见[EB/OL].(2020-03-26)[2023-08-03].http://www.gov.cn/zhengce/2020-03/26/content_5495977.htm.

(班)教学计划(征求意见稿)》提出把劳动技能课程设置为弱智学校的一门重要课程。[①] 2007年颁布的《培智学校义务教育课程设置实验方案》将劳动技能课程作为六大必修课程之一[②],进一步确立了劳动技能课程的地位。《培智学校义务教育劳动技能课程标准(2016年版)》则对劳动技能课程做了详细的规定与说明,蕴含了培智学校劳动教育的基本理念与实施内容,是培智学校劳动教育的缩影[③]。劳动教育是一种复合性的教育概念,与德育、智育、体育、美育有着内在的联系和融合。劳动教育中的"劳动"不仅包括体力劳动,也包括脑力劳动和创造性劳动,强调身心参与,注重手脑并用[④]。劳动教育的最终目的是培养学生的劳动素养,通过教授和训练学生掌握必要的劳动知识和技能,提高学生的劳动素养。而劳动技能只是劳动教育中的一项内容,《大中小学劳动教育指导纲要(试行)》中则用"劳动能力"一词指代劳动知识和技能,指向劳动技能的培养目标在当今时代已较为单一,而由劳动观念、劳动能力、劳动习惯与品质以及劳动精神构成的劳动教育更适用于新时代人才的培养。

二、我国劳动教育的兴起与演变

劳动教育思想是对劳动教育的目的、内容、方法、价值等方面的认识和主张,是马克思主义教育思想的重要组成部分,也是中国共产党对马克思主义教育思想的创造性发展和丰富。

(一)劳动教育的萌芽期(19世纪末—20世纪初)

随着资本主义工业化的发展和无产阶级运动的兴起,马克思主义劳动观逐渐形成,马克思、恩格斯指出:劳动是一种客观活动,是实现人的全面发展的重要途径,而教育与生产劳动的结合是实现人的全面发展的必经之路。这一时期,劳动被认为是人类生存和发展的根本条件,也是人类自由和全面发展的必要手段。马克思主义教育观主张在社会主义社会中,实行生产劳动与身心教育相结合的综合性教育,以培养全面发展的社会主义新人。[⑤] 这一时期新中国刚成立不久,由于社会经济恢复与发展的需要,劳动教育开始

---

① 全日制弱智学校(班)教学计划(征求意见稿)[J].人民教育,1988(6):8-9.
② 教育部.《盲校义务教育课程设置实验方案》《聋校义务教育课程设置实验方案》和《培智学校义务教育课程设置实验方案》的通知[EB/OL].(2007-02-02)[2023-08-03]. http://www.moe.gov.cn/srcsite/A06/s3331/200702/t20070202_128271.html.
③ 魏英杰.《培智学校义务教育劳动技能课程标准》解读[J].现代特殊教育,2018(11):34-36.
④ 教育部.大中小学劳动教育指导纲要(试行)[EB/OL].(2020-07-09)[2023-08-03]. http://www.moe.gov.cn/srcsite/A26/jcj_kcjcgh/202007/t20200715_472808.html.
⑤ 李珂,曲霞.1949年以来劳动教育在党的教育方针中的历史演变与省思[J].教育学报,2018,14(5):63-72.

受到党和政府的重视,将教育与生产劳动相结合成为适应社会主义发展的教育新形式。① 此时的劳动教育作为教育与劳动的过程性统一,体现了马克思主义劳动观与人的发展观的思想实质。

(二)劳动教育的初步形成期(20世纪20年代—20世纪50年代)

受马克思主义劳动观和教育观的影响,我国逐步确立了以马克思主义为指导的新型教育方针,将劳动教育作为革命斗争和社会建设的重要内容,倡导以工农为主体,实行工农兵学员制、半工半读制、半军半民制等多种形式的教育。② 这一时期我国较长时间处在"落后的生产力与人民日益增长的物质文化需要之间的矛盾"之中。在某些物资极度匮乏时期,老百姓最基本的衣食住行都成问题,彼时加强劳动教育的一个重要理由就是为儿童未来投入"生产劳动"做准备,学校劳动教育本身也曾经是社会"生产劳动"的一部分。③

(三)劳动教育的完善发展期(20世纪60年代—20世纪90年代)

1978年,邓小平在全国教育工作会议上提出,"为了培养社会主义建设需要的合格的人才,我们必须认真研究在新的条件下,如何更好地贯彻教育与生产劳动相结合的方针"④。1981年,《关于建国以来党的若干历史问题的决议》中首次提出"知识分子与工人农民相结合、脑力劳动与体力劳动相结合的教育方针"⑤。21世纪我国进入全面建设小康社会时期,劳动创造性价值加强。2001年《国务院关于基础教育改革与发展的决定》中把"教育与生产劳动相结合"扩展为"教育与生产劳动和社会实践相结合"。⑥ 这一阶段,劳动教育不仅注重体力劳动,也关注脑力劳动,劳动教育的核心内容是思想道德教育和技术教育。在培养思想品德方面明确了劳动教育的范围,在加强技术教育方面体现了时代进步对技能型人才的需求。

(四)劳动教育的调整创新期(21世纪初至今)

2020年3月,《中共中央 国务院关于全面加强新时代大中小学劳动教育的意见》,指出劳动教育是中国特色社会主义教育制度的重要内容,直接决定社会主义建设者和接班

---

① 张敏.我国劳动教育政策变迁的轨迹、机制与成效[J].湖南农业大学学报(社会科学版),2023,24(2):93-100.
② 朱洪波,曾维华.新时代党的教育方针的历史演进与价值意蕴[J].马克思主义哲学,2023(2):66-75.
③ 檀传宝.劳动教育之新旧:我的三点忧虑[J].北京教育(普教版),2020(5):32-34.
④ 邓小平.邓小平文选:第2卷[M].北京:人民出版社,1994:107.
⑤ 中国教育年鉴(1949—1981)[M].北京:中国大百科全书出版社,1984:85.
⑥ 宋乃庆,王晓杰.新中国成立以来我国劳动教育政策发展:回眸与展望[J].思想理论教育导刊,2020(2):76-80.

人的劳动精神面貌、劳动价值取向和劳动技能水平。① 2020年7月,教育部印发了《大中小学劳动教育指导纲要(试行)》,具体阐述了劳动教育的性质、理念、目标、内容、途径、关键环节、评价、规划实施、保障支持等内容,认为劳动教育的实施重点是在系统的文化知识学习之外,有目的、有计划地组织学生参加日常生活劳动、生产劳动和服务性劳动,让学生动手实践、出力流汗,接受锻炼、磨炼意志,培养学生正确劳动价值观和良好劳动品质。② 至此,新时代中国特色社会主义劳动教育观逐步形成。

三、我国残疾人劳动教育的发展与变革

智力与发展性障碍学生属于残疾人群体,是特殊教育的主要对象之一,所以探讨该群体的劳动教育需要从残疾人劳动教育的背景出发。

(一)残疾人劳动教育的萌芽阶段

20世纪初,我国面向残疾人的劳动教育仍处于萌芽阶段,此时劳动课程已被纳入特殊教育课程体系,但主要是在盲校和聋校中开设了部分手工和农工课程,由于当时特殊教育并未制度化,各地劳动课程各不相同,未能对劳动课程做出统一要求。③ 1998年,《特殊教育学校暂行规程》指出"特殊教育学校要特别重视劳动教育、劳动技术教育和职业教育。学校要对低、中年级学生实施劳动教育,培养学生爱劳动、爱劳动人民、珍惜劳动成果的思想,培养从事自我服务、家务劳动和简单生产劳动的能力,养成良好的劳动习惯;要根据实际情况对高年级学生实施劳动技术教育和职业教育,提高学生的劳动、就业能力"④。该文件明确指出了劳动教育对残疾学生的重要性,将劳动教育的实施对象明确为低、中年级的特殊教育学校学生,培养目标以培养热爱劳动的思想、简单劳动能力和劳动习惯为主,而高年级学生则实施劳动技术教育和职业教育,主要目标在于提升劳动、就业能力。此时的残疾人劳动教育已呈现一个基本的框架,并有明确的低、高学段区分,但并未对劳动教育、劳动技术教育和职业教育三者的概念进行明确区分,仅以并列的形式存在于文件内容中。

(二)残疾人劳动教育的发展阶段

2007年,教育部分别制定了培智学校、盲校和聋校的义务教育课程实验方案,明确了不同年级的劳动技能课程在总课程中所占的比例。聋校可根据当地的实际情况和需要,

---

① 中共中央 国务院关于全面加强新时代大中小学劳动教育的意见[EB/OL].(2020-03-26)[2023-08-03]. http://www.gov.cn/zhengce/2020-03/26/content_5495977.htm.
② 教育部.大中小学劳动教育指导纲要(试行)[EB/OL].(2020-07-09)[2023-08-03]. http://www.moe.gov.cn/srcsite/A26/jcj_kcjcgh/202007/t20200715_472808.html.
③ 盛志财,熊和平.回归劳动本真:特殊教育学校的劳动教育启示[J].教育评论,2020(5):36-42.
④ 教育部.特殊教育学校暂行规程[EB/OL].(1998-12-02)[2023-08-03]. http://www.moe.gov.cn/srcsite/A02/s5911/moe_621/201511/t20151119_220011.html.

选择不同的劳动和职业技术教育的内容,也可以结合校本课程统筹安排,职业技术课程一般以集中安排为宜。

四、我国智力与发展性障碍学生劳动教育的实践与推进

教育部在 2007 年分别制定了培智学校、盲校和聋校的义务教育课程实验方案,明确了不同年级的劳动技能课程在总课程中所占的比例。2016 年,教育部发布了三类特殊教育学校的义务教育课程标准,进一步规范了劳动课程的设置,特别是在培智学校中专门设置了劳动技能课程。培智学校劳动技能课程按九年义务教育一贯制进行整体设计,学段目标和内容从低年级、中年级、高年级三个学段来要求和表述。低年级课程以学生个体为中心,以整理和清洗个人物品为重点;中年级课程以个体和家庭为中心,提高自我服务劳动技能和家务劳动技能;高年级课程由家庭、学校扩大到社区和社会,让学生学习初步的职业知识和技能,增强热爱劳动的情感,提高劳动技能的综合运用能力。①

第二节 智力与发展性障碍学生劳动教育的目标

目标决定着前进的方向与道路,对智力与发展性障碍学生劳动教育目标的思考是劳动教育有效开展的基础。新时代劳动教育从国家、社会、学校、家庭、个人五个层面为智力与发展性障碍学生劳动教育的实施提供目标支撑,本节将从五个层面展开具体论述(如图 1-2-1)。

图 1-2-1 智力与发展性障碍学生劳动教育目标体系图

---

① 魏英杰.《培智学校义务教育劳动技能课程标准》解读[J].现代特殊教育,2018(11):34-36.

一、国家层面：构建五育融合体系

1912年，蔡元培出任教育总长时提出"军国民教育、实利主义教育、公民道德教育、世界观教育及美感教育"五项主张，这是"五育"最初的雏形。[①] 2019年，《中共中央 国务院关于深化教育教学改革全面提高义务教育质量的意见》中提出"坚持五育并举，全面发展素质教育"，并明确指出新时代的"五育"指德、智、体、美、劳五个层面的教育。[②] 之后，教育学界在"五育并举"的基础上提出了构建"五育融合"的"教育新体系"的发展理念[③]。新时代劳动教育的新业态彰显了五育融合的逻辑、价值导向，而五育融合的顺利推进需要以劳动教育为现实抓手和突破口。"德"是劳动的伦理之维，劳动创造了道德主体和道德，为道德提供了精神和物质基础，中国基于自身独特的传统文化和历史背景围绕劳动形成了具有中国特色的劳动伦理观；"智"是劳动的科学规范，知识本质上是人对生活经验的描述、总结、反思，知识的结构性分类与劳动密切相关，认知是包括大脑在内的身体所有结构共同参与构建的结果；"体"劳动的具身建构，劳动作为一种需要付出身体力量以及获得感知反馈的现场体验，不仅与个体的自然生存样态息息相关，而且在思想领域塑造了劳心、劳力的文化之分；"美"是劳动的实践向度，人类按照美的规律进行劳动实践，劳动实践生产了美。[④] 在国家层面，劳动教育的首要目标是在"实干兴邦"精神的引领下，充分发挥其现实抓手和突破口的作用，构建新时代具有中国特色的五育融合体系，进一步推动高质量教育发展体系的建设。

二、社会层面：推动社会共同富裕

共同富裕是社会主义的本质，是中国共产党百余年来坚持不懈的奋斗目标，劳动教育作为中国特色社会主义教育制度的重要内容，在社会层面的目标主要在于推动实现共同富裕，表现为促进人的全面发展、促进经济社会高质量发展、凝聚发展共识，为推动实现共同富裕奠定高素质人才基础、丰富的物质基础和强大的思想基础。[⑤] 办好特殊教育是社会文明进步的重要标志，提升智力与发展性障碍学生的教育质量更是促进社会公平，推动社会共同富裕的重要举措。实现共同富裕是一个宏大的社会概念，其所包含的

[①] 王列盈.论蔡元培的五育并举教育思想[J].教育评论,2009(3):149-152.
[②] 国务院办公厅.关于深化教育教学改革全面提高义务教育质量的意见[EB/OL].(2019-07-08)[2023-08-03].https://www.gov.cn/zhengce/2019-07/08/content_5407361.htm?tdsourcetag=s_pcqq_aiomsg.
[③] 李政涛,文娟."五育融合"与新时代"教育新体系"的构建[J].中国电化教育,2020(3):7-16.
[④] 宋以国,李长伟.劳动教育何以融通五育:一种解释性的理论互关框架[J].教育理论与实践,2023,43(16):3-10.
[⑤] 范学锋,刘向兵.共同富裕视域下全面加强劳动教育的思考[J].中国劳动关系学院学报,2022,36(2):1-7.

价值观念不仅仅局限于经济层面的"富裕",更在于思想层面的"共同"。① "共同"的概念意味着不落下任何一位人民群众,包括智力与发展性障碍者。2021年,国务院印发的《"十四五"残疾人保障和发展规划》中指出"促进残疾人全面发展和共同富裕""以巩固拓展残疾人脱贫攻坚成果、促进残疾人全面发展和共同富裕为主线,保障残疾人平等权利"。② 在社会层面,通过劳动教育提升智力与发展性障碍学生的劳动素养,首先,可以拓宽他们的就业渠道和创业机会,增加收入水平和社会贡献度,让其感受到劳动成果带来的幸福感,进而增强自信心和自尊心。其次,在劳动教育的过程中渗透劳动精神和品质的培养,可以帮助他们树立正确的人生观和价值观,促进社会融入和参与,增进他们与其他群体的交流与合作,消除社会歧视和偏见,营造平等包容的社会氛围。最后,劳动教育还能培养学生的社会责任感和公民意识,激发他们对国家和社会的热爱和奉献,进一步推动社会实现共同富裕。

三、学校层面:建构劳动育人体系

在我国加快构建德智体美劳全面培养的教育体系的引领下,学校应建构具有特色的劳动育人体系。《大中小学劳动教育指导纲要(试行)》中阐述了劳动育人体系的基本框架:(1)劳动教育性质和基本理念;(2)劳动教育目标和内容;(3)劳动教育途径、关键环节和评价;(4)学校劳动教育的规划与实施。③ 学校层面的劳动育人体系,是指学校通过制定劳动教育目标、内容、方式、评价等,组织和实施劳动教育活动,培养学生劳动素养的教育体系。由于培智学校的教育对象以智力与发展性障碍学生为主,其劳动育人体系必须根据特殊学生的心理和行为特征构建。首先,应制定科学合理的、适合智力与发展性障碍学生的劳动教育目标和内容;其次,根据学生的个体特征、障碍程度和学习风格,采用不同的支持性策略,创新有效的劳动教育方式和方法,重点要突出实践性和体验性,让学生亲身参与、出力流汗,感受劳动的艰辛和快乐,同时注重手脑并用、知行合一,引导学生运用所学知识解决实际问题;最后,建立完善的劳动教育评价和保障机制,评价体系应以过程评价为主、以自我评价为核心、以多元评价为特征,关注智力与发展性障碍学生在劳动过程中的表现和成长,同时加强对学校开展劳动教育的指导和督导,完善相关政策支持和资源保障。

---

① 郭云珠,王泾丞.新时代高校劳动教育助推共同富裕的路径构建[J].长安大学学报(社会科学版),2023,25(2):23-35.
② 中华人民共和国中央人民政府.国务院关于印发"十四五"残疾人保障和发展规划的通知[EB/OL].(2021-07-21)[2023-08-03]. https://www.gov.cn/zhengce/content/2021/07/21/content_5626391.htm.
③ 教育部.大中小学劳动教育指导纲要(试行)[EB/OL].(2020-07-09)[2023-08-06]. http://www.moe.gov.cn/srcsite/A26/jcj_kcjcgh/202007/t20200715_472808.html.

四、家庭层面：减轻家庭抚养负担

智力与发展性障碍学生的家庭在抚养孩子的过程中，不仅要面对经济上的困难，还要承受心理上的压力和社会上的污名化等歧视。因此，如何帮助智力与发展性障碍学生提高自理能力和社会适应能力，减轻家庭的负担，是一个亟待解决的问题。相关研究表明，特殊儿童的家庭在抚养方面承受着较大的心理和物质压力。[①] 特殊儿童家长的亲职压力显著高于一般水平，家庭的亲子关系总体处于较低水平，许多父母还会出现焦虑、抑郁等心理问题，且孩子的行为问题对父母焦虑具有正向预测作用。[②] 首先，劳动教育提升的是智力与发展性障碍学生的生活自理能力，让学生在真实生活情境中能自己穿衣、吃饭、如厕等，这在一定程度上解放了家长，减轻了家长的养育负担。其次，劳动教育能培养学生由生活自理能力延伸出来的家务能力，通过学习实践简单的家务劳动，让学生产生家庭小主人的责任感，从小培养其热爱劳动的态度，帮助家长分担一定的家务。再次，劳动教育能锻炼学生的学校生活和社区生活能力，让智力与发展性障碍学生不困囿于家庭环境，帮助其走进学校，走进社区，进而走向社会。最后，劳动教育旨在学生职业素养的提升，帮助其在毕业后获得一份自给自足的工作，完成从学生到社会人的角色转变，减轻家庭的经济负担，让家长得以见证劳动教育的最终成果。陕西省宝鸡市眉县特殊教育学校成立于2018年，是一所典型的城乡接合部学校，学生毕业后主要从事农作物种植行业，具备基本的劳动能力能切实帮助家长减轻农活负担，并有一定的生产产出和经济收入。

五、个人层面：促进人的全面发展

劳动教育作为教育与劳动的过程性统一，体现了马克思主义劳动观与人的发展观的思想实质。新时代劳动教育更加凸显劳动教育的个人层面目标，即劳动教育的新价值——促进人的全面发展。[③] 马克思主义认为，人的全面发展首先是劳动能力的全面发展，其次是体力和智力的协调发展，然后是个性的自由发展，具体指人的思想、需要、劳动、能力、社会关系以及个性等方面的全面发展，并且是全面、和谐、自由、充分的发展。[④] 对智力与发展性障碍学生而言，由于其在智力和发展方面存在不同类型和程度的障碍，

[①] 王天竹.特殊儿童家长亲职压力与亲子关系的关系:心理弹性的中介作用[D].沈阳:沈阳师范大学,2020.

[②] 李星凯,武峻生,姚筱彤,等.自闭症和智力障碍儿童行为问题与父母焦虑的关系:育儿压力的中介作用与领悟社会支持的调节作用[J].心理发展与教育,2023,39(1):77-84.

[③] 曾令斌,彭泽平.新时代劳动教育的理论内涵、创新意蕴与实践要义[J].学校党建与思想教育,2023(13):56-60.

[④] 赵秉峰.论马克思人的自由全面发展思想的内涵[J].理论观察,2018(9):46-48.

全面发展对其提升生活质量、适应社会有着十分重要的意义。

在个人层面,劳动教育的目标其一是帮助学生树立正确的劳动价值观。正确劳动价值观的树立是提高学生劳动素养的第一要义。《义务教育劳动课程标准(2022年版)》中指出劳动课程的性质在于"培养学生正确的劳动价值观和良好的劳动品质",在课程理念中也提到"引导学生树立正确的劳动价值观,崇尚劳动、尊重劳动,增强对劳动人民的感情"。① 而面向智力与发展性障碍学生的《培智学校义务教育劳动技能课程标准(2016年版)》中则将"情感态度与价值观目标"列为课程三大总目标之一,要求学生通过丰富的劳动体验,初步形成对劳动的正确认识;具有热爱劳动、热爱人民、热爱生活、热爱家乡的思想感情。② 其二在于培养基本的劳动能力。智力与发展性障碍学生在智力、情绪与身体方面的受限会严重影响其劳动能力的获得,但劳动能力却关乎个体的生存和生活质量。通过劳动能力的提升,学生能实现个人劳动自理、家庭劳动自觉、学校劳动自主、社区劳动自愿、职业劳动自理的发展目标。③ 其三在于养成良好的劳动习惯与品质。劳动习惯和品质指通过经常性劳动实践形成的稳定行为倾向和品格特征,《义务教育劳动课程标准(2022年版)》中将其列入劳动核心素养之一,主要表现为学生具有安全劳动、规范劳动、有始有终等习惯;养成自觉自愿、认真负责、诚实守信、吃苦耐劳、团结合作、珍惜劳动成果等品质。④ 在个人层面,劳动教育的目标不是单一的劳动技能提升,而是从劳动观念、劳动能力、劳动习惯与品质、劳动精神等维度关注个体的全面发展。陕西省宝鸡市眉县特殊教育学校秉持"以爱育爱"的办学理念,设计并实施了一系列耕读课程,提升学生的农业劳动能力,支持学生通过劳动实现自立自强,学生毕业回乡后能帮助家庭从事农业种植劳动,从而实现个人价值,促进人的全面发展。

第三节　智力与发展性障碍学生劳动教育的价值

在新时代劳动教育的背景下,面向智力与发展性障碍学生开展的劳动教育具有独特的价值和作用。《中共中央 国务院关于全面加强新时代大中小学劳动教育的意见》指出:"劳动教育是国民教育体系的重要内容,是学生成长的必要途径,具有树德、增智、强

---

① 教育部. 义务教育劳动课程标准[S/OL]. (2022-03-25)[2023-08-03]. http://www.moe.gov.cn/srcsite/A26/s8001/202204/W020220420582367012450.pdf.

② 教育部. 培智学校义务教育劳动技能课程标准(2016年版)[S/OL]. (2016-11-25)[2023-08-03]. http://www.moe.gov.cn/srcsite/A06/s3331/201612/t20161213_291722.html.

③ 俞林亚. 加强新时代劳动教育,积极构建培智学校劳动育人新体系[J]. 现代特殊教育,2022(7):56-58.

④ 教育部. 义务教育劳动课程标准[S/OL]. (2022-03-25)[2023-08-03]. http://www.moe.gov.cn/srcsite/A26/s8001/202204/W020220420582367012450.pdf.

体、育美的综合育人价值。"① 相比健全学生,智力与发展性障碍学生的独立生活能力较弱,需要家庭、学校、社会提供不同程度和类型的支持。对其而言,劳动教育也具有上述四方面的价值,但最为重要的是指向生存的价值。

一、生存价值

作为五育融合的重要抓手②,劳动教育直接指向智力与发展性障碍学生的生存问题。良好的劳动素养不仅有利于他们保持身心健康,提高生活质量,还有利于增强自立自强的信心。首先,智力与发展性障碍学生通过劳动教育掌握基本的自理能力,如穿衣、洗漱、吃饭、清洁等劳动技能,还能帮助他们养成良好的卫生习惯、安全意识和节约精神等。这对他们的身心健康和生活质量有着积极的影响,也有助于他们减少对家庭和社会的依赖。其次,通过开展适合他们兴趣和特长的生产性劳动教育,如种植、养殖、手工制作等方面的教育,可以培养他们掌握一定的生产技能和知识,同时培养他们形成勤劳创新、精益求精、团结协作等品质。最后,通过开展适合他们需求和条件的服务性劳动教育,如志愿服务、公益活动、文化娱乐等方面的教育,可以培养他们掌握一些服务技能和方法,如沟通交流、礼仪规范、文化传播、娱乐组织等,同时帮助他们形成奉献社会、关爱他人、尊重差异等情感。劳动教育的开展不仅有利于他们拓宽视野,丰富经验,也有利于他们建立友谊,学会合作,提升幸福感和价值感,为其融入社会奠定基础,进一步促进残健融合,使其共享社会文明发展成果。

二、树德价值

《中共中央 国务院关于全面加强新时代大中小学劳动教育的意见》指出:"近年来一些青少年中出现了不珍惜劳动成果、不想劳动、不会劳动的现象,劳动的独特育人价值在一定程度上被忽视,劳动教育正被淡化、弱化。"③ 在立德树人思想的引领下,劳动教育在升华情感道德方面体现出与德育的契合性。劳动教育的树德价值贯穿在劳动教育的完整过程中,能帮助培植爱国主义情感、提升个人品德。④ 智力与发展性障碍学生由于其认知水平和社会经验的限制,往往在道德认知方面存在一定的困难,在道德行为方面与健全学生存在一定的差距。通过开展符合他们认知水平和情感需求的劳动教育,如参加校

---

① 中共中央 国务院关于全面加强新时代大中小学劳动教育的意见[EB/OL].(2020-03-26) [2023-08-03]. http://www.gov.cn/zhengce/2020-03/26/content_5495977.htm.

② 宋国以,李长伟.劳动教育何以融通五育:一种解释性的理论互关框架[J].教育理论与实践,2023,43(16):3-10.

③ 中共中央 国务院关于全面加强新时代大中小学劳动教育的意见[EB/OL].(2020-03-26) [2023-08-03]. http://www.gov.cn/zhengce/2020-03/26/content_5495977.htm.

④ 梁大伟,茹亚辉.新时代加强劳动教育的根本遵循、目标导向与价值旨归[J].现代教育管理,2022(6):20-26.

内外的公益劳动、志愿服务等,能培养他们形成正确的劳动观念,如热爱劳动、尊重劳动者、珍惜劳动成果等,同时也可以培养他们形成良好的道德品质,如诚实守信、团结合作、奉献牺牲等,这些观念和品质的形成不仅有利于他们树立正确的价值取向,提高道德素养,也有利于增进与他人的沟通和交流,促进社会的和谐发展。

三、增智价值

智育一直在我国教育体系中处于十分重要的地位,其指通过传授系统科学文化知识,形成受教育者科学的世界观,培养受教育者基本的技能技巧和发展智力的教育。新时代劳动教育强调身心参与,注重手脑并用[1],体现益智价值的关键在于找准学科教学与劳动教育的结合点,通过多种学科教学的横向融合增强劳动教育的渗透性,以提高学生对劳动教育价值的直观认识,开阔其观察生活、改造生活的视野[2]。智力与发展性障碍学生由于其智力水平和学习能力较低,往往在文化知识的学习和掌握方面存在一定的困难和障碍。通过开展与他们兴趣和特长相结合的劳动教育,如农业、工业、手工业、服务业等方面的劳动,能帮助他们掌握一定的职业技能,培养他们的创新能力和意识,如发现问题、解决问题、改进方法等。对陕西省宝鸡市眉县特殊教育学校的学生而言,劳动教育不仅有利于拓展知识面,提高智力水平,还能结合当地的生产生活实际,提升其农耕劳动的认知和技能,将所学知识和技能通过劳动实践转化成实际的农耕成果。

四、强体价值

劳动教育的强体价值主要体现在劳动实践上,实施劳动教育重点是在系统的文化知识学习之外,有目的、有计划地组织学生参加日常生活劳动、生产劳动和服务性劳动,让学生动手实践、出力流汗,接受锻炼、磨炼意志,培养学生正确劳动价值观和良好劳动品质。[3] 学生在参加劳动教育的过程中,可以让身体相关部位得到舒张锻炼,通过安全适度的体力劳动有效调节脑力劳动,对自己的心智发育、身心健康有重要的促进作用。目前学生近视率、超重率等居高不下,类型化体检达标率过低,身体耐受度、心理抗压度等明显不足,其根本原因就是锻炼缺乏系统性、体能训练强度偏弱、忽视劳动教育、体格不够健壮。[4] 而智力与发展性障碍学生由于其生理机能和运动能力的不足,往往在身体素质和健康状况方面存在一定的不利因素。通过开展适度的劳动教育,可以培养他们形成积

---

[1] 教育部. 大中小学劳动教育指导纲要(试行)[EB/OL]. (2020-07-09)[2023-08-03]. http://www.moe.gov.cn/srcsite/A26/jcj_kcjcgh/202007/t20200715_472808.html.
[2] 张策华. 新时代劳动教育的价值追求和实践进路[J]. 江苏社会科学,2022(3):166-173.
[3] 教育部. 大中小学劳动教育指导纲要(试行)[EB/OL]. (2020-07-09)[2023-08-03]. http://www.moe.gov.cn/srcsite/A26/jcj_kcjcgh/202007/t20200715_472808.html.
[4] 张策华. 新时代劳动教育的价值追求和实践进路[J]. 江苏社会科学,2022(3):166-173.

极主动的运动习惯,不仅有利于他们增强体质、预防疾病,也有利于他们锻炼意志、增强自信。劳动教育还能进一步与智力与发展性障碍学生的康复相结合,《"十四五"特殊教育发展提升行动计划》中指出"推动职业教育和特殊教育融合""同步促进残疾人的康复与职业技能提升"①,其中劳动教育中的"职业劳动"领域也属于职业教育的范畴。教师可以在专业康复师的指导下,将语言康复、认知康复、动作康复等领域的目标融入劳动教育的过程中,如在劳动过程中与他人的沟通交流,对常见劳动工具的认识,以及姿势控制、动作发展等,使学生各方面的身体机能得到充分锻炼;还可以基于康复开展劳动先备技能培养,通过针对性的康复训练,如动作训练、言语语言康复训练等为学生劳动素养先备能力的发展提供专业支持,同时通过构建辅助支持体系,开发辅助教具、器具,打造无障碍的学习环境等,支持智力与发展性障碍学生提升劳动素养。② 陕西省宝鸡市眉县特殊教育学校将农耕劳动和运动与保健课程相结合,在运动与保健课程中融入农耕活动相关的体能训练、姿势控制等教学目标,在耕读课程中鼓励学生出力流汗,在真实的劳动实践中提升学生的身体素质,实现了以劳健体的价值。

五、育美价值

马克思认为,劳动创造了美。新时代劳动教育在抒发审美情怀方面体现出与美育的融通性,美育不是扁平式的灌输与说教,而是要在立体化实践中塑造美的直觉、情趣与表现方式。③ 劳动教育为美育提供了真实的实践场域,以劳育美可以提升学生的审美能力。通过劳动教育揭示美的本质规律,让学生在劳动体验中表达自己对生活的观察感悟、审美感受,最终培养感性美化、造物唯美、生态和美的审美人格。④ 智力与发展性障碍学生由于其审美水平和表达能力的欠缺,往往在美育方面存在一定的空白和需求。通过开展富有美感和趣味的劳动教育,如将美术、音乐、舞蹈、戏剧等与劳动教育相结合,不仅可以培养他们欣赏美、创造美的能力,同时也可以培养他们表达情感、享受生活的能力,如抒发心情、交流感受等。这些能力不仅有利于他们丰富内心世界,提高审美水平,也有利于他们调节情绪,增进幸福感。陕西省宝鸡市眉县特殊教育学校将农耕劳动与艺术类课程相结合,通过组织学生到乡间地头进行绘画、写生等活动,帮助学生发现农业劳动的美感,并开展农耕劳动摄影展,在记录农耕美好瞬间的同时让学生体会劳动之美。

---

① 国务院办公厅.国务院办公厅关于转发教育部等部门"十四五"特殊教育发展提升行动计划的通知[EB/OL].(2022-01-25)[2023-08-03].https://www.gov.cn/zhengce/content/2022-01-25/content_5670341.htm.
② 俞林亚.加强新时代劳动教育,积极构建培智学校劳动育人新体系[J].现代特殊教育,2022(7):56-58.
③ 梁大伟,茹亚辉.新时代加强劳动教育的根本遵循、目标导向与价值旨归[J].现代教育管理,2022(6):20-26.
④ 张策华.新时代劳动教育的价值追求和实践进路[J].江苏社会科学,2022(3):166-173.

总之，智力与发展性障碍学生劳动教育具有重要的价值意义，在满足学生生存需求的基础上，实现树德、增智、强体、育美的目标，既是促进其个人全面发展的必要途径，又是帮助其社会融入的有效手段。

课后练习

1. 请简述我国劳动教育的兴起与演变过程。
2. 请简述智力与发展性障碍学生劳动教育的国家层面目标。
3. 智力与发展性障碍学生劳动教育在新时代具有哪些价值和意义？（提示：可以从生存价值、树德价值、增智价值、强体价值、育美价值五个方面进行阐述。）

第二章

智力与发展性障碍学生劳动教育的理论基础

学习目标

1. 了解有关智力与发展性障碍学生的相关概念及特征。
2. 熟悉并掌握智力与发展性障碍儿童的诊断与评估。
3. 了解智力与发展性障碍学生劳动教育相关理论和思想。

知识导图

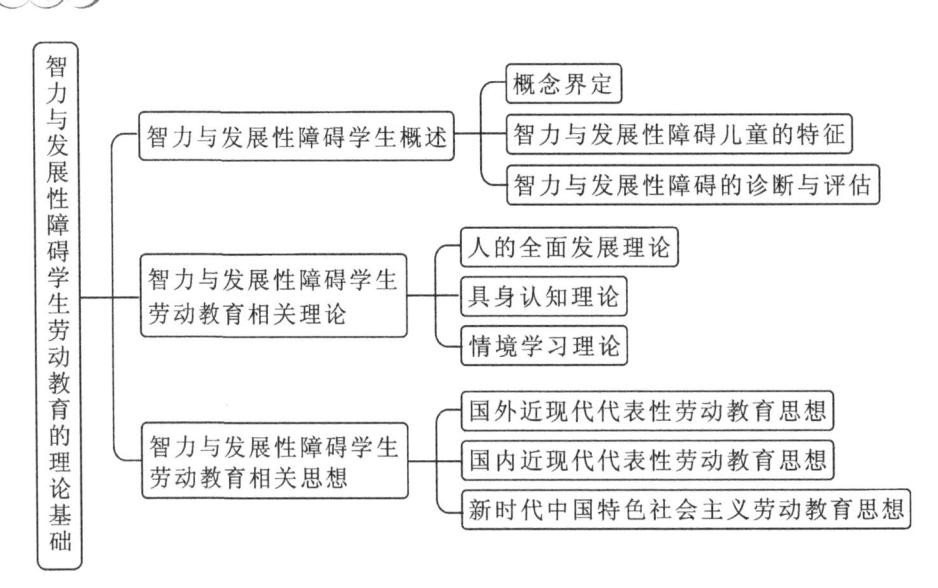

```
                                    ┌── 概念界定
                智力与发展性障碍学生概述 ─┼── 智力与发展性障碍儿童的特征
                                    └── 智力与发展性障碍的诊断与评估

智力与发展性
                                       ┌── 人的全面发展理论
障碍学生劳动  ── 智力与发展性障碍学生 ─────┼── 具身认知理论
                 劳动教育相关理论         └── 情境学习理论
教育的理论基础

                                       ┌── 国外近现代代表性劳动教育思想
                智力与发展性障碍学生 ─────┼── 国内近现代代表性劳动教育思想
                 劳动教育相关思想         └── 新时代中国特色社会主义劳动教育思想
```

导读

当许多健全儿童家长在为自己的孩子升学、就业等问题而担忧焦虑时,特殊儿童的家长只想让自己的孩子能够叫一声爸爸妈妈,可以生活自理,可以更好地融入社会。虽然,对于智力与发展性障碍儿童而言,上天似乎为他们关上了一扇命运的门,但同时,生命又赋予了我们每个人努力生活、爱护他人的权利。这似乎为他们又打开了一扇窗。尽管智力与发展性障碍儿童在身心方面存在一定的障碍,但他们也可以通过劳动教育课程及实践活动来不断地提升自己的能力从而更好地融入社会。

思考

1. 劳动教育对智力与发展性障碍儿童有什么重要作用?
2. 你认为什么样的劳动教育能对智力与发展性障碍儿童身心康复起到促进作用?

第一节 智力与发展性障碍学生概述

一、概念界定

智力障碍、发展性障碍、智力与发展性障碍是三个不同的概念,在定义表述上有所重叠,理解三者定义的相似性与差异性,是在特定情况下正确使用术语的前提,也是深入了解当下培智学校劳动教育对象的前提。

(一)智力障碍

智力障碍(intellectual disability, ID)定义的措辞在不同国家和地区、不同学科领域上存在差异。2010年,美国智力与发展性障碍协会(AAIDD)提出:智力障碍的特点是在智力功能和适应性行为两方面有显著限制,表现在概念、社会和实践性适应技能上。障碍发生在18岁之前。2013年,美国精神病学协会(APA)在《精神疾病诊断与统计手册第五版(DSM-5)》中提出:智力障碍(智力发育障碍)是一种在发育期间发病的障碍,包括概念、社会和实践领域的智力和适应性行为缺陷。2018年,世界卫生组织(WHO)在《国际疾病分类第十一次修订本(ICD-11)》中提出的定义为:智力发育障碍是一组起源于发育期病因不同的疾病,其特点是智力功能和适应性行为明显低于平均水平,根据适当规范和个别施测的标准化测试,大约低于平均水平两个或两个以上的标准差(大约低于2.3个百分位)。如果没有适当的规范化和标准化测试,智力发展障碍的诊断需要更多地依靠临床判断,以恰当可比行为指标评估为基础。

我国《残疾人残疾分类和分级》国家标准(GB/26341-2010)对智力残疾的定义是:智力显著低于一般人水平并伴有适应行为的障碍。此类残疾是由于神经系统结构、功能障碍,使个体活动和参与受到限制,需要环境提供全面、广泛、有限和间歇的支持。智力残疾包括在智力发育期间(18岁之前),由于各种有害因素导致的精神发育不全或智力迟滞;或者智力发育成熟以后,由于各种有害因素导致智力损害或智力明显衰退。

(二)发展性障碍

发展性障碍(Developmental Disability, DD)这一术语自美国《发展性障碍法案》(Developmental Disabilities Act, DD ACT)出台以来,定义经历了多次修订。1970年,《发展性障碍法案》将发展性障碍定义为因智力迟钝、脑瘫、癫痫或其他神经系统疾病而导致的障碍,障碍发生于18岁之前。1975年版定义在1970年定义基础上,将孤独症和阅读障碍包括在发展性障碍中。1978年版定义对发展性障碍的概念采用非分类法(non-categorical approach),提出发展性障碍定义的主要根据是生活活动领域的功能限制,而非特定的疾病(如脑瘫或孤独症),该定义仍然保留了障碍严重程度、慢性以及成年前发病的标准。因此,即使脑瘫或孤独症个体,但不需要大量的护理和支持,也不认为有发展性障碍。2000年定义提出,发展性障碍是个人的严重慢性残疾:(1)可归因于精神或/和身体缺陷的结合;(2)出现在22岁之前;(3)可能持续终身;(4)在3个或以上的主要生命活动区造成严重的功能限制;(5)反映个人对特殊、跨学科或通用服务、个性化支持和其他形式的援助的组合和顺序的需求,这些援助是终身的或延长的,并且是个别计划和协调的。

(三)智力与发展性障碍

智力与发展性障碍(Intellectual and Developmental Disability, IDD)是国际公认的用于描述认知和适应功能的术语。美国智力与发展性障碍协会(AAIDD)认为:智力与发展性障碍"是一种以智力功能和适应性行为(表现为概念、社会和实践适应性技能)方面的重大限制为特征的残疾"[①]。对智力功能和适应行为的评估必须考虑基于个人年龄和文化的期望,在使用评估工具和解释测试结果时应考虑感觉、运动、交流或行为因素对认知评估的影响。《残疾人教育法》(Indriduals With Disobilities Education, IDEA)将智力与发展性障碍定义为"智力功能显著低于平均一般水平,伴有适应行为缺陷,并在儿童发育期对教育表现产生不利影响"。该定义在美国使用较为广泛。美国精神病学协会(APA)在《精神疾病诊断和统计手册(第4版)》(DSM-Ⅳ)中将智力与发展性障碍定义为:在个别施测的标准化智力测试中智商(IQ)约为70或更低,同时在以下两个领域存在适应性功能缺陷:沟通、自理、家庭生活、社会或人际交往技能、社区资源使用、自我指导、功能性学

---

① SCHALOCK R L, BORTHWICK-DUFFY S A, BUNTINX W H E, COULTER D L. Intellectual disability:Definition,classification,and systems of supports[M]. 11th ed. Washington,DC:AAIDD,2010:312.

术技能、工作、休闲、健康和安全。障碍必须发生在18岁之前①。DSM-5中提出IDD是指在儿童青少年时期(22岁以前)出现的与主要生命活动限制相关的障碍,预计需较长时期的支持和服务。

此外,不同学者对智力与发展性障碍也有不同的认识。例如:夏洛克(Schalock)将智力与发展性障碍界定为一个总括性的术语,是更广泛的智力障碍和发展性障碍的综合领域,包括智力障碍,但也包括童年时期明显表现出的其他障碍。他认为智力与发展性障碍是严重的慢性残疾,可能是认知障碍,可能是身体残疾,也可能两者兼有,这些障碍出现在22岁之前,并有可能伴随终身。一些智力与发展性障碍者主要是身体问题,如脑瘫或癫痫,有些则可能同时存在身体和智力残疾,如唐氏综合征或胎儿酒精综合征。因为智力障碍和其他发展性障碍经常同时出现,所以该领域的研究者通常将智力障碍与发展性障碍两类障碍归在一起进行研究②。穆哈里卜(Muharib)等学者指出,智力与发展性障碍从对象类别上看,主要包括智力障碍、孤独症谱系障碍、注意缺陷多动障碍、学习障碍、情绪障碍和语言障碍、部分脑瘫造成的发展性障碍等不同类型人群③。

整体而言,智力障碍、发展性障碍、智力与发展性障碍三个术语的定义在发展过程中存在紧密联系。"智力障碍"这一术语取代了早期使用的"智力迟钝"一词,虽然不同国家和地区对智力障碍的定义在表述上有所差异,但均共同强调三个方面:第一,智力功能和适应性行为存在显著缺陷;第二,智力障碍(儿童)发病年龄在发育期间,即18岁之前;第三,智力功能和适应性行为之间是相关关系而非因果关系。20世纪70年代,随着美国国会通过《发展性障碍法案》(DD ACT),"发展性障碍"一词也被用于替代"智力迟钝"。虽然智力障碍是通过正式的心理测试来评估智商和适应功能而确定的,但发展性障碍更通用,这一术语除了智力障碍之外还可能包括身体限制因素。"智力障碍"和"发展性障碍"这两个术语经常互换使用,并被混合为"智力与发展性障碍"。"智力"与"发展性障碍"包括所有在认知和身体功能方面有限制的个体,这些限制是:基于中枢神经系统功能障碍,障碍在儿童时期表现出来,并对个体成长与发展、教育、独立、健康、就业和社区生活有着终身影响。从对象类别上看,主要包括智力障碍、孤独症谱系障碍、注意缺陷多动障碍、学习障碍、情绪障碍和语言障碍、部分脑瘫造成的发展性障碍等不同类型人群。

---

① AMERICAN PSYCHIATRIC ASSOCIATION. Diagnostic and statistical manual of mental disorders [M]. 4th ed. Washington, DC: American Psychiatric Association, 2000:8202.

② SCHALOCK R L, LUCKASSON R, TASSÉ M J. The contemporary view of intellectual and developmental disabilities: Implications for psychologists[J]. Psicothema, 2019, 31(3):223-228.

③ MUHARIB R, ALRASHEED F, NINCI J, et al. Thinning schedules of reinforcement following functional communication training for children with intellectual and developmental disabilities: A Meta-Analytic Review [J]. Journal of utism and Developmental Disorders, 2019(12):4788-4806.

二、智力与发展性障碍儿童的特征

(一)智力与发展性障碍对个体身心系统的影响

1. 神经系统

智力与发展性障碍的一大限制便是中枢神经系统功能障碍,通过影响大脑、脊髓和神经系统的功能,从而影响个体的智力和学习。这也可能进一步导致其他问题,如行为障碍、言语或语言障碍、癫痫发作和行动不便等。脑瘫、唐氏综合征、脆性 X 综合征和孤独症谱系障碍都是与神经系统问题有关的智力与发展性障碍。

2. 感觉系统

智力与发展性障碍影响感官(视觉、听觉、触觉、味觉和嗅觉),并影响大脑对感官信息的处理或解释。例如,早产儿和暴露于感染(如巨细胞病毒)的婴儿的视力和/或听力可能会下降。此外,对于孤独症来说,难以接受触摸或拥抱。

3. 新陈代谢

智力与发展性障碍会影响身体利用食物和其他物质来获取能量和营养的过程。比如,人体在消化过程中分解食物,就是一个代谢过程。这些过程中出现问题会打乱身体正常运作所需的物质平衡。一种物质太多,或者另一种物质太少,都会扰乱身体和大脑的整体功能。苯丙酮尿症和先天性甲状腺功能减退可能是导致智力与发展性障碍的成因之一。

4. 退行性疾病

退行性疾病个体在出生时可能看起来是正常的,并且可能在一段时间内达到一般的发育水平,但随后他们会因为这些疾病而经历技能、能力和功能的中断。在某些情况下,可能直到孩子进入青春期或成年后才被发现,并开始出现症状或失去能力。一些退行性疾病是由其他疾病引起的,例如未经治疗的新陈代谢问题。

(二)智力与发展性障碍儿童的临床表现

1. 概述

智力与发展性障碍的症状因具体情况而异,根据潜在病因和障碍严重程度,智力与发展性障碍儿童可能会表现出各种各样的初始临床症状和体征。例如,在头部控制、坐、翻滚、爬行等动作方面发育迟缓的婴儿会较早被发现,而有学习障碍或者行为问题的儿童则相对较晚被发现。

2. 智力与发展性障碍可能出现的临床表现

(1)在坐、爬、走等方面比其他同龄孩子发育延缓。

(2)学说话晚或说话有障碍。

(3)发现记忆东西有障碍。

(4)理解社会行为规则有障碍。

(5)难以"看到"或理解行动的结果。

(6)解决问题有障碍。

3. 不同年龄智力与发展性障碍儿童的常见表现

发育过程中的一些标志性事件可以揭示智力与发展性障碍在发育上的迟滞。不同年龄智力与发展性障碍儿童的常见表现见表2-1-1。

表2-1-1　不同年龄智力与发展性障碍儿童的常见表现[1]

年龄	关注领域
新生儿	畸形综合征、先天性中枢神经系统异常或影响进食等重要功能的器官系统功能障碍
婴儿早期 (2—4个月)	与母亲或环境的互动有限 担心视力和听力受损
婴儿后期 (6—18个月)	发育运动迟缓 行为模式异常
幼儿 (2—3岁)	语言发育迟缓或有障碍 互动模式异常,尤其是与父母、兄弟姐妹或同龄人的互动 行为模式异常
学前 (3—6岁)	语言有障碍或延迟 精细运动技能发育迟缓,如:切割、填色、绘画 行为有障碍,包括玩耍和社交互动
学龄 (6岁以上)	学业有障碍 行为障碍,如注意力障碍;情绪表现,如焦虑或情绪障碍

三、智力与发展性障碍的诊断与评估

(一)智力与发展性障碍诊断与评估的内容

智力与发展性障碍涉及多个发育领域,在诊断评估时通常采用跨学科的方式进行,包括全面的史料搜集、完整的身体检查,以及标准化的个别化认知和适应能力测验。

1. 史料搜集

(1)症状细节

主要了解症状的发作、持续时间、病程、严重程度;父母或监护人报告的当前发育水

---

[1] RUBIN I L, MERRICK J, GREYDANUS D E. Health care for people with intellectual and developmental disabilities across the lifespan[M]. Cham:Springer International Publishing,2016:68.

平和功能水平。

(2) 家族史

主要了解是否有不明原因的胎儿、婴儿或儿童死亡情况；家庭成员健康状况，是否有先天性、遗传性、精神性、神经性疾病，学习障碍、智力障碍、言语或语言障碍等。

(3) 个人/社会史

主要了解父母职业、社会经济地位、教育水平、主要照顾者、生活状况、学校功能等。

(4) 产前

主要关注家族史；父母生育年龄；既往妊娠，包括次数，是否足月、早产、流产、存活；产前护理的性质；母亲医疗和生产并发症；使用药物、滥用药物、酒精、烟草、辐射；产前母亲感染；母体增重；多胎妊娠；胎儿活动。

(5) 围产期

主要了解怀孕时间；医院或家庭分娩详情；产时检测、镇痛或麻醉的使用（硬膜外）；母体病史，包括发热、毒血症、异常出血、胎盘异常；分娩，包括自然分娩、引产、阴道分娩、产钳分娩、剖宫产；并发症，如羊水过多、羊水过少、胎膜早破、臀位或脐带脱垂；胎粪或难闻的羊水。

(6) 新生儿

主要关注阿普加评分（评测新生儿健康状况的标准指标）；复苏的需要；出生体重、身长、头围；小于或大于胎龄；先天异常；呼吸窘迫、辅助通气、呼吸暂停、癫痫发作、败血症、黄疸；神经状态脑成像，实验室测试；喂养问题；托儿所停留时间。

(7) 发育史

主要了解发展阶段历史；父母最初关注发展的时间和性质；任何以前的发展评估；具体的发育诊断，如果有的话，在什么年龄；任何当前服务或疗法、早期干预或其他特殊健康服务。

(8) 社交史

关注课外活动，家庭适应，学校适应。

(9) 内科/外科史

重点关注是否有重大疾病或手术；受伤和住院；程序或调查；药物的使用情况。

(10) 系统回顾

主要在症状指引下进行。

2. 完整的身体检查

(1) 身体特征

一般性健康检查：身高、体重、呼吸、脉搏和血压。

感觉：听觉、视觉、触觉、味觉和嗅觉评估。

(2) 神经系统检查

一般视诊：生长状况、面容、意识状态、反应情况、动作与步态、肌张力与运动协调等；

头颅;脑神经功能检查。

3. 认知和适应能力测验

(1)认知能力测验

测验工具主要有:贝利婴幼儿发育量表;麦卡锡儿童能力量表;斯坦福—比纳智力量表;韦克斯勒儿童智力量表。

(2)适应能力测验

测验工具主要有:文兰适应行为量表;儿童适应行为量表;独立行为量表(修订版);AAMR适应行为量表。

标准化测试应该与儿童年龄相适应,并考虑到儿童的心理年龄、所处的文化背景对其测试表现的影响,同时还应针对儿童可能存在的运动、行为、感觉障碍或其他复杂因素做出适当的调整。

(二)智力与发展性障碍诊断与评估的工具

1. 贝利婴幼儿发育量表(BSID)

(1)测验目的

全面评估婴幼儿发育水平,诊断婴幼儿是否发育迟缓。

(2)编制者

由美国加州伯克利婴幼儿发育研究所儿童心理学家贝利(Bayley)编制。湖南医科大学于1993年制定贝利婴幼儿发展量表(中国城市修订版)。

(3)适用对象

2—30个月。

(4)评估能力

神经发育、运动发育和婴儿行为。

(5)评估类型

诊断性评估。

2. 斯坦福—比纳智力量表(第五版)(SB-5)

(1)测验目的

测量儿童、成人的智力。

(2)修订时间

2003年。

(3)适用对象

2岁至成人。

(4)评估领域

言语领域:言语流体推理、言语知识、言语数量推理、言语视觉—空间信息加工、言语工作记忆。

非言语领域:非言语流体推理、非言语知识、非言语数量推理、非言语视觉—空间信息加工、非言语工作记忆。

(5)施测形式

个别施测的标准化智力测验。

3. 韦克斯勒儿童智力量表(第四版)(WISC-Ⅳ)

(1)测验目的

测量儿童、青少年的智力。

(2)修订时间

2003年WISC-Ⅳ在美国正式出版。2008年,张厚粲教授主持修订的中国WISC-Ⅳ已经在全国推广使用。

(3)适用对象

6岁至16岁11个月的儿童、青少年。

(4)施测形式

个别施测的标准化智力测验。

(5)测验内容

测验项目包括言语理解、知觉推理、工作记忆和加工速度四大领域,共15个分测验,其中10个分测验为必做,5个分测验为补充。各评估领域下的评估内容如下:言语理解,包括类同、词汇、理解、常识(补充)、单词推理(补充)测验;知觉推理,包括矩阵推理、积木、图形概念、填图(补充)测验;工作记忆,包括数字广度、字母—数字排序、算数(补充)测验;加工速度,包括符号搜索、译码、删除图形(补充)测验。

4. 文兰适应行为量表(VABS)

(1)测验目的

系统评估儿童和青少年的个体适应性和社会适应性。

(2)编制者

1935年美国文兰训练学校的道尔(Doll)发表世界上第一个标准化的适应行为量表——文兰社会成熟量表;1984年斯帕罗(Sparrow)等人修订文兰社会成熟量表,更名为文兰适应行为量表(VABS)。

(3)适用对象

调查表和扩展表适用于0—18岁;课堂评定表适用于3—12岁。

(4)评估能力

VABS由三套表构成。调查表(297个条目)评估一般适应能力;扩展表(577个条目,其中277个条目与调查表一致)评估更广泛、更具体的适应行为;课堂评定表(244个条目)评估儿童在课堂中的适应行为。每套表评估内容均涉及四个领域:沟通领域、日常生活机能领域、社会化领域和运动技能领域。此外,调查表和拓展表中还包括不良适应行为。

(5)施测方法

半结构化访谈法,访谈对象为受测者的家长、老师或熟悉受测者的其他相关人员。

(6)计分标准

大多数条目按 0、1、2 记分。完全不具有或几乎不表现出某种能力记 0 分;偶尔表现或表现出一部分能力记 1 分;经常表现出某种能力记 2 分。部分条目按 0、2 记分,意义与上相同。

文兰适应行为量表中课堂评定表结构、内容和记分方式见表 2-1-2。

表 2-1-2 课堂评定表结构、内容和记分方式

领域	内容	示例	记分
沟通领域	理解	明白"不要"的意思(例如,停止某项正在进行的互动或表示指导应该停止某项活动)	2/1/0
	表达	听到大人的声音,几秒钟之内能模仿这些声音(例如,模仿发"卟卟""妈妈""哇哇"等。如果受测者能说出字词来,就记 2 分)	2/1/0
	书面语言	会背诵字母表中的所有字母(可以按顺序背诵,也可以不按顺序背诵。如果受测者唱《ABC 歌》,而不说字母,就记 1 分)	2/1/0
日常生活技能领域	个人	会咂或嚼饼干(包括烤面包片或全麦饼干等。饼干可以由别人拿着)	2/1/0
	家庭	在要求下能帮着做一些家务活(例如,摆家具)	2/1/0
	社区	明白烫手的东西是危险的	2/1/0
社会化领域	人际关系	表现出有让父母、照料者或其他熟悉的人高兴的欲望(例如,送礼物或帮忙做事等)	2/1/0
	玩耍和闲暇时间	独自或者与别人一起玩玩具或其他东西	2/1/0
	应酬	在想要某种东西时,无须提醒,会说"请给我……"(如果需要暗示受测者,对他说"你该说什么?"就记 1 分;如果直接提醒受测者说"应该说请给我……"就记 0 分)	2/1/0
运动技能领域	大运动	走路平稳,无须帮助或搀扶,能走到别处去	2/1/0
	精细动作	会拧开和盖上瓶盖,没把瓶子或瓶盖弄掉	2/1/0

5. 儿童适应行为量表

（1）测验目的

评估儿童和青少年的一般适应能力和不良适应行为。

（2）编制者

1996年北京师范大学韦小满修订ABS-SE，新量表命名为儿童适应行为量表。

（3）适用对象

3—16岁儿童和青少年。

（4）评估能力

一般适应能力：动作发展、语言发展、生活自理能力、居家与工作能力、自我管理和社会化。

不良的适应行为：攻击、反社会、对抗、不可信赖、退缩、刻板与自伤、不适当的人际交往方式、不良的说话习惯、不良的口腔习惯、古怪的行为、多动和情绪不稳定。

（5）施测方法

评估者将题目逐条念给受测者的家长或老师等，根据他们的回答对受测者的适应行为做出评定。

6. AAMR适应行为量表（学校版）

（1）测验目的

评估儿童和青少年的一般适应能力和不良适应行为。

（2）编制者

1974年美国智障学会资助尼海拉（Nihira）等人编制适应行为量表；1981年兰伯特（Lambert）修订初版适应行为量表，命名为AAMR适应行为量表（学校版）（ABS-SE）。

（3）适用对象

3岁3个月—17岁2个月的儿童和青少年。

（4）评估能力

一般适应能力：独立生活能力、身体发育、经济活动、语言发展、数字和时间、就业前工作表现、自我管理、责任心、社会化。

不良适应行为：攻击、反社会与社会行为、对抗、不可信赖、退缩、癖性、人际交往方式、不良的说话习惯、不良的行为习惯、活动水平、症状性行为、药物服用情况。

（5）施测方法

评估者将题目逐条念给受测者的家长或老师等，根据他们的回答对受测者的适应行为做出评定。

7. AAMR适应行为量表（学校版修订版）

（1）测验目的

评估儿童和青少年的一般适应能力和不良适应行为。

(2) 编制者

1993 年兰伯特(Lambert)等人修订 ABS-SE,修订版为 ABS-SE Ⅱ。

(3) 适用对象

6—21 岁在校学生。

(4) 评估能力

一般适应能力包括个人生活自立、社会生活自立以及个人—社会责任心三个因素。具体包括：独立生活能力、身体发育、经济活动、语言发展、数字和时间、职前/职业活动、自我管理、责任心、社会化。

不良适应行为包括社会调节和个人调节两个因素,具体包括：反社会、不服从、不可信赖、刻板和多动、自虐、社会约束、不良的人际交往。

(5) 施测方法

评估者将题目逐条念给受测者的家长或老师等,根据他们的回答对受测者的适应行为做出评定。

(三) 智力与发展性障碍的鉴别标准

智力与发展性障碍的严重程度可以根据智力功能、适应功能以及所需支持的强度进一步分类(见表 2 - 1 - 3)。

表 2 - 1 - 3　智力残疾等级分类[①]

严重等级	智力障碍百分比	智商范围	日常生活活动(如学校、工作或家庭)所需支持的强度
轻度	85	50—55 到 70	间歇：根据需要提供间断的或短期的支持
中度	10	35—49 到 50—55	有限：持续的但时间有限的支持
重度	4	20—25 到 35—40	广泛：定期的、持续的、终身的支持。至少在学校、工作或家庭等一个方面提供定期支持
极重度	1	低于 20—25	普遍：高强度,跨所有环境,终生的支持,并可能需要维持生命

【拓展阅读】

看待智力与发展性障碍的多维视角

智力与发展性障碍是一种可以通过干预和支持减轻的生物医学功能障碍或心理教育障碍,虽然适当的支持通常能改善个体功能,但障碍仍可能是伴随终身的。这些障碍

---

① RUBIN I L, MERRICK J, GREYDANUS D E. Health care for people with intellectual and developmental disabilities across the lifespan[M]. Cham: Springer International Publishing, 2016: 67.

同时也是社会的产物,与人和环境的相互作用、环境中发挥作用的人权和法律权利、IDD患者及其家人所扮演的社会角色密切相关。当今研究者尝试跳出单一视角,采用更加多元、综合的视角全面看待智力与发展性障碍。以夏洛克等研究者为代表,他们从病因、潜在风险、支持系统、分组分类框架和过程四个方面系统阐述了智力与发展性障碍的复杂性①:

1. 病因

这一因素背后的基本概念是人类功能的多维性。这种多维性体现出残疾与环境之间的交互性以及个体和环境因素在基因表达和大脑发育中发挥的重要作用,体现出智力功能、适应性行为、健康、个体因素和环境参与之间的动态相互作用,以及个体能力与环境需求之间差异的大小和复杂性。这种研究人类功能的多维方法对残疾原因进行了假设,如基因—环境相互作用、大脑发育、健康、功能限制、社会条件和安置以及政府组织。

2. 潜在风险

导致残疾的潜在风险因素可以从类型和时间两个方面进行划分。

(1) 类型的潜在风险

从类型上看,潜在风险因素包括:①与生物学进程相关的生化因素,如遗传疾病或营养不良;②神经或大脑发育障碍;③与社会技能、家庭技能及互动相关的社会因素;④与潜在因果行为相关的行为因素,如危险(伤害)活动或父母药物滥用;⑤获得促进智力和适应技能的学习机会与支持相关的教育因素。此外,风险因素还与社会态度、贫困或隔离环境、社会不平等、不公正、歧视或权利被剥夺有关。

(2) 不同时间的潜在风险

从时间上看,包括产前、围产期或产后期间的风险因素。①产前因素包括染色体异常、贫困、父母用药或缺乏为人父母的准备。②围产期因素包括产伤、缺乏产前护理、父母拒绝护理或缺乏干预和支持知识。③产生后因素包括创伤性脑损伤、儿童—看护者互动受损、儿童虐待和忽视或延误诊断。

3. 支持系统

支持系统是指为促进个人发展、教育、兴趣和个人福祉所使用的增强其功能的资源和策略。支持系统包括选择和个人自主、全纳环境、通用支持、专业支持。

(1) 选择和个人自主(choice and personal autonomy)

选择和个人自主是指个体做出选择和行使自决权的机会,以及人格受法律认可,与非残疾人平等地享有法律行为能力。选择和个人自主可通过辅助决策得到促进。

---

① SCHALOCK R L, LUCKASSON R, TASSÉ M J. The contemporary view of intellectual and developmental disabilities: Implications for psychologists[J]. Psicothema, 2019, 31(3): 223-228.

(2) 全纳环境(inclusive environments)

全纳环境是指那些提供可获得的资源、信息和人际关系的环境,鼓励支持人的成长与发展,并适应与自主性、能力和人际关系相关的心理需求的环境。例如支持性就业、支持性生活、支持性/全纳教育和就地养老。

(3) 通用支持(generic supports)

通用支持是指公众可以广泛获得的支持,包括自然支持、技术、假肢、终身教育、合理便利、尊严和尊重,以及个人优势/有利条件。

(4) 专业支持(specialized supports)

专业支持是指基于专业的策略和治疗(如教育、医学、心理、职业治疗、物理治疗、言语治疗、精神病学、护理)。

4. 分组分类框架和过程

(1) 分组分类概述

分组分类不是诊断。分组分类是一个可选的诊断后组织过程,它为各种观察和测量的分类提供了一个有组织的方案,作为组织信息的一种方式,以更好地了解一个人的需求。分组分类涉及根据既定的标准系统地划分成小组。分组分类必须在明确框架和系统工程中进行,服务于一个重要的目的,以相关信息为基础,用于更好地了解个人的需求,并关注个人的功能而不是个人残疾的严重程度。

(2) 分组分类的主要目的

一个明确的分组分类框架是围绕分组分类的三个主要目的而建立的:第一,描述支持需求的强度;第二,描述智力功能的限制程度;第三,描述概念、社会和实践适应技能的限制程度。

(3) 分组分类的系统过程

对于每个目的,分组分类的系统过程包括:①确定分组的重要目的;②根据分组目的调整相关数据集;③描述用于建立子类别的数据驱动程序;④使用基于经验的子类别分类频率来建立子类别。

(4) 分组分类的意义

分组分类框架和程序的使用可以使心理学家对个体支持需求的分类与最佳实践保持一致。例如当分组分类目的是描述支持需求的强度时,可以使用标准化支持需求量表评估;如果分组分类目的是描述得到的支持需求模式和强度时,使用间歇的、有限的、广泛性或普遍性的支持需求量表评估。

综合考虑以上四个方面,可以更全面地理解智力与发展性障碍的复杂性。

第二节 智力与发展性障碍学生劳动教育相关理论

一、人的全面发展理论

(一)理论概述

何谓人的全面发展?人的全面发展就是"人以一种全面的方式,也就是说,作为一个完整的人,占有自己的全面的本质"。马克思认为,作为类存在物,人的本质是自由自觉的活动,即实践活动,最集中的表现是劳动;作为社会存在物,人的本质在其现实性上是一切社会关系的总和;作为完整的个体的人,认识自然因素、社会因素和精神因素的统一体,人的本质就是人的个性。马克思所说的"人的全面发展"中的人,不是抽象、孤立的人,而是现实的、具体的、社会中的个人,不是"某一个人",而是"每一个人"。人的全面发展不仅意指"全面",而且包含着"自由、充分、和谐发展"。

(二)主要内容

人的全面发展,可以概括为以下几点:第一,人的全面发展,意味着劳动者的智力以及体力两方面得到充分的发展,体力劳动与脑力劳动相结合,是人全面发展的基础。第二,人的全面发展也是指人在志趣、道德、个性等方面得到发展,即作为一个人完整的、全面的发展。第三,人只有得到自由的、充分的发展,才能获得全面的发展。

马克思不仅提出人的全面发展的理想,还努力寻找一条从理想通往实际生活的现实道路。首先,人的发展表现为人的活动和能力的发展,生产力是人的最重要的实践活动及其能力本身。其次,人的发展也表现为人的社会关系的发展,而只有生产力的普遍发展,人们之间的普遍交往才能建立起来。最后,人的发展还表现为人的个性发展,自由个性的实现必须以发达的生产力为基础,生产力的高度发展为人的全面发展提供自由时间。总之,马克思强调,生产力是人的全面发展的最终决定力量,人的全面发展是历史的产物,归根到底是社会生产力的产物。①

(三)在智力与发展性障碍学生劳动教育中的应用

马克思主义关于人的全面发展理论及劳动理论为我国劳动教育的开展提供理论指导,发挥基础性作用。马克思主义劳动观认为,人的劳动能力的发展是体力和智力劳动能力在一起协调发展的过程。马克思关于人的全面发展理论认为人的自由全面发展体现在两个方面:一是全体人的自由发展,强调所有人;二是个体人的全部自由性的发展。培智学校应为开展劳动教育提供必要条件,按照培智学校义务教育阶段劳动教育的目标,具体地、有针对性地对智力与发展性障碍学生进行有益于劳动教育开展的实践活动,

---

① 吴向东. 论马克思人的全面发展理论[J]. 马克思主义研究,2005(1):29-37.

提升学生劳动素养。合理调整教学,最大限度地推动学生全面发展,帮助其自立自强、融入社会、立足社会。

二、具身认知理论

(一)理论概述

具身认知(embodied cognition)的概念由莱柯夫(Lakoff)和约翰逊(Johnson)提出并发展完善。他们以具身认知为标志将认知科学发展分为离身的第一代和具身的第二代。在第二代认知科学的理念中,强调生理体验与心理状态之间有着强烈关系,认知与身体之间的因果、过程联系。[①]

(二)主要内容[②]

1. 身体的结构和性质决定认知的种类和特性

认知、知识的发展依赖于身体感觉器官、神经系统等机体物理性质的参与,有什么样的身体就有什么样的认知,身体结构和性质上的缺陷也会限制和制约个体所能获得的概念和范畴。在这种意义上,心智是身体的心智,"身体的构造不同的身体倾向于产生不同的思维方式"[③]。

2. 认知过程具有非表征性

认知的信息加工观点认为外部环境信息通过感觉器官转换成抽象符号,这些抽象符号本身没有意义,其意义由表征的事物决定,认知过程就是根据一定的规则对这些符号表征的运算和操纵。与信息加工观点不同,具身认知中的"弱具身"观点支持者认为,信息表征是存在的,但是这些表征具有身体的性质,"强具身"观点支持者认为,认知发生于身体作用于环境的实时动力系统中,并不存在表征和表征加工过程,即认知是身体与环境互动的结果。

3. 认知、身体、环境是紧密的联合体

认知是身体的认知,而身体的结构和性质又是进化的产物,是环境塑造出来的,这意味着认知、身体和环境三者之间的一体化性。即认知基于身体,身体根植于环境,三者是不可分割的整体。

4. 身体和环境是认知系统的构成成分

传统认知主义并不否认环境对认知过程的影响,但仅将环境因素视为一种因果作用,认为环境因素对某种认知过程造成影响,从而造成某种认知结果。具身认知认为身

---

① NIEDENTHAL P M, BARSALOU L W, WINKIELMAN P, KRAUTH-Gruber S, RIC F. Embodiment in attitudes, social perception, and emotion[J]. Personality and Social Psychology Review. 2005, 9(3):184 – 211.
② 叶浩生. 身体与学习:具身认知及其对传统教育观的挑战[J]. 教育研究, 2015, 36(4):104 – 114.
③ CASASANTO D. DIFFERENT BODIES, DIFFERENT MINDS: the body specificity of language and thought[J]. Current Directions in Psychological Science, 2011, 20(6):378 – 383.

体和环境对认知的作用不限于因果关系,而是在认知加工中扮演了某种构成性(constitutive)的角色①。心理学实验证实,身体状态和环境条件影响学习过程,同时也是完整学习过程的有机组成部分。

(三)在智力与发展性障碍学生劳动教育中的应用

越来越多的研究者基于具身认知的视角探究智力与发展性障碍学生劳动教育主题相关问题。培智学校劳动技能课程与具身认知理论存在天然的联系。一方面,具身认知考虑到智力与发展性障碍学生在身体功能、心智方面的限制对认知的制约。另一方面,劳动技能课程本身的综合性和实践性特点要求课程要发生在具体情境之中,需要学生具身参与,注重学生学习的体验性和情景性,在与环境的互动生成中实现知识与技能的提升。

总而言之,具身认知强调学生身体的参与,重视学生的切身体验在认知发生中的重要作用,将人的物理身体的参与与认知结合起来,即让学生的"手""脑"结合起来,将人看作一个整体,身体的探索促进认知的探索。事实上,具身认知在一些劳动教育思想以及一些面向智力与发展性障碍学生的教育教学方法中也有所体现,如杜威的"做中学"教学原则,陶行知"教学做合一"的劳动教育思想,以及情境教学法、多感官学习等方法。

三、情境学习理论

(一)理论概述

情境学习理论主要由莱夫(Lave)和温格(Wenger)在20世纪80年代和90年代提出,他们在1991年共同出版了《情境学习:合法的边缘参与》(*Situated Learning: Legitimate Peripheral Participation*)一书,系统地阐述了情境学习理论。情境学习理论强调学习应该在与现实生活紧密相关的情境中进行,以促进学习者更好地理解和应用知识。情境学习理论认为,学习不仅仅是个体的认知过程,更是一个社会性的、实践性的活动,而不是一个孤立的知识传递过程。学习者在参与真实世界活动的过程中,通过与更有经验的学习者的互动和社会实践,逐渐获得知识和技能。这种学习方式强调学习者在具体情境中的参与和体验,以及通过社会互动和文化实践来构建知识。

(二)主要内容

情境学习理论的主要内容包括:第一,学习的社会性。学习是一个社会过程,依赖于学习者与其他人的互动和合作。第二,学习的情境性。学习发生在特定的社会和文化情境中,这些情境为学习提供了意义和背景。第三,合法的边缘参与(legitimate peripheral participation, LPP)。学习者通过社区中的边缘参与,逐渐向核心成员过渡,从而获得知识和技能。第四,实践共同体(community of practice, CoP)。学习者在特定的社会实践

---

① SHAPIRO L. Embodied cognition[M]. New York: Routledge, Taylor&Francis Group, 2011:4.

和文化背景下,与更有经验的学习者一起参与活动,形成了一个实践共同体。第五,学习的过程性。学习是一个动态的、不断发展的过程,而不是一个静态的、一次性的事件。

(三)在智力与发展性障碍学生劳动教育中的应用

情境学习理论对教育实践产生了深远的影响,特别是在职业教育、成人学习和教育技术等领域。它提倡通过项目式学习、合作学习、学徒制和其他基于实践的学习方法,使学习更加贴近真实世界,从而提高学习的相关性和有效性。情境学习理论在智力与发展性障碍学生劳动教育中的应用主要体现在:第一,真实性。劳动教育发生在与现实生活紧密相关的情境中,这样才能使学习内容对学生来说有意义。第二,社会互动。劳动教育是一个社会过程,通过与他人的交流和合作,学习者能够更好地构建知识。第三,参与性。学习者应该积极参与到劳动教育活动中,而不仅仅是被动接受知识。第四,情境的复杂性。真实世界的问题往往是复杂的,因此劳动教育情境也应该反映出这种复杂性,以促进深层次学习。第五,认知工具的使用。通过利用各种劳动工具和技术可以帮助学习者更好地理解和解决问题。

情境学习理论在教育实践中有着广泛的应用,比如项目式学习、问题式学习、服务学习等,都强调将学习内容与学生的生活经验和实际需求结合起来,以提高学习的有效性和实用性。这一理论也与我国当前的教育改革方向相契合,即强调学生中心,注重实践,发展学生综合素质,培养创新精神和实践能力。

第三节 智力与发展性障碍学生劳动教育相关思想

一、国外近现代代表性劳动教育思想

(一)马克思、恩格斯的劳动教育思想[①]

1. 思想概述

马克思、恩格斯将教育同生产劳动相结合视作无产阶级革命教育和社会主义教育必须坚持的一个基本原则。提出教育同生产劳动相结合是实现"造就全面发展一代新人"这一理想的根本途径和方法,是提高社会生产力的一种方法,是改造现代社会最强有力的手段之一。教育同生产劳动相结合的实质,在于消灭旧的社会分工以实现脑力劳动和体力劳动的结合。

2. 主要内容

(1)劳动教育本质上具有社会主义教育性质

马克思、恩格斯将劳动教育作为社会主义教育的重要方面,把它看作无产阶级解放

---

① 吴潜涛,陈好敏. 马克思恩格斯劳动教育思想探析[J]. 中国高校社会科学,2023(3):58-69.

的行动纲领。资本主义的技术培训本质上是为资本主义制度服务的,而社会主义性质的劳动教育保护少年儿童免受资本主义生产方式的摧残,保障工人子女的受教育权利,是启发阶级意识和政治觉悟,提升各种才能的重要方式。

(2)劳动教育以实现人的全面发展为目标

马克思、恩格斯认为劳动教育旨在摆脱个体发展的片面性,实现个体自由而全面的发展。一方面,人的全面发展是社会进步的价值归宿和最终目的。另一方面,全面发展的个体,不是自然的产物,而是历史的产物,是基于普遍的社会物质交换、全面的关系、多方面的需要以及全面的能力发展。在人的发展与社会发展相互促进的历史进程中,生产劳动不仅为人的全面发展提供了物质基础,而且还为劳动能力充分发展提供了人力支持,因而劳动能力的全面发展在自由个性的实现过程中具有基础性地位。

(3)劳动教育促进德智体美发展的育人功能

马克思、恩格斯论述了劳动教育的树德、增智、强体、育美的功能,强调劳动教育对于造就"德智体美劳"全面发展的社会新人的重要作用。首先,在德育方面,劳动教育对于工人阶级而言是一种"最必要的抗毒素",有利于防止和消除资本主义社会的病毒。其次,在智育方面,劳动教育能够促使受教育者在掌握客观规律和牢固知识的基础上,发挥自由自觉的劳动潜能。再次,在体育方面,有计划的、适当的体力劳动能够提高身体运动能力,从而促进身心和谐。最后,在美育方面,劳动教育能够提升受教育者的审美感受与创造美的能力。

3. 在智力与发展性障碍学生劳动教育中的应用

马克思、恩格斯的劳动教育思想保障了智力与发展性障碍学生的受教育权利,他们关于劳动教育育人功能的论述,对于发挥智力与发展性障碍学生劳动潜能、提高身体运动能力、促进身心和谐同样具有重要意义。

(二)马卡连柯的劳动教育思想[①]

1. 思想概述

马卡连柯(Макаренко)是20世纪苏联著名的教育理论家、教育实践家,他的劳动教育思想深受马克思主义劳动观的影响。在关于劳动的认识上,马卡连柯始终坚持教育同生产劳动相结合的基本原则,认为劳动是教育体系的重要组成部分,能够促进人的全面发展。马卡连柯认为只有创造性劳动才能真正为全社会人民的生活造福,教育学生从事创造性的劳动是教育者的特别任务。此外,马卡连柯也强调真正的劳动教育是脑力劳动与体力劳动的结合,是知识教养与熟练技术的结合。

---

① 胡君进,檀传宝.劳动、劳动集体与劳动教育:重思马卡连柯、苏霍姆林斯基劳动教育思想的内容与特点[J].国家教育行政学院学报,2018(12):40-45.

2. 主要内容

(1) 劳动集体

马卡连柯认为劳动教育要组建良好的劳动集体,并主张为了集体、在集体中、通过集体来教育学生。马卡连柯认为建立一个良好的劳动集体对个人的教育作用是潜移默化的,是开展学校劳动教育的基本手段和重要途径。因此,学校劳动教育要建立良好的劳动集体,发挥劳动集体对个人心理和精神方面的引导作用。在马卡连柯看来,个体形式的劳动教育对学生的影响往往较为狭隘和有限,而通过劳动集体开展劳动教育,则对学生具有广泛且深远的影响。

(2) 劳动教育在于培养共产主义社会劳动者

马卡连柯的劳动教育思想可以视为共产主义劳动教育思想的具体化,认识到了劳动教育在培养学生共产主义信念、为共产主义社会培养劳动者的关键作用。

3. 在智力与发展性障碍学生劳动教育中的应用

通过劳动集体来开展劳动教育,有利于发挥教师对智力与发展性障碍学生心理和精神方面的引导作用。通过劳动集体,智力与发展性障碍学生不仅能在身体上获得锻炼,还能更好地获得协作、沟通等方面的技能,从而促进其社会交往能力的提升。

(三) 苏霍姆林斯基的劳动教育思想[①]

1. 思想概述

苏霍姆林斯基(Suhojmilisky)关于劳动教育的思想与实践探索深受马卡连柯劳动教育思想的影响,与马卡连柯相似,苏霍姆林斯基同样坚持教育与生产劳动相结合,认为劳动教育能够促进人的全面发展,同时强调通过集体开展劳动教育。在此基础上,苏霍姆林斯基将理论付诸实践,形成了更完整、更具其时代特色的劳动教育思想。

2. 主要内容

(1) 人的个性全面和谐发展

在人的全面发展理论基础之上,苏霍姆林斯基创造性地提出了关于人的个性全面和谐发展的思想,即实现学生在德、智、体、美、劳诸方面的全面和谐发展。他提出"劳动素养"的概念,认为劳动素养是一个人为了集体而努力的精神世界,包括创造劳动的智力与掌握劳动技艺的能力,指出一个人的和谐全面发展不仅体现在德、智、体、美上,更是在劳动素养达到较高阶段时才能实现,强调教育应与生产劳动相结合,主张学校要重视劳动集体的作用,建立劳动集体进行劳动教育,为了集体、在集体中、通过集体教育学生。

(2) 劳动教育应当贯穿人的全面发展全过程

苏霍姆林斯基认为,作为全面和谐发展教育的各个重要组成部分,德育、智育、体育、美育和劳动教育既相互独立,又有机结合,通常作为整体综合促进某一个方面的发展,同

[①] 朱博. 苏霍姆林斯基劳动教育思想研究[D]. 武汉:华中师范大学,2018.

时也促进其他方面全面和谐的发展。在德育方面,苏霍姆林斯基认为,必须让学生时刻树立"不劳动者不得食"的观点,通过亲身劳动,克服困难,体会艰辛的劳动过程,才能真正形成正确的劳动态度,才能培养出热爱劳动、尊重他人劳动成果的情感。在智育方面,苏霍姆林斯基认为劳动教育可以激发求知的欲望。这里所指的能够促进智力发展的劳动,并不是简单普通的体力劳动,而是创造性劳动,只有创造性劳动才能够充分调动人的思维活动,提高人的综合分析能力,进而促进智育的发展。在体育方面,苏霍姆林斯基认为劳动教育可以培养完美的体魄,通过户外劳动的形式对孩子们进行教育,能够有效促进他们的身体健康。在美育方面,苏霍姆林斯基认为劳动教育的作用主要体现在几个方面:人在接受劳动教育中创造自身的心灵美和身体美;劳动技能日益娴熟、精细,劳动体态逐渐和谐、优雅也是劳动美的一种体现;劳动过程中劳动集体的合作、和谐融洽的氛围也是一种美;劳动产品内含美学价值。

3. 在智力与发展性障碍学生劳动教育中的应用

智力与发展性障碍学生的劳动素养既包括劳动能力的习得,也包含劳动认识、劳动情感等精神层面的培养,苏霍姆林斯基的劳动教育思想,为劳动素养的概念和维度划分提供理论指导。此外,其劳动教育理论不仅可以为培养学生劳动素养提供参考,而且还可以为开展智力与发展性障碍学生劳动教育提供教学建议、指导,更有针对性地提升学生劳动教育的质量。

(四)杜威的劳动教育思想

1. 思想概述

杜威(Dewey)是美国实用主义的集大成者,他批判传统学校教育,重视儿童自身能力、个性、心理,强调儿童的主体地位。杜威提出了教育本质论,即"教育即生长""教育即生活"和"教育即经验的持续不断地改组或改造"。他的劳动教育思想主要体现在"做中学"的教学原则上。个体经验的不断改造过程即是教育发生的过程,主要通过"做中学"的方式获得。

2. 主要内容

(1)从经验中学

杜威始终坚信从经验中得来的教育才是真正的教育,但不是一切的经验都有教育价值。"经验"是人与环境交互作用的过程与结果,不仅仅包含与认识有关的事情,也包含认识的、情感的、意志的等理性和非理性的内容。经验不仅强调人作用于环境也强调环境对人的影响,是一个相互作用的过程。杜威反对学校为了使学生获得知识和技能而反复进行形式训练,他认为这种经验脱离学生的生活且不连贯,会对个体的社会化产生不良影响。

(2)从活动中学

活动是学生获取知识的重要来源。杜威认为能为儿童生长提供正向反馈的活动需要符合三个标准:首先,是基本的,即用来维持个体生存的基本需求的东西。其次,是简单的,能够在他们现有的能力范围内同时满足他们好奇心的活动。最后,是社会性的,这些活动是社会情况的象征,也是儿童熟悉且能理解的。①

3. 在智力与发展性障碍学生劳动教育中的应用

特殊教育教师在教学中,教学设计要充分考虑学生身心发展规律、实际生活经验,还应设计有效的活动,让学生在活动的过程中达到思维的成长。在学生活动的过程中,教师应提供有效的支持,确保学生产生"有效思维",用正确的思维指引实践。

二、国内近现代代表性劳动教育思想

(一)蔡元培的劳动教育思想

1. 思想概述

蔡元培提出"军国民教育、实利主义教育、公民道德教育、世界观教育、美感教育皆今日之教育不可偏废"的教育思想,主张"五育并举"的教育方针,而劳动教育包含于"五育"中。

2. 主要内容

对于劳动教育实施途径,蔡元培提出了"即工即学"与"工学结合",主张一边读书,一边做工。蔡元培重视劳动教育和平民教育,他曾和友人筹办劳动大学,意图将学生培养成为既劳心又劳力的劳动者。蔡元培的工学结合思想还表现在他对留法勤工俭学的呼吁和对少年中国学会组织的"工学互助团"的积极倡导上。1915 年,蔡元培、吴玉章和李石曾等人创立了"勤工俭学会",明确提出"勤于工作而俭以求学如是,以工兼学之制,试之有效",由此创立了半工半读的教育制度,为脑力劳动与体力劳动的结合、中国知识分子与工人的结合、教育和生产劳动的结合开辟了道路,也为贫困家庭子女带来了上学的机会,激励了广大寒门学子走进校园。

3. 在智力与发展性障碍学生劳动教育中的应用

蔡元培对劳动教育的重视,对于发展智力与发展性障碍学生劳动教育具有正向的促进作用,他的劳动教育思想,为智力与发展性障碍学生参加劳动、接受劳动教育,从而获得一项谋生技能提供了价值观上的支持,也为劳动教育课程与生产劳动相结合提供了路径支持。

(二)黄炎培的劳动教育思想②

1. 思想概述

黄炎培劳动教育思想的核心是职业教育,在他看来,劳动与劳动者是职业教育的基

---

① 王凯婷. 杜威"做中学"思想对新时代劳动教育的启示[D]. 喀什:喀什大学,2023.
② 张琛,李珂. 论黄炎培劳动教育思想的丰富内涵与当代启示[J]. 教育与职业,2019(2):93-97.

础,高素质劳动者则是职业教育的目标所在,基于此,他倡导尊重劳动、尊重劳动者的劳动价值观。

2. 主要内容

黄炎培以实用主义为核心,积极推进劳动教育的发展。于1913年8月发表的《学校教育采用实用主义之商榷》首次向国内介绍了实用主义,将其作为职业教育、劳动教育重要的理论基础,黄炎培通过劳动教育升华了实用主义,也用实用主义指导了劳动教育。他深入探索劳动教育的育人价值,认为积极劳动、增加动手能力训练有利于大脑发育,手脑并用,提升教育成果,有助于学生去除虚骄之气,还可以培养学生专注力与钻研精神。

3. 在智力与发展性障碍学生劳动教育中的应用

黄炎培将劳动与劳动者视为职业教育的基础,倡导尊重劳动、尊重劳动者的劳动价值观,这种劳动教育思想为智力与发展性障碍学生接受劳动教育、接受职业教育提供了价值观指引。

(三)陶行知的劳动教育思想

1. 思想概述

陶行知在深入思考杜威的"教育即生活"学说后,结合中国当时的教育现状,提出了生活教育理论。该理论的核心内容是"生活即教育,社会即学校,教学做合一",强调在做中教,在做中学,即教师要引导学生参加各种生产劳动实践,尤其是通过言传身教让他们掌握生产知识和技能。他还极大地丰富了劳动教育的内容,把学校周边一切可能的素材都用于开展劳动教育。深刻阐释了劳动教育与生活教育内涵的高度一致性。

2. 主要内容

(1)在劳力上劳心

"在劳力上劳心"是陶行知劳动教育思想的理论基础。陶行知认为,在中国传统教育的影响下,劳心者和劳力者是相分离的,古代学校到处都是严重的劳心而不劳力、读书而不做工的"书呆子"。陶行知提倡,人不仅应该从事物质生产劳动,而且还要从事精神生产劳动,要在物质生产劳动的基础上进行精神生产的劳动。

(2)知行结合

陶行知高度重视知行结合、实践和认识的统一,认为"行是知之始,知是行之成",在他看来,劳动是获取真知的重要途径,劳动教育只有寓于生产实践才能真正具有长久的生命力。

3. 在智力与发展性障碍学生劳动教育中的应用

陶行知的劳动教育思想渗透着具身认知理论。劳动教育的综合性和实践性特点要求课程要发生在具体情境之中,需要智力与发展性障碍学生具身参与,注重学习的体验性和情景性,在与环境的互动生成中实现知识与技能的提升。这对智力与发展性障碍学生劳动教育的教育教学提供方法指导。

(四)杨贤江的劳动教育思想[①]

1. 思想概述

杨贤江基于马克思主义理论从教育本质的高度论述劳动教育的地位和作用,认为"劳动神圣",能培养"完成之人"。

2. 主要内容

(1)不劳无食,劳动神圣

面对当时社会出现的普遍轻视劳动和劳动者的现象,杨贤江强调"不劳无食",倡导"劳动神圣"的劳动教育价值观。一方面,杨贤江认为劳动形成人的本质,是人类生存、生活的必然要求,是人生的义务。提倡尊重劳动、尊重劳动群众,对劳动价值给予肯定,指出劳动的正向作用,以克服传统"劳心""劳力"相对立的观念。另一方面,杨贤江认为劳动是生命活动本身,人在劳动中有助于全面发展自身的各种能力,去创造幸福生活,而幸福则存在于作为人的本质的劳动之中,所以劳动是人人所向往的。此外,他还倡导乐动主义,指出"原来工作即是生活,应该很快乐"。

(2)劳动教育培养"完成之人"

杨贤江通过深入研究劳动教育,积极探索劳动教育培养"完成之人"方面的重要功能。他立足于人的全面发展,指出劳动生活是一种社会生活,也是学生学校生活中的重要内容。他极力反对学校教育中"学生生活只是读书""学校场所超出社会"的错误观念,认为学校生活在性质上与社会生活息息相关,学校生活中本该含有所谓"社会服务"的内容。此外,杨贤江还主张教育与"社会的生活过程""物质的生产关系"紧密结合,在整个教育体系中融入劳动教育,学生今后无论升学抑或就业,学校教育都应促进理论知识与生产劳动、生活实际相结合,且依存劳动以行教育。

3. 在智力与发展性障碍学生劳动教育中的应用

杨贤江赋予劳动神圣的地位,对劳动价值给予肯定,并提倡尊重劳动、尊重劳动群众,以及对乐动主义的倡导,对于开展智力与发展性障碍学生劳动教育具有的积极引导作用。

(五)吴玉章的劳动教育思想

1. 思想概述

吴玉章高度重视劳动和劳动教育的作用,认为劳动是人类赖以生存和发展的必要条件,人类生活中的一切财富,整个人类历史以至人类本身,都是劳动创造出来的。他批判了阶级社会中把体力劳动和脑力劳动对立起来的错误做法,指出"劳心者治人,劳力者治于人"以及"万般皆下品,唯有读书高"等都是错误的观点。他认为劳动是光荣的事业,所有人均应该参加劳动。因此,吴玉章提出,中小学的劳动教育应贯穿全部教育过程。

[①] 朗双菊,陈瑶.杨贤江的劳动教育思想研究[J].中国人民大学教育学刊,2023(5):1-13.

2. 主要内容

（1）劳动与知识学习相互促进

吴玉章提出劳动与知识学习相互促进的辩证观点，认为劳动本身就是学习，而且是更重要的学习。学生在学校中所学的基础知识，是参加劳动的一种必要准备，更重要的是在劳动生产和阶级斗争的实践中学习，不断提高知识。

（2）青少年劳动教育的五个目标

作为中国共产党早期的教育理论工作者，吴玉章尤其注重从青年的思想政治教育，特别是培养新民主主义和社会主义事业接班人的角度来思考劳动教育。他明确提出了青少年劳动教育的五个目标，即树立正确的劳动观，培养对劳动及劳动人民的深厚感情，养成良好的劳动习惯，掌握一定的劳动技能，培养劳动纪律。

3. 在智力与发展性障碍学生劳动教育中的应用

吴玉章提出的劳动教育的五个目标与《培智学校义务教育劳动技能课程标准（2016年版）》中的表述相近，对智力与发展性障碍学生劳动教育具有指导价值。

（六）晏阳初的劳动教育思想

1. 思想概述

晏阳初是世界平民教育之父，他把自己毕生的精力奉献给了中国和世界的平民教育事业与乡村建设事业。他的劳动教育思想主要体现在平民教育理论与实践之中。

2. 主要内容

他注重教育与生产劳动相结合，走知识分子与工农大众相结合的道路。晏阳初提出了"农村运动"，即农村改造运动，在农村大力实施"实验的改造民族生活的教育"。开展农村新的生产劳动教育成为实现这种教育理想的选择。他认为，劳动教育的重点是实施生计教育，劳动教育的目的是培养有知识、有生产力、有公共心的人，劳动教育的原则是所学即所用、所用即所学，即广大平民的劳动教育要以需求为导向，需要什么就学习什么，而且要用经济、简单、适宜的方式进行。

3. 在智力与发展性障碍学生劳动教育中的应用

晏阳初的劳动教育思想，以需求为导向，所学即所用、所用即所学，为农村地区因地制宜开展智力与发展性障碍学生劳动教育提供了借鉴。

（七）叶圣陶的"习惯教育"思想

1. 思想概述

叶圣陶先生认为"要有劳动的能力，必须真的动手去劳动"，即劳动习惯需要在实践中积累才能得以实现，要随时随地加以注意，躬行实践，才能收到相当的效果。[①]

[①] 黄晓瑜.强化劳动教育 培养良好习惯：基于叶圣陶"习惯教育"思想[J].小学教学研究，2023（3）：22-23.

2. 主要内容

为了养成良好的习惯,一方面,要树立劳动榜样,劳动榜样既可以是教师也可以是同伴,通过正面积极的引导和反馈,促进学生参与劳动的积极性,帮助其养成热爱劳动的好习惯。其中,教师尤其要做到言传身教。另一方面,良好劳动习惯的养成需要经常性的劳动实践进行稳定和加强。叶圣陶先生指出,劳动教育应在真实的劳动场景中进行,与日常生活情境相联系,在不同的劳动主题教育中促进学生良好劳动习惯的养成。

3. 在智力与发展性障碍学生劳动教育中的应用

《培智学校义务教育劳动技能课程标准(2016年版)》指出劳动技能课程要培养学生的劳动意识,形成热爱劳动的情感,掌握一定的劳动知识与技能,养成良好的劳动习惯。这与叶圣陶先生推崇的良好劳动习惯不谋而合。

三、新时代中国特色社会主义劳动教育思想

(一)思想概述

劳动教育是中国特色社会主义教育制度的重要内容,其核心在于思想性与实践性的统一。思想性强调劳动是一切财富和价值的源泉,劳动者是国家的主人,应得到尊重和鼓励。实践性则强调通过劳动实践来改造世界和塑造自我,劳动教育不仅仅是课堂上的学习,而是要面向真实的生活和职业世界[①]。新时代劳动教育的重要任务是构建具有中国特色的劳动教育体系。这要求深刻理解劳动教育的理论内涵、制度机理和实践路径,明确劳动教育的政治、社会、文化、教育属性。劳动教育的推进不仅仅是体力劳动的简单等同,而是要形成一个高质量、全面的育人体系,这需要科学的理论指引[②]。新时代劳动教育是在习近平新时代中国特色社会主义思想的指导下进行的,这种教育旨在系统提升受教育者的劳动素质,促进其全面发展。新时代劳动教育的理论基础是马克思主义劳动观,强调劳动是人类本质的活动,是推动人类进步和社会发展的根本力量[③]。总的来说,新时代中国特色社会主义劳动教育思想是一个全面、多维的系统,旨在通过劳动教育培养具有社会主义核心价值观、全面发展的人才。这种教育强调理论与实践的结合,旨在通过劳动实践促进学生的全面发展,为社会主义建设培养合格的建设者和接班人。

(二)主要内容

1. 塑造劳动观念

塑造劳动观念是劳动教育的核心,旨在培养人们对劳动的尊重和认识,理解劳动的重要性以及劳动对于个人成长和社会发展的价值。

---

① 李岁月.科学阐释新时代劳动教育的内涵和特征[J/OL].(2020-11-18)[2023-08-03].光明网-理论频道.https://theory.gmw.cn/2020-11/18/content_34379866.htm.
② 王晓燕.努力创建中国特色劳动教育新格局[N].光明日报,2022-02-08(15).
③ 曲波.新时代劳动教育的思想意涵与实践要义[N].光明日报,2019-05-06(06).

2. 传递劳动知识

传递劳动知识涉及向学生传授关于劳动的基本知识和理论,包括劳动的历史、劳动的分类、劳动法律法规等,以增强学生对劳动的理性认识。

3. 传授劳动技能

传授劳动技能指通过实践操作,教育学生掌握一定的劳动技能,这不仅包括传统的农业、工业技能,也涵盖现代服务业和其他新兴行业的技能。

4. 端正劳动态度

端正劳动态度强调培养正确的劳动态度,如认真负责、勤奋努力、团结协作等,这些态度对于个人的职业发展和社会主义现代化建设都至关重要。

5. 培养劳动习惯

培养劳动习惯指通过长期的劳动实践,帮助学生养成自觉、规律、有序的劳动习惯,这对于学生的终身发展和良好生活习惯的形成具有重要意义。

上述五方面的内容相辅相成,共同构成了新时代中国特色社会主义劳动教育思想的核心,旨在通过劳动教育促进学生的全面发展,培养他们成为有理想、有道德、有文化、有纪律的社会主义建设者和接班人。

(三)在智力与发展性障碍学生劳动教育中的应用

根据《中共中央 国务院关于全面加强新时代大中小学劳动教育的意见》,劳动教育是中国特色社会主义教育制度的重要内容,对于培养社会主义建设者和接班人具有重要战略意义。这意味着劳动教育应涵盖所有学生,包括智力与发展性障碍学生。劳动教育的实施应包括日常生活劳动、生产劳动和服务性劳动,让学生通过动手实践、出力流汗来接受锻炼、磨炼意志。对于智力与发展性障碍学生,劳动教育的内容和方法应适当调整,以适应他们的特殊需要。对于智力与发展性障碍学生,可能需要更灵活和个性化的课程安排,以确保他们能够从劳动教育中受益。新时代中国特色社会主义劳动教育思想在智力与发展性障碍学生中的应用,应注重个体差异的考虑、支持和辅助、目标的适应性、积极的反馈和鼓励,针对每个学生的具体能力和需求,设计合适的劳动教育活动;提供必要的支持和辅助,确保学生在劳动过程中既能学到技能,又能保持安全;根据学生的实际情况设定可达到的目标,强调过程的重要性,而不仅仅是结果;通过积极的反馈和鼓励,增强学生的自信心和参与感。

课后练习

1. 智力与发展性障碍学生有哪些特征?
2. 如何对智力与发展性障碍学生进行诊断与评估?
3. 国内外具有代表性的劳动教育思想有哪些?

第三章

智力与发展性障碍学生劳动教育现状分析

学习目标

1. 了解智力与发展性障碍学生劳动教育的重要性。
2. 熟悉并掌握智力与发展性障碍学生劳动教育现状。

知识导图

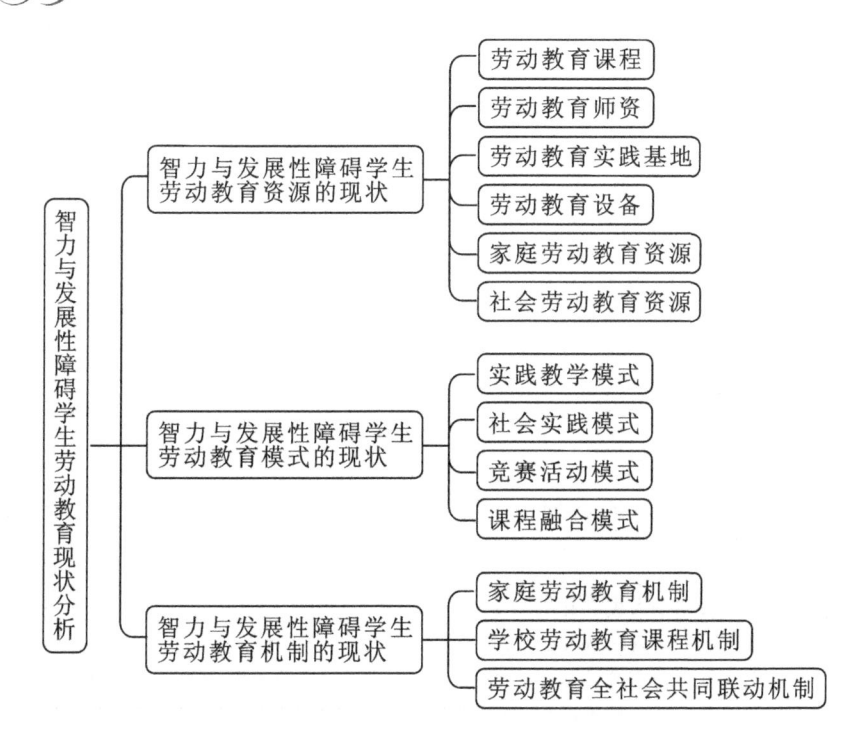

```
智力与发展性障碍学生劳动教育现状分析
├── 智力与发展性障碍学生劳动教育资源的现状
│   ├── 劳动教育课程
│   ├── 劳动教育师资
│   ├── 劳动教育实践基地
│   ├── 劳动教育设备
│   ├── 家庭劳动教育资源
│   └── 社会劳动教育资源
├── 智力与发展性障碍学生劳动教育模式的现状
│   ├── 实践教学模式
│   ├── 社会实践模式
│   ├── 竞赛活动模式
│   └── 课程融合模式
└── 智力与发展性障碍学生劳动教育机制的现状
    ├── 家庭劳动教育机制
    ├── 学校劳动教育课程机制
    └── 劳动教育全社会共同联动机制
```

导读

在当前教育体系中,智力与发展性障碍学生的劳动教育日益受到重视。劳动教育不仅是智力与发展性障碍学生适应社会、实现自我价值的重要途径,也是其综合素质教育的重要组成部分。我们应当重视智力与发展性障碍学生的劳动教育,善于把握智力与发展性障碍学生劳动教育现状,依据现状,剖析现阶段智力与发展性障碍学生劳动教育发展有待解决的问题,不断探索和创新适合他们的教育方法和内容,为他们提供更好的教育环境和机会。

思考

1. 智力与发展性障碍学生劳动教育需求与健全儿童劳动教育需求有何差异?
2. 为什么要了解智力与发展性障碍学生劳动教育的现状?

第一节 智力与发展性障碍学生劳动教育资源的现状

"培养德智体美劳全面发展的社会主义建设者和接班人"[①]是习近平总书记就"培养什么样的人"这一教育首要问题做出的新概述,是新时代党的教育思想的新发展。要实现劳动教育发展目标,劳动教育资源的开发与利用是关键。那么,劳动教育资源指的是什么呢?

"劳动教育资源就是在劳动教育教学活动过程中可利用的所有人力、物力和自然资源等的总和"[②]。由此而推,智力与发展性障碍学生劳动教育资源就是指在对智力与发展性障碍学生开展劳动教育教学活动过程所需的人力、物力、自然资源的总和。本节从课程、师资、实践基地、设备、家庭和社会六个方面对当前劳动教育资源的现状进行分析。[③]

一、劳动教育课程

(一)劳动教育课程概述

劳动教育课程是指学校有计划、有目的地传授给学生基本的劳动技能和知识,培养

---

① 全国人大常委会. 中华人民共和国教育法[EB/OL]. (2021 – 04 – 30)[2023 – 08 – 03]. http://www.moe.gov.cn/jyb_sjzl/sjzl_zcfg/zcfg_jyfl/202107/t20210730_547843.html.
② 方弟丽. 中学劳动教育资源开发与利用的实践路径[J]. 宁波教育学院学报,2019(6):92 – 95.
③ 杨霞. 特教学校劳动教育校本课程建设与实施:以莆田市特殊教育学校为例[J]. 华夏教师,2023(14):24 – 26.

学生劳动生活技能、劳动习惯和劳动情感态度,使学生具备与之能力相适应的劳动生活技能,树立正确的劳动价值观,为促进学生全面终身发展而开发的一系列组织活动。① 它是学校进行劳动教育内容的重要载体,更是实现劳动教育目标的主要渠道,对智力与发展性障碍学生学习能力的提升和身心康复具有积极的作用。

(二)劳动教育课程现状

课程标准是劳动教育课程的重要依据和指南,它是劳动教育的纲领性文件,是一切教学活动的出发点和归宿,是编写各学段劳动教育教材的基础,是学校开展劳动教育活动的依据,下面紧扣劳动教育课程标准和教材,对学前段、义务段、职高段劳动教育课程加以分析。

1. 学前段劳动教育无课标无教材,参考健全幼儿发展指南教学

在学前段,健全幼儿的劳动教育没有统一的课程标准,幼儿园以《3—6岁儿童学习与发展指南》为依据,根据五大领域中的自理能力要求开展以自我服务为主的劳动教育。

智力与发展性障碍幼儿的劳动教育目前既没有课程标准,也没有专门的要求,家长和教师从幼儿的生活必备技能出发,选取3—6岁健全幼儿自理能力要求的部分项目作为劳动教育内容开展训练,如教穿衣、吃饭、洗手、如厕等,但效果普遍不理想。

2. 义务段劳动教育有课标无教材,教师教学费时费力

2016年教育部颁布了培智学校义务教育课程标准,人民教育出版社逐年出版培智教育的生活语文、生活数学、生活适应等教材。但劳动教育的教材到目前为止只颁布了劳动技能课程标准,根据课程标准编写的教材还未出版,而劳动技能课程标准对学段目标和学段课程内容的呈现都比较笼统,教师在编写学期教学计划时要根据劳技课的学段目标和学段课程内容重新进行编排和细化。在编写课时教案时,教师要对学段目标分解细化,对劳动教育的整个过程进行设计,把课程标准规定的教学内容和学段目标有机地统一起来。目前,义务段劳动教育既没教材也没参考资料,教学目标需要教师自己梳理,教学内容需要教师自己选择编排,教学进度需要教师自己把控,这是一个创新的过程,需要教师投入大量的时间和精力。

3. 职高段有政策无课标,课程开设参差不一

国家《"十四五"特殊教育发展提升行动计划》提出"大力发展非义务教育阶段特殊教育","推动特殊教育学校增设职教部(班),鼓励普通中等职业学校增设特教部(班)"。② 这是国家对特殊教育职高段的政策要求。然而目前,我国残疾人职业教育标准体系止步于学校设置与建设标准等领域,教学过程中的安全设施标准、职业技能等级

---

① 侯淑倩.Z市B区培智学校劳动技能课程实施的支持策略研究[D].济南:山东体育学院,2022.
② 教育部,国家发展改革委,民政部,财政部,人力资源社会保障部,等."十四五"特殊教育发展提升行动计划[EB/OL].(2021-12-31)[2023-08-03]. http://www.moe.gov.cn/jyb_xxgk/moe_1777/moe_1778/202201/t20220125_596312.html.

标准等重要标准体系较为薄弱①。针对智力与发展性障碍学生的职业教育标准空缺,要开设哪些课程,应达到怎样的标准,尚无明确规定。

目前,各校职高段针对智力与发展性障碍学生开设的劳动教育课程各不相同,有的学校开设洗车、烘焙等课程,有的学校开设缝纫、烹调、园艺等课程,有的学校开设酒店清洁、茶艺、手工皂制作等课程,有的学校开设果树作务、电子元件组装等课程,有的根据学校现有教师的特长设定陶艺、美甲等课程。各校开设的课程不尽一致,课程是否适合智力与发展性障碍学生学习还有待商榷。

(三)劳动教育课程实施要点

(1)幼儿园与职高段要完善和开发劳动教育课程,注重以人为本,制定与智力与发展性障碍学生特点相适应的劳动教育目标和内容。

(2)学校教师应与相关领域专家合作,开发出更加完善的教材,解决当前劳动教育教材匮乏和自编教材缺乏科学性的问题。

(3)劳动教育课程应坚持实践体验。其不同于文化课程,它需要学生亲身参与劳动过程,进行体验式的学习,学生只有亲身经历才会有真实的劳动情感,才会对劳动有具身认知。

(4)各区域的劳动课程资源开发应以当地的资源为基础,根据当地的风土人情和民族文化,挖掘富有地域特色的校本课程,促进劳动教育的实效性。

二、劳动教育师资

(一)劳动教育师资概述

教师是劳动教育课程的开发者和实践者,是劳动教育得以顺利开展的前提条件,是劳动教育改革过程中的推动力量,对劳动教育实施具有重要促进作用。建设一批稳定、优质的劳动教育教师队伍是劳动教育的关键。教师是否领悟劳动价值,是否形成劳动精神与实践素养,在很大程度上直接影响劳动教育的实效,因而,教师是劳动教育目标达成的重要变量,建设一支高素质、专业化的专兼职结合的劳动教育教师队伍,使其劳动教育顺利开展的中坚力量。但是,目前智力与发展性障碍学生劳动教育教师面临专业素养不足、双师型教师紧缺等严峻的现实问题。

(二)劳动教育师资现状

1.学前段教师专业技能不足,教师教育乏力

学前段健全幼儿很快就能学会的洗手、洗脸、吃饭技能,智力与发展性障碍幼儿却很难掌握,目前幼儿园班级超员现象仍比较普遍,幼儿教师没有精力单独训练智力与发展

---

① 郭文斌,刘邦丽.我国残疾人职业教育标准体系建设的进展、问题与完善对策[J].现代特殊教育,2022(24):27-32.

性障碍幼儿的自理技能,且幼儿教师大多是学前师范专业毕业,学习的是如何教育健全幼儿的专业技能,针对智力与发展性障碍幼儿的教育素养不足,面对他们时大多束手无策、任其自然发展。

2. 义务段教学内容简单,但教师专业能力不足

培智学校义务段的劳动教育以自我服务劳动技能、家务劳动技能、公益劳动技能、简单生产劳动技能为主,这些劳动技能是一个健全人必需的,可以说是健全人的必备技能,如:使用学习用品、移动物品、整理床铺、打扫房间、做饭、浇花、维修桌凳、手工缝纫,使用简单的五金工具,简单的种植、饲养等技能。① 这些技能每个教师在生活中都已经掌握得很熟练了,即使有的工具没用过,稍加学习即可,教学内容对教师没难度。

目前,虽然担任智力与发展性障碍学生劳动教育的教师是特殊教育专业毕业或接受过特殊教育专业培训,掌握了智力与发展性障碍学生的认知规律和心理特点,有一定教育智力与发展性障碍学生的专业基础,教学内容对教师也无难度,但是,劳动教育教学方法培训空缺,是不争的事实。有接受汉语言教育、数学教育、美术教育、体育教育、音乐教育专业毕业的教师,却没有劳动教育专业毕业的教师。劳动教育是以认知为基础,以实践操作为主的课程,它的专业性很强,要把简单的技能让学生听明白熟练操作形成技能,是有相当难度的。

以眉县特殊教育学校为例,有的教师把劳动教育课上成了劳动知识传授课,让学生听和说得多,劳动实践的机会太少,无法形成劳动技能;有的教师上成了体力劳动课,只让学生劳动,讲解、示范、引导得少,学生的劳动意识、劳动习惯和热爱劳动的情感培养不到位。

3. 职高段专业性强,"双师型"教师紧缺

对智力与发展性障碍学生开展职业教育,是国家《"十四五"特殊教育发展提升行动计划》的重要目标,计划提出"在特殊教育学校增设职教部(班),鼓励普通中等职业学校增设特教部(班)"②,两种方案均可以解决智力与发展性障碍学生的职业教育问题。

但在特殊教育学校增设职教部(班),特殊教育学校的现有教师缺失相应职业技能。如要开设酒店管理课程,教师必须要对酒店管理的流程和要求熟悉,自己的床铺整理、卫生打扫、物品摆放、交房查验达到酒店标准,而普通教师不具备这些实践能力。如要教授烘焙技术,教师首先要能熟练操作和面、成型、焙烤等工序,要会制作面包、蛋糕、桃酥、泡芙、曲奇等糕点,而这些实践能力普通教师亦不具备。虽然,2018 年《关于加快发展残疾

---

① 教育部.培智学校义务教育劳动技能课程标准(2016 年版)[S/OL].(2016 - 11 - 25)[2023 - 08 - 03].http://www.moe.gov.cn/srcsite/A06/s3331/201612/t20161213_291722.html.
② 教育部,国家发展改革委,民政部,财政部,人力资源社会保障部,等."十四五"特殊教育发展提升行动计划[EB/OL].(2021 - 12 - 31)[2023 - 08 - 03].http://www.moe.gov.cn/jyb_xxgk/moe_1777/moe_1778/202201/t20220125_596312.html.

人职业教育的若干意见》中对残疾人职业教育教师的实践能力也做出了相关规定,要求在残疾人职业教育教师的培养与培训中必须纳入企业或生产服务的一线实践培训,其中专业课教师每5年中至少要有6个月在一线实践岗位中接受培训,没有实践工作经历的教师应先实践再上岗。① 但是目前培智学校职业班参加一线实践培训的教师并不多。

鼓励普通中等职业学校增设特教部(班),残疾人职业教育兼具特殊教育和职业教育两种属性②,所以必须是"双师型"的教师才能采用适合的教学方法,让学生掌握技能。资料显示,残疾人职业教育的师资多来自企业或普通高等教育相关专业的教师,专业知识丰富,但缺乏特殊教育素养,符合要求的"双师型"教师仅占三成多。③

(三)劳动教育师资建设要点④

(1)师范院校应专设劳动教育专业,培养劳动教育师资。教师教育课程体系中应广泛设置劳动教育课程,以构建系统有序的劳动教育教师培养模式,从源头保障专任劳动教育教师的质量。

(2)增加劳动教育教师培训机会,创新培训内容和形式。不同地区和学校在实行"国培"或"省培"计划时,应增加劳动教育教师培训名额,中小学校要采取多种手段和措施鼓励专兼职劳动教育教师参加培训,为他们提供专业发展的途径和渠道。

(3)劳动教育教师要善于研究,不断反思,改进完善,提高劳动教育的效果。

(4)职高段的职业技术教师缺口可通过选派教师到企业、技校参加定期技能培训,或通过外聘有专业特长的人员到校担任教师的办法来解决。

三、劳动教育实践基地

(一)劳动教育实践基地概述

劳动教育实践基地是劳动教育中培养学生劳动观念和劳动技能的主要阵地之一,是劳动教育不可缺少的场所。智力与发展性障碍学生所处的学段不同,所需的劳动教育实践基地亦不同。在幼儿段,洗手池、厕所就是实践基地。中小学阶段,社区、家政室就是实践基地。职高段,农场、企业就是实践基地。学校应注重各方面资源的整合,探索建立多样化的劳动实践基地,拓展学校的劳动教育资源。

---

① 教育部.关于加快发展残疾人职业教育的若干意见[EB/OL].(2018-07-04)[2023-08-03]. http://www.moe.gov.cn/srcsite/A07/zcs_zhgg/201807/t20180718_343400.html.

② 孙会,张金福.政策过程视域下我国残疾人职业教育支持服务体系的建构、困境与优化[J].职业技术教育,2020(19):46-51.

③ 方仪,朱岩岳.残疾人职业教育体系:现状与挑战——基于残疾人高等职业教育的视角[J].教育理论与实践,2016(27):27-29.

④ 朱悦,孙承毅.现实与突围:中小学劳动教育教师队伍建设的实践困境与路径优化[J].吉林省教育学院学报,2022,38(10):169-174.

(二)劳动教育实践基地的现状

1. 学前段劳动教育实践基地充足

智力与发展性障碍幼儿能力较弱,只能开展部分简单的、以自我服务为主的劳动教育,如捡垃圾、整理仪容、吃饭、穿衣等,幼儿园的卫生间、宿舍、餐厅、教室、校园都是劳动教育实践基地,这些基地每个幼儿园基本都有。

2. 义务段校内劳动教育实践基地够用

通过国家特殊教育一、二期提升计划、"十四五"特殊教育发展提升行动计划的实施,大部分县区都高标准建成了特殊教育学校,学校的餐厅、宿舍、教室、校园、绿化带都是学生劳动技能训练的场所,很多学校还有家政室、劳技室等专门的劳动教育部室,这些都能满足义务段智力与发展性障碍学生劳动教育的需要。

以眉县特殊教育学校为例,学校餐厅是学生学习洗碗、整理餐桌、抹桌子、扫地、拖地的重要场地;宿舍是学生学习洗脚、刷牙、穿衣、洗脸、整理床铺、洗衣物的场所;教室和校园是学生练习打扫卫生的场所;学校的绿化带是学生练习除草、施肥、浇水的场所;学校的家政室是学生练习洗菜、切菜、炒菜、做饭、整理家务的场所;劳技室是学生使用简单工具练习折、剪、切、拧、编制、缝纫的场所;种植箱是学生使用农具开展蔬菜播种、培育、采摘的场所;猕猴桃种植基地是学生学习猕猴桃施肥、疏花、对花、浇地、喷药、采摘、修剪的场所。学校的各个区域都是智力与发展性障碍学生劳动教育的实践基地,对义务段学生劳动教育来说基地基本能满足劳动教育实践的场地需求。

3. 职高段实践基地不足

一是针对智力与发展性障碍学生所建的特殊教育学校原来大多都是按照九年制义务教育的标准建设,现在要拓展职教班,学校原有的场地需要重新调配和规划,比如开设酒店管理专业,学校就需要有一定数量的房间布置成酒店,开设烘焙专业,就需要蛋糕房,开设果蔬作务,要有一定规模的果园菜地,许多特殊教育学校没有这些场地。二是由于智力与发展性障碍学生适应能力较差,所以职高段的学生在学校掌握了酒店管理、烘焙、烹饪、洗车、陶艺、果树作务等技能后,还需要进一步在真实的场所进行实习,降低环境迁移对学生带来的影响,但这类校外实训基地绝大多数特殊教育学校目前暂时没有配置。以眉县特殊教育学校为例,学校给职高班的学生开设了洗车、猕猴桃种植课程,但没有专业的洗车房,在校门口空地让学生练习洗车,每次洗车设备准备和整理都很费事,受天气影响较大。学校开设猕猴桃种植课程,学校种植角面积只有不到10平方米,只能种植2—3棵猕猴桃树,学生的种植实训受到严重限制。

当然在中等职业院校增设特教部(班),面临的实训场地问题比在特殊教育学校增设职业部(班)应该要小一些,但如果开设一些针对智力与发展性障碍学生的新专业,其实训场地也要重新规划。眉县职业教育中心原本开设有酒店管理、汽车维修、信息技术、机械加工专业,如果在眉县职教中心开设特教部(班),那么酒店管理专业的实训场地是充足的,但如果要开设烘焙、洗车、种植等适合智力与发展性障碍学生的专业,学校原有的场地也需要重新布置和调整。

中残联2020年度调查报告显示,残疾人职业学校实训基地数量普遍不能完全满足需要,部分院校的实训基地条件简陋,利用率较低。[1] 部分学校大部分实践课程的教学是在学校内完成的,致使教学与生产实际严重脱节。[2]

(三)劳动教育实践基地开发要点

重视校内劳动实践基地的利用与开发。可以在校内建立果园、饲养场、鱼塘等实践基地,让学生在课堂进行劳动,激发学生劳动积极性。

利用周边的资源建设校外劳动实践基地,学校可以加强与附近种植业、养殖业、企业经营者的合作,建立校外活动基地。

四、劳动教育设备

(一)劳动教育设备概述

劳动教育设备包括对学生进行劳动教育时材料、工具及加工的生产机器,是劳动教育中不可缺少的物质基础,劳动教育内容不同所涉及的劳动教育设备也不同,它可以是一枚针,也可以是一个锄头或剪刀,也可以大到一台烤箱或搅拌机,不同的学段,学生的劳动教育目标不同,所需的劳动教育设备也不同。

(二)劳动教育设备现状

1. 学前段劳动教育设备自然天成,利用率不高

学前段智力与发展性障碍幼儿劳动教育设备就是学生随身的衣服、鞋、床铺、文具、碗筷,但该类幼儿自理能力差、情绪异常、注意力涣散,幼儿教师精力有限,教育该类幼儿的能力不足,能静下来专门训练他们的机会很少,这些天然的劳动教育设备没有充分发挥作用。

2. 义务段常用劳动教育设备齐全,使用率低

义务段劳动教育所需的设备都是常见的脸盆、刷子、被子、褥子、笤帚、簸箕、铁锹、锄头、钳子、剪子、针线、锅、碗、瓢、盆等常用工具,且需要资金都不多,学校配备这些设备没有任何负担,完全可以满足劳动教育教学需要。

但通过调查发现,劳动教育设备使用率较低。原因有以下几点:一是劳技课是实践课,组织难度大。特殊教育学校每个班的学生能力参差不齐,有的行动不便,有的上课乱跑,有的不愿参与训练,本来课堂组织难度就大,开展室外劳动,空间增大,教师组织起来就更困难。二是劳动技能教师担心课堂安全。劳动技能课配备了劳动工具,如剪刀、锄

---

[1] 谢颖. 利益相关者视角下残疾人职业教育发展路径研究:基于江苏省的实践分析[D].南京:南京大学,2021.
[2] 朱颂梅. 残疾人高等职业教育中校企合作的问题与对策[J].现代特殊教育,2015(20):69-72.

头、钳子等,由于智力与发展性障碍学生使用这些工具的安全意识差,教师害怕对学生本人或他人造成伤害。三是劳动技能课需要提前准备。劳动技能课教师需要到管理工具的教师处借工具,最后归还,有的工具还要试用挑选,无形中增加了教师的工作量,有的教师就尽量减少劳动设备的使用。

以眉县特殊教育学校的劳动教育现状为例,学校虽然有家政室,里面锅碗瓢盆一应俱全,抽油烟机、燃气灶、电饭煲、微波炉均配备齐备,但有的劳动技能教师上烹饪技能课喜欢在教室用图片讲解、课件教学代替实操训练,因为在教室上烹饪技能课比把学生领到家政室上容易组织,既不担心学生被刀具切伤,也不用申请购买菜品,课后也不用清洗整理,省去了很多麻烦。

3. 职高段专业劳动设备不足,资金缺口大

特殊教育学校增设职教部(班),开设酒店清洁专业,必须要采购床、沙发、衣柜、电视、空调、马桶、淋雨器等;开设陶艺专业,要采购操作台、手动转台、电窑、练泥机、拉抷机、陶艺工具、陶泥、釉料等;开设烘焙专业,需要采购发酵箱、食品烤箱、冷藏柜、消毒柜、搅拌机、烤盘、电子秤、操作台、展示柜、制作工具。这些专业设备所需资金较多,新建的特殊教育学校普遍资金紧缺。

中国残疾人联合会对2018年残联系统职业院校的调研数据表明,残疾人中职学校普遍反映经费严重不足。经费、设备、场地等缺乏是限制部分特殊教育学校职业教育发展的主要问题[①]。

(三)劳动教育设备建设要点

(1)学校应当加大劳动教育的资金投入,确保劳动教育课程实施所需教学设备的采购和完善。

(2)教育主管部门应加大智力与发展性障碍学生职高段劳动教育设备的资金支持,保证职高段学生职业教学的需要。

五、家庭劳动教育资源

(一)家庭劳动教育资源概述

家庭劳动教育资源即家庭中对劳动教育有价值的、可供开发与利用的一切存在。[②]家里的各类场所、工具及父母对劳动的态度都是劳动教育资源,做家务可以训练孩子的动手能力,父母与子女共同分担家务,可以使亲子间的感情更好,父母的思想和行为也会影响孩子的劳动态度和劳动习惯。

---

① 赵小红.城市智力残疾学生初级职业教育培训现状调查报告[J].中国特殊教育,2011(1):25-32.

② 李育球.劳动教育家庭资源及其开发与利用[J].北京教育学院学报,2021,35(5):43-48.

(二)家庭劳动教育资源利用现状

智力与发展性障碍学生家庭可利用的劳动资源非常丰富,家里的床铺、院子、绿植、厨房、客厅、玻璃、饲养的动物等都是天然的劳动教育资源,但其使用效率低。主要有以下原因:其一,绝大多数家庭经济压力大,家长的主要精力放在生产劳动上,对智力与发展性障碍孩子教育方面投入的精力极其有限,虽然可利用的资源较多,但家长没时间、没耐心去教育孩子。其二,智力与发展性障碍孩子教育周期非常漫长,家长看不到明显效果,感到得不偿失,与其费力费时教育孩子,不如自己代劳效率高。

(三)家庭劳动教育资源利用要点

(1)要丰富家长劳动教育的方法,提升家长劳动教育的意识,提高家庭劳动教育资源的利用功效。

(2)重视家校合作,家庭劳动教育的内容与学校同步,构建家校协作的劳动教育模式。

(3)重视亲子劳动关系,家长与孩子共同参与家务劳动,在劳动中分工合作交流。

六、社会劳动教育资源

(一)社会劳动教育资源概述

对学生的劳动教育是一项系统的工程,除了学校和家庭,还要特别重视挖掘社会劳动教育资源。学校要注重利用社会劳动教育资源来丰富学校教育的内容和意义。如与当地政府、企业、社区合作,动员更多的力量参与到对学生的劳动教育中,促进学生劳动技能和素质的提高。

(二)社会劳动教育资源利用现状

学前段和义务段可利用的社会资源主要是社区,通过学生为社区进行卫生清洁、参加社区志愿者服务活动培养学生社会责任感和热爱集体、关爱他人、助人为乐的优良品质。但由于智力与发展性障碍学生组织难度大,担心安全问题等,各校虽然也组织学生进行公益劳动,但劳动次数都比较少,教育效果也不明显。

职高段根据学校开设的专业不同,需要利用的社会资源也不同,如开设烘焙专业,就需要与蛋糕店合作实习;开设洗车专业,就需与洗车店合作;开设酒店清洁专业,就需与大酒店合作;开设果蔬作务,就需与当地的种植农户合作;开设电子元件的组装,就需与电子公司合作。如安徽马鞍山市特殊教育学校和马鞍山市大红灯笼酒店、海外海皇冠假日酒店签订实习就业协议,带领职业高中部的学生到马鞍山海外海皇冠假日酒店实习。[①] 苏州工业园区仁爱学校的酒店服务专业就与苏州尼盛万丽酒店、苏州万怡

[①] 黄献林.浅谈特殊教育学校实施劳动教育的路径:以安徽省马鞍山市特殊教育学校为例[J].现代特殊教育,2022(11):60-61.

酒店、苏州希尔顿酒店等合作,开展订单式实习就业。福建省厦门市海沧区晨昕学校客房内务整理课程就近聘请海沧区香宾酒店的管理人员入校执教,并安排毕业班学生定期到该酒店进行客房实训;西式烘焙课程外聘烘焙店的烘焙师执教,并与烘焙店合作,为学生提供实习岗位。[①] 杭州市杨绫子学校联合南星街道社区医院、爱丁堡酒店、消防队、南京银行等多家单位创立常春藤社区体验课程,定期组织学生开展更广泛、更深刻的社区实践活动。

职高段各特殊教育学校应主动联系,争取获得政府各相关部门及其他各合作机构的理解和配合,这样才能保障职高段智力与发展性障碍学生更好地掌握职业技能,形成独立或者半独立的生产能力。

但调研显示,在智力残疾学生职业高中教育支持体系中,学校支持与家庭支持水平相对较好,政府支持与社区支持水平居中,企业支持水平最为薄弱。[②] 在残疾人职业教育校企合作实践中,学校积极,但企业参与联合办学的意愿并不强烈。以眉县特殊教育学校的校企合作情况为例,学校和家长希望通过与企业合作,让学生掌握一项技能以更好地帮助其提升就业质量。人社部门中间搭桥联系企业,让学生学习耳机零部件的组装,组装了一段时间,企业负责人发现智力与发展性障碍学生不如健全人组装得那么标准和迅速,最后为追求更好的效益,企业在社会上招聘健全人进行零部件的组装,放弃了使用智力与发展性障碍学生进行组装。

总体来看,我国东部地区的智力与发展性障碍学生劳动教育支持状况好于中部地区,城市地区的劳动教育支持状况好于农村地区,经济水平发达地区的劳动教育支持状况好于经济中等发达和经济薄弱地区。

(三)社会劳动资源利用要点

(1)充分利用社会各方面资源,为劳动教育提供必要保障。积极协调和引导企业公司、工厂、农场等组织履行社会责任,开放实践场所,组织学生参加力所能及的生产劳动,参与新型服务性劳动,使智力与发展性障碍学生与健全劳动者一起体验劳动过程。

(2)组织动员相关力量、搭建活动平台,共同支持学生深入城乡社区、福利院和公共场所等参加志愿服务,开展公益劳动,参与社区治理。

(3)政府对接纳智力与发展性障碍学生实习与就业的爱心企业给予政策、经济方面的扶持和奖励。

[①] 王琼.培智学校劳动技能教育的探索与实践[J].学园,2018,11(36):154-155.
[②] 赵小红,王雁.智力残疾学生职业高中教育支持体系研究[J].教育研究,2018(11):105-113.

第二节　智力与发展性障碍学生劳动教育模式的现状

智力与发展性障碍学生劳动教育的模式是指根据智力与发展障碍学生的特殊生理和心理发展特点①,以促进其实现生存发展、职业发展和社会适应发展为目标,实施具有可操作性、可实现性的劳动课程,其中包括但不限制于劳动技能、职业技能促成、现代社会适应性教育等内容②,从而保障该群体学生获得终身发展的能力。本节主要介绍几种目前可行的智力与发展性障碍学生劳动教育模式。

一、实践教学模式

（一）实践教学模式概述

实践教学模式是指通过实践活动,让智力与发展性障碍学生亲身参与到劳动中,学习到实用的技能和知识。它强调"亲身体验、观察和感受",并着重培养实践能力、创新能力和团队合作能力。③

实践教学模式是以实践为主要方法,辅以讲解、提问和讨论等辅助方式,来实现教育目标的一种教学方法。它着重于培养学生的自主性和综合能力,从而提高学生的学习能力和学习的实效性。实践教学模式的研究、实施和发展,有助于提高基础教育的质量,培养学生的综合素质,塑造学生的独立生存能力和创新发展能力,建立学习机制,提升学习效果。

人的认知和能力提升只有从各类实践活动和劳动参与中才能充分获得④,故此,教师应当引导智力与发展性障碍学生充分参与到各类实践活动中,帮助其获得认知成长和技能收获。也就是说,实施实践教学模式既有助于培养智力与发展性障碍学生获得知识、实践技能和概念的综合能力,也有助于拓宽他们的视野,激发其学习欲望,加强学习主动性,增强学习兴趣,强化学习记忆。

（二）实践教学模式现状

近年来,特殊教育学校越来越重视劳动实践教学,因地制宜设置劳动教育课程,为智

---

① 林仲轩,张司佳.关系视角下的父母媒介干预:数字时代智力与发展障碍家庭父母的混合式教养策略研究[J].新闻界,2023(2):32-43,56.
② MORGAN LINDEE, LEATZOW ALLISON, CLARK SARAH, SILLER MICHAEL. Interview skills for adults with autism spectrum disorder: A Pilot randomized controlled trial[J]. Journal of Autism and Developmental Disorders, 2014, 44(9):22-28.
③ 俞林亚.近十年发展性障碍学生职业教育研究综述[J].现代特殊教育,2022(1):55-59.
④ 陈培永.马克思主义劳动理论的丰富和发展:学习领会习近平总书记关于劳动的重要论述[N].北京日报,2022-05-09(09).

力与发展性障碍学生提供符合实践需求的劳动教育场所和教育方式。根据智力与发展性障碍学生的身心发展特点,以主题班会、居家劳动等活动为抓手,制订切实可行的劳动教育清单。通过一系列的劳动实践活动不断培养学生积极、合作的劳动精神,让学生在不同的阶段有不同的感受,充分享受劳动的快乐。可以说,当前智力与发展性障碍学生教育的这些探索实践都取得了不错的效果,助力了他们的成长和发展,但也存在如下问题。

1. 教师引导作用发挥不充分

在实践教学中,要激发智力与发展性障碍学生的自主性,既体现在课堂上,也体现在课后的活动中。教师需要在课堂上注重以引导者的身份激发学生参与各项实践活动的兴趣,还要在课后的活动过程中指导其方法应用。但是,实际过程中,由于智力与发展性障碍学生对于新事物的接受度低,学习能力弱等,大多数教师缺乏耐心引导,课堂的实践教学往往变成了"命令式游戏",导致实践教学开展困难。而在课后的实践中,大多数教师缺位和空位,并没有对学生进行适当的方法指引,也没有安排各项综合性活动的开展。[1]

2. 家庭教育的支持力度不够

由于许多家庭对智力与发展性障碍孩子多少带着些失望和无可奈何的情绪,再加上大部分家庭的经济能力有限,无法完全支撑其为特殊孩子支付额外的教育经费,因此在他们的教育时间和精力的投入上就会打折扣。有的家庭为了省事,直接包办代办,有的甚至连基本的陪伴也很难做到,对于拓展其他实践活动就更无从谈起。[2] 许多学前段智力与发展性障碍学生在入学进行自我服务劳动评估时,无法做到不依赖成人而独立照料自己的生活,如穿脱衣服和鞋袜,独立地盥洗、进餐、睡眠、起床等。脱离了父母的帮助,孩子的生活自主性和行动力都明显不足。

3. 学生个体之间能力差异显著

为切实找到符合智力与发展性障碍学生的实践活动模式,针对当前学生参与情况,眉县特殊教育学校做了一个本校学生(主要指义务段)劳动技能的现状调查(见表3-2-1),发现有的学生自我服务劳动、为集体服务的劳动内容得分高,能力强,但家务劳动项却十分逊色。有的学生家务劳动能力强,但其他两项能力平平。调查也发现,学生单项能力的发展差异也很大。比如,自我服务劳动方面,有的学生能够独立穿脱衣物、进餐等,自我照顾能力发展得很好,但盥洗能力很差。再如家务劳动,有的学生清洁整理能力较强,但对于电器的使用方法却知之甚少。

---

[1] 徐晶. 培智学校新教师教学能力现状及对策研究[D]. 辽宁师范大学,2020.
[2] 谢维和. 教育活动的社会学分析:一种教育社会学的研究[M]. 北京:教育科学出版,2017:109-136.

表 3-2-1 义务段劳动技能现状记录表

姓名	自我服务劳动		为集体服务		家务劳动	
	穿衣服	刷牙	发放餐具	擦桌子	叠被子	使用电饭锅煮饭
赵××	4	4	4	4	4	4
张××	4	1	4	4	3	0
孟××	3	3	3	2	1	1
孙××	1	1	1	1	1	0
黄×	4	3	2	1	1	0
陈××	4	4	4	4	4	4
段××	4	4	1	2	4	0

注:根据劳动任务完成度进行打分,每项满分4分:独立操作流程完整且效果佳4分,独立操作流程完整3分,操作过程需要口头提示才能完成2分,操作过程需要辅助1分,没有操作意识0分。

(三)实践教学模式的实施要点

1. 融合生活情境,培养实践意识

教师既是特殊教育的主要实施者,也是智力与发展性障碍学生在成长与学习过程中的重要引领者与合作者,教师的一举一动都被学生看在眼里,记在心里。作为新时代的特殊教育教师,在组织开展劳动教育活动时,要细心、耐心地做好示范引领,在潜移默化的影响中培养智力与发展性障碍学生的劳动意识,也为其掌握高质量劳动技能奠定良好的基础。

2. 设计合理目标,实现有效化开展

合理的教学目标既能够帮助教师在课堂上达到预期的教学效果,也能帮助学生实现自我成长。故此,目标的制订在教学过程中起着十分重要的作用。实践活动以教学目标为导向,且始终围绕实现教学目标而进行。在智力与发展性障碍学生劳动课程教学中,由于学生集中注意力的时间不长,有的学生中途就停止了劳动,有的学生放弃劳动去做自己感兴趣的事情。要达到预期的教学目标,教师应当注重培养学生的参与意识,激发学生的活动兴趣,鼓励学生坚持完成课堂教学任务。

3. 注重多元评价,激发实践潜能

每一次课堂教学,都需要有适当的评价来调动智力与发展性障碍学生的学习积极性,培养学生的劳动意识。教师可以采用星级评比的评价方式,根据学生在课上以及课后的表现,坚持正面引导、正向强化,利用实践记录手册、星级评价单、活动小能手等评价工具,让学生实时记录、积累劳动实践的过程和感悟。也可以通过学生之间的自评、互评、家长评、教师评等多角度、多方面真诚的评价,激励智力与发展性障碍学生形成比、学、赶、帮、超的良好氛围,使劳动意识的渗透常态化。

二、社会实践模式

(一)社会实践模式概述

社会实践模式是指通过社会实践活动,让智力与发展性障碍学生了解社会的现状,提高自身的综合素质,为更好地融入社会奠基。

美国心理学家班杜拉(Bandura)认为,个体的发展本身就是一个适应社会的过程。在个体适应社会的过程中,个体的社会行为会受到社会环境的影响,社会环境会对个体的社会行为产生教育的作用,进而对其社会适应能力产生影响。① 因此,在学校开设社会实践教学是帮助智力与发展性障碍学生适应社会的最佳方式。

(二)社会实践模式现状

我国的培智教育由于历史较短、经验不足,同时受传统教育观念的影响,在培智学校教育中普遍存在重文化知识传授、轻实践能力培养,重学科课程、轻活动类课程的现象。教师对智力与发展性障碍学生过分保护,担心他们走出校门会出现这样、那样的危险。教育者的教育观念陈旧,对最大限度地挖掘学生的潜能,培养他们的社会实践能力重视不够。具体来说,各个学段的社会实践重点存在差异。

1. 学前段通过社会实践教育的多种组织形式,帮助幼儿获得自我认同感

学前段智力与发展性障碍幼儿的社会实践教育通过社区参观、劳动体验、社会服务等形式得到实现。② 通过有组织的实践教育,可以使得智力与发展性障碍幼儿成长过程中初步认识到社会的丰富性和多样性,以激发他们对于生活的热情和信心,获得自我认同感和价值感。

2. 义务段在社会实践课程中融入劳动教育,帮助学生初步建立行为规范

特殊教育学校在义务段智力与发展性障碍学生的劳动教育中坚持"以生活为导向",开发了丰富多样的社会实践课程,形成了具有综合性、实践性、针对性的劳动教育社会实践课程体系。

3. 职高段在社会实践中整合劳动教育,帮助学生尽早适应和融入社会

特殊教育学校针对职高段智力与发展性障碍学生实施劳动实践教育时,将劳动教育和社会实践有机整合,意在帮助其尽早适应社会,融入社会。③ 根据智力与发展性障碍学生的劳动教育需要和社会实践需要,有机整合劳动教育和职业教育,设置职业体验式课程,包括家政服务、陶艺制作、烘焙、超市服务、宾馆服务、自助洗车等。帮助智力与发展性障碍学生在社会实践课程的学习中提高劳动素养和职业技能,加深对社会各类职业的认识。

---

① 秦启文,黄希庭.社会技能构成因素及其意义[J].心理学探新,2001,21(1):54-57.
② 刘佳芬.课堂教学社区化:实施新课程方案的有效途径[J].现代特殊教育,2020(3):8-10.
③ 蒋乃平.对综合职业能力内涵的思考[J].职业技术教育,2021(10):18-20.

(三)社会实践模式的实施要点

1. 处理好社会实践活动与校内教学的关系

丰富多彩的社会实践活动扩充了智力与发展性障碍学生的活动范围,对于促进他们认识的发展,补偿智力缺陷,加强个性培养都具有极其重要的意义。社会实践活动是校内教学的有益补充和完善。教师要将社会实践活动纳入自己的教学计划,在课内完成相关知识、技能的传授,为实践活动做好准备。[①]

2. 处理好社会实践目标与学生兴奋点的关系

教师要针对每一个具体活动,研究学生在该活动中的兴奋点。如在"买快餐"活动中,社会实践的目标是让学生练习使用人民币,学习与人交往。但由于智力与发展性障碍学生的心理水平低,孩子们又都爱吃快餐,这时学生的兴奋点转移到吃快餐上,与教师的社会实践目标产生了偏差。因此,在这类社会实践活动中教师要事先提要求,购物的方法要精讲,减少学生等待的时间,将吃快餐与激励结合起来,谁买得对,谁先吃。这样激发了学生对购买食品的兴趣,保证了社会实践活动的顺利进行。

3. 处理好社会环境中积极因素和不良因素的关系

任何事物中利与弊总是同时存在的,充分利用其积极因素,淡化消极因素,使社会实践活动收到事半功倍的效果。以"超市购物"为例,真实的活动场景与学生的实际生活贴近,且具有现代生活的气息,易引起学生的兴趣。但服务员能否耐心地接待语言表达不流畅、动作迟慢的智力与发展性障碍学生,周围的顾客是否理解他们,这需要教师在活动之前做好一切准备[②],同时教师要将对智力与发展性障碍学生的关心爱护外化成亲切、自然、耐心的教育辅导,用实际行动为周围人树立榜样。

三、竞赛活动模式

(一)竞赛活动模式概述

竞赛活动模式是指通过竞赛活动,激发智力与发展性障碍学生的劳动兴趣和劳动热情,提高其积极性和主动性。在竞赛活动中,智力与发展性障碍学生能够锻炼自己的竞争意识和团队合作能力,同时也能够提高自身的综合素质。

培养智力与发展性障碍学生的劳动技能和能力是特殊教育学校最重要的任务之一,学生将在后续的生活和工作中运用这些技能。随着劳动知识的吸收和掌握,学生可以更有目的性、更独立地完成所有任务。学生越是频繁地进行劳动,行为就越稳定,并逐渐成为习惯,进而转化为相应的个人品质。需要指出的是,记忆、思维、感知等心理过程与技能培养的成败有着密切关联,正是在这些心理过程的基础上形成了劳动技能并能顺利完

---

① 胡辉洲.浅谈提高培智学生社会适应能力的教学策略[J].好家长,2018(58):148.
② 王牧华,靳玉乐.综合课程研究的生态主义观[J].中国教育学,2021(6):15-17.

成相应的任务。① 此外,上述技能和心理过程也有助于智力与发展性障碍学生智力的矫正。能够直观检测和查看智力发展障碍学生潜能和发展欲望最有效的方法是通过技能竞赛活动,尤其是参加专业技能竞赛对学生的潜能和发展欲望具有积极的调解和发展作用。参加比赛的学生会不断为了竞赛目标而提升自我的学习意识和自主学习能力,劳动技能和能力也会相应提高。此外,学生的个人品质也能够得到提升,他们的责任感和批判性思维能够获得发展。

(二)竞赛活动模式现状

第一,学龄前智力与发展性障碍学生一方面,由于入校时间短,规则意识淡薄;另一方面,由于自身缺陷,认知水平有限,其劳动能力较低,竞赛意识淡薄,无法体会劳动教育竞赛活动的趣味性,导致参与度低,劳动教育缺乏检验的途径。

第二,义务段智力与发展性障碍学生经过学前段的培养教育,以及自身能力及认知水平的提升,劳动教育成效显著。教师将考核趣味化、可视化,以促进学生劳动技能的掌握和劳动习惯的培养,帮助学生进一步建立了规则意识,提升学生劳动技能和生活自理能力,促进学生萌发团结协作意识,同时亦警示包办严重的学生家长需要"放手"让孩子自己劳动,家长应充分认识到培养孩子自我劳动的紧迫感。② 根据低段智力与发展性障碍学生的身心发展特点,学校应当紧紧围绕"关注学生个人"的中心,设置整理书包、叠袜子、穿衣服等日常自我服务劳动为竞赛项目。根据中、高段学生的身心发展特点,学校应当立足家庭、学校、社区设置劳动项目,侧重以培养学生从事简单家务劳动能力为出发点,将整理房间、叠被子等家庭中简单家务劳动技能设置为竞赛项目。将教育、康复与劳动三者紧密结合,充分培养学生的生活自理能力,发展学生的手部精细动作能力。劳动教育的竞赛活动模式培养了智力与发展性障碍学生的动手、动脑和生活实践能力,树立了学生"自己的事情自己做"的自主意识。这种竞赛模式有趣又有意义,可以起到以赛促学,帮助学生在"学中玩、玩中学"。

(三)竞赛活动模式的实施要点

1. 注重设计活动方向和目标

正确的方向和目标才能促进竞赛活动教学的有序开展,并取得有效成果。根据智力与发展性障碍学生的特点,竞赛活动应大致分为短期训练和长期训练,前者包含正常化生活技能训练,注重训练过程中的情绪压力,如忧虑、罪咎、愤怒、羞耻等。后者包含梳理家庭问题,找准学习者行为根源,实施针对性训练,树立自尊自信,教会长期生活技能和学习技能等。

---

① 秦启文,黄希庭.社会技能构成因素及其意义[J].心理学探新,2001,21(1):54-57.
② 武杰.对儿童天赋的新认识及其教育观察[J].教育学术月刊,2015(1):68-77.

2.注重个体训练和团体训练相结合

竞赛活动模式依照不同年龄、不同智力水平有不同的训练目标,大致可分为个人适应功能目标及团体适应功能目标。前者主要包含自我照顾、生活自理及动作技巧。自我照顾包括是否能自行饮食、如厕、盥洗、仪容整理等。生活自理包括是否能协助家事、清洁用品、使用电话、了解时间、购物等。动作技巧包括大肢体动作及手部精细动作的技巧,如跑、跳、骑脚踏车、开关门、运笔、使用剪刀等。后者主要包含沟通技巧及社交技巧。沟通技巧包括口语的理解、口语表达及读写能力。社交技巧包括与他人一起游戏、互动及应对进退、处理人际情境的能力。

四、课程融合模式

(一)课程融合模式概述

课程融合模式是指将劳动教育与其他学科课程相互结合,形成一种新的劳动教学模式。在课程融合模式中,学生能够将所学的知识和技能应用到实践中,提高学习效果和学习质量。同时,课程融合模式还能够培养学生的创新能力和综合素质,提高学生的综合竞争力。

《培智学校义务教育课程标准》明确提出,课程设置目的在于提高智力与发展性障碍儿童的独立生活能力,促进其平等参与社会,使他们拥有尊严、获得幸福、实现人生价值,为其终身发展奠定基础。学习是一个积极主动的意义建构过程,学生不是被动地接受外在信息,而是根据先前的认知结构积极主动地、有选择地感知、加工外在信息,从而改变和重组原有的知识结构。在教学上,教师要注意个体所具备的智能不是均衡发展的,同样的课堂教学方法不一定适合所有的智力与发展性障碍学生,为了能真正帮助学生获得智能的发展,课堂教学中要充分发扬多元化的教学,融合各类学科知识的教学特点加以实施,以便帮助学生拓展知识、激发学习兴趣、促进学习主动性,从而实现智力与发展性障碍学生的均衡化发展。

(二)课程融合模式现状

2020年教育部印发《大中小学劳动教育指导纲要(试行)》,要求在学科专业中有机渗透劳动教育。学校将劳动教育渗透进生活语文、生活数学、生活适应、运动与保健、绘画与手工、唱游与律动等学科的教学中,充分挖掘各学科所蕴含的劳动教育元素。例如,生活适应课程旨在培养学生的生活自理能力、简单家务劳动能力、自我保护能力和社会适应能力。[①] 一年级生活适应教材中涉及的劳动要素包括学洗手、学洗脸、帮妈妈摘菜、给爸爸送水、包书皮、整理玩具等20项内容,涵盖了个人生活、家庭生活、学校生活等领

---

① 贾菊花.培智学校"生活核心、课程融合、相互支持"课堂教学模式初探[J].课程教育研究,2020(2):236.

域。在教学过程中,教师应遵循智力与发展性障碍学生身心发展规律,从他们的日常生活入手,根据教材安排合适的劳动内容,并结合学生的能力水平予以调整,采取灵活且具有针对性的教学策略让学生在操作和体验中习得劳动技能。

再如,在生活语文二年级下册"我家真干净"教学中,教师以学生熟悉的"天天"和"乐乐"为主角创设情境,引出"你愿意去谁家里做客"的话题。然后让学生观察和比较天天家和乐乐家的环境图片,并自由表达,使学生认识到干干净净的家才会让别人喜欢,教导学生讲究卫生、热爱劳动。这节课的教学目标不仅有认识词语"柜子""扫地"、掌握句式"谁做什么"、书写竖钩等,还有培养学生劳动意识、让学生体验扫地等劳动活动。在三年级下册古诗《悯农》的教学中,教师将学生的爷爷请进课堂,请爷爷结合视频讲一讲自己如何栽种水稻,以及从种子发芽到收获金黄稻穗的整个过程。身边人物的真实描述给学生带来更为直观的对劳动的感受。同时,教师带领学生到学校的种植基地进行劳动实践,让学生切实感受"锄禾日当午,汗滴禾下土",体会劳动的艰辛。

(三)课程融合模式实施要点

1. 注重提高学生的学习热情

课程融合教学模式,要充分打破学科教学之间封闭的界线,实现各学科的有机融合,让课堂教学丰富多彩,师生互动更加明显,课堂氛围更加活跃,提高学生的学习热情和参与学习的积极性,如此,学生学习的自信心增强了,学习效率才能够明显提高,进而有力地促进学生适应生活、社会的适应能力。

2. 转变教师的教学理念

课程融合教学模式实践,使教师教学逐步由"教"转向"学",教学目标更加重视知识与技能、过程与方法、情感态度与价值观的统一,既要关注到学生的生活态度,更要关注到学生适应生活、适应社会的能力,使学生养成健康的行为习惯和生活方式,成为适应社会发展的公民,体现了"发展、提高、促进"的课程思想。

3. 各科教学的鼎力协作

课程融合教学模式,需要将各门课程统领起来,形成一个整体,如医院就医,融合目标是知道就医流程,学会看病。生活适应课侧重怎样挂号,怎样说清楚病情等;生活语文侧重认识各科室名称,如何表达病情等;生活数学侧重会付款等。这样学科之间既相互支持,又各有侧重,整合成了体系,更有利于学生将所学知识运用于生活,提升生活适应能力。

第三节　智力与发展性障碍学生劳动教育机制的现状

劳动教育机制是让学生通过劳动的方式获得多方面的成长与发展,从而形成积极的社会行为,达到劳动育人的目的。现有的智力与发展性障碍学生劳动教育机制可大致分为家庭劳动教育机制、学校劳动教育课程机制、劳动教育全社会共同联动机制。

一、家庭劳动教育机制

(一)家庭劳动教育概述

家庭劳动教育是指父母或其他年长者在家庭内自觉地、有意识地对子女进行的劳动教育①。

2020年3月,《中共中央 国务院关于全面加强新时代大中小学劳动教育的意见》指出,劳动教育要贯穿家庭、学校、社会各方面,家庭教育要日常化,发挥家庭在劳动教育中的基础作用。② 阐述了家庭劳动教育的重要性,凸显了家庭教育在现代社会发展中的重要地位。

家庭劳动教育具有时间连贯性、方式多样性、主题灵活性的特征。③ 家庭劳动教育形式多样,内容丰富,家庭要发挥在劳动教育中的基础作用。家庭是孩子接受劳动教育的第一所学校,父母是孩子的首任老师,家庭劳动教育对孩子的成长有着举足轻重的作用,在学生的成长过程中有着不可替代的重要意义。家庭劳动教育机制根据家庭成员的意愿可划分为有意识的劳动教育和无意识的劳动教育。

1. 有意识劳动教育

有意识的劳动教育是指家长主动带领智力与发展性障碍学生进行有计划有目的的劳动技能培养。这些劳动技能在日常生活中如果没有家长的刻意锻炼和培养,学生可能在短期内不会觉得这些技能是生活所必需的,家庭中如果家长觉得孩子做得慢或者是劳动成果差强人意,而去代劳,就会造成孩子劳动教育意识的偏差。

有意识的劳动教育主要包含以下两点:一是帮助学生树立正确的劳动观念、具备必备的劳动能力、培育积极的劳动精神、养成良好的劳动习惯和品质。二是开展日常生活劳动能力、生产劳动能力和服务性劳动能力的教育。以学生的年龄和能力为基础,以学生安全适度为原则,在家校合作的共同努力下为智力与发展性障碍学生的能力培养做足功课。

2. 无意识教育

无意识教育主要指教育者利用个体的无意识心理将教育目的、教育意向、教育内容等寓于一定的环境或氛围中,引导个体通过感受和体验无意识地受到教育,使其在不知不觉中受到教育和启迪④。智力与发展性障碍学生无意识劳动教育是指孩子在家庭没有

---

① 杨红梅.浅谈幼儿家庭劳动教育[J].佳木斯职业学院学报,2016(5):269,271.
② 中共中央 国务院关于全面加强新时代大中小学劳动教育的意见[N].人民日报.2020-03-27(1).
③ 童丽泰,程孝文,荐洪晓.青少年家庭劳动教育现状、成因及对策[J].皖西学院学报,2021,37(3):148-151,156.
④ 罗海英.无意识教育研究[D].长沙:湖南师范大学,2005.

事先计划的目的条件下,通过自身的感受和体验所习得的生活经验。

(二)家庭劳动教育的现状

1.劳动观念出现偏差

家长的劳动观念出现偏差。当孩子犯错时,家长会用劳动或者家务来惩罚他们,这不仅给劳动教育戴上了功利的帽子,也不利于培养他们树立正确的劳动意识。上述做法最明显的结果就是导致孩子出现劳动偏见,认为劳动是一种惩罚,劳动没有价值,最终导致孩子轻视体力劳动,不尊重体力劳动者,最终会不珍惜劳动成果。

2.有意识劳动教育缺失

在学校这个群体中,年纪相仿的学生聚集在一起上课和生活。在对比中,我们可以很明显地看出家庭有意识劳动教育的重要性。开学不久,班级准备集体大扫除,在大扫除中,乍一看学生好像都在努力扮演自己的角色,但是经过了解后,便会发现他们每一个动作背后,反映着家庭教育的千差万别。

小 A 的家长在平时的生活中会比较注重孩子的劳动教育,很多事情会鼓励孩子自己去做,比如洗衣服、扫地、做饭、洗碗等日常家务,在平时的生活点滴中,一点点教会她,让她在不知不觉中储存更多的生存能力。在父母眼中健全孩子学会某项生存技能可能几次便可以掌握,但是对于智力与发展性障碍的孩子而言掌握同样的生存技能没有如此轻松。一个简单的洗衣服技能,可能需要智力与发展性智障孩子多次重复练习。在这种情况下,家庭便是智力与发展性智障孩子学习生存能力最好的训练场。在有意识的劳动教育下,孩子能够在家长的帮助下习得更多的劳动技能,提高生活适应能力,更好地融入生活,自信面对未来。

小 B 的家长习惯了包办,也有可能是家长考虑到孩子情况特殊,所以在生活中,家长大包大揽,而非孩子不愿意劳动。孩子有劳动意愿,在平时生活中观察到家长劳动的场面,但是因为家长没有给她有意识的培训,所以她不知道劳动的具体步骤。由此可知小 B 的家庭对孩子没有进行过有意识的劳动教育是导致其生存能力不足的主因。智力与发展性障碍学生如果缺乏必要的生活技能,不仅会较难融入集体生活,而且会较难以面对以后的生活,所以对他们开展有意识的家庭劳动教育迫在眉睫。

3.劳动教育敏感期的关注度过低

眉县特殊教育学校学生小 C,她只要是穿需要系鞋带的鞋子,就会把鞋子穿得七倒八歪,感觉一不留神就能把自己绊倒。系鞋带也是她在生活中所需要掌握的技能,但是由于在学习敏感期没有家长介入有意识的劳动教育,导致她现在 15 岁依然无法熟练掌握这项技能,每次都需要别人的帮助才能完成系鞋带。即使现在教师每次在她需要帮助的时候再教一遍如何系鞋带,她也总会有意无意地躲避,难以掌握系鞋带的技能。

在学生的劳动教育过程中,因为自身的成长需求,他们会有劳动技能习得的需要,家长要时刻关注孩子的需求,在合适的阶段介入,给予孩子有意识、有目的的劳动教育,帮助孩子更快、更好地适应生活。

（三）家庭劳动教育的实施要点

1. 唤醒孩子自我劳动的意识

无意识教育具有三个特点：依附性、潜隐性和愉悦性。[①] 因此在开展家庭劳动教育过程中，可以紧扣无意识教育的特点，充分利用无意识教育的优势以达到较好的育人效果。家庭劳动教育要立足于孩子的劳动需求，关注孩子的劳动兴趣点，从兴趣点出发把劳动教育渗透到日常生活中。在日常生活劳动、生产劳动和服务性劳动中，注意劳动知识、技能与价值观的养成。立足个人生活事务处理，注重生活能力和良好卫生习惯的培养，树立自立自强意识。

2. 树立家长劳动教育的模范榜样

有意识教育具有以下几个优越性：系统性强、理论性强、逻辑性强、信息对称。[②] 因此在家庭劳动教育中可以将有意识教育的优势充分发挥，运用多种方式将劳动教育渗透到学生的日常活动中，从而提高智力与发展性障碍学生的生活适应能力。在生活中家长可以将日常事务的做法，主动地、详细地告诉孩子，指导孩子该怎么做，观察孩子是否熟练掌握该技能，并多次重复讲解，直至孩子可以熟练完成。若劳动过程较为复杂，家长可设法让孩子提起兴趣去模仿，在模仿的过程中加以指导，放手让孩子自己动手去做。家长应当以表扬和激励为主去鼓励孩子，即使孩子的劳动成果没有达到预期的效果，家长也要充分地肯定孩子的努力，具体告诉孩子哪些做得好，如何做才能做得更好。

家庭劳动教育可以帮助智力与发展性障碍孩子在生活中习得更多的劳动技能，这种习得是在家长的陪伴与监督之下，既可以保障孩子的安全，又可以在家长长期有目的的指导下获得更好的效果，可以让孩子在掌握生活技能的同时，更多地感受到家人的关心爱护，促使孩子更自信地面对生活，勇敢地迎接未来的生活。

二、学校劳动教育课程机制

（一）学校劳动教育课程机制概述

新时代教育背景下，学校课程体系中劳动教育课程占有重要地位，学校在构建劳动教育课程过程中要把整个课程体系框架考虑在内，要与其他课程有机结合，树立全局观念并做好整体规划。学校实施劳动教育课程时需要兼顾学生的个性差异，既满足学生的发展需求，制定出具有可行性的目标，又要从学生的现有认知基础、个体学习特点以及自身需求等方面入手，保障学生的劳动素养能够得到有效的发展和提升。

[①] 戴家祥. "无意识教育"的三个特点[J]. 政工研究动态，2002(17):12.
[②] 翁路英. 双剑合璧：思想政治教育中有意识教育和无意识教育的有机结合[J]. 理论观察，2008(2):50-51.

《中国教育改革和发展纲要》中指出,加强劳动观点和劳动技能的教育,是实现学校培养目标的重要途径和内容,各级各类学校都要把劳动教育列入教学计划,逐步做到制度化、系列化。社会各方面都要积极为学校进行劳动教育提供场所和条件。在此基础上,学校应当强化劳动教育意识,科学整合劳动教育内容,因材施教发现并挖掘学生潜能。

学校劳动教育课程机制主要包含以下三方面内容:

1. 劳动意识的培养以及劳动习惯的养成

对智力与发展性障碍学生说,劳动的过程就是他们获得教育的过程。劳动教育不是达成其他教育目的的手段。劳动教育应当抛除目的性和功利性,回归劳动本身。正是从这个意义上说,劳动不是为了教育,劳动本身就是教育。[①] 在县级特殊教育学校中,在校学生大多是县城及周边村镇里的学生,他们会有简单的劳动意识但不够系统,也未形成良好的劳动习惯。劳动技能教学应当贴近生活,在特殊学校开展劳动技能教学,并不是让学生有足够的劳动技能用于解决实际生活中的问题,而在于让特殊儿童了解到劳动的重要性,遇到问题之后,能有一定的劳动意识,知道尊重他人劳动成果。[②]

2. 劳动氛围的创造

教师可以从"营造校园环境,创设劳动教育氛围;创造体验空间,感受劳动实践乐趣;创新评价机制,强化劳动竞争意识"三方面入手,将劳动教育融合于整个学校教育之中,帮助学生培养独立生活,独立学习的基本能力。[③] 为学生的劳动技能培养创设所需的劳动氛围。但是,因为县级特殊教育学校的资源有限,氛围创设不全面,在资源整合中,一切要以学生的发展为先,尽力将学生培养为生活自理、独立自主的个体而不断努力。

3. 劳动课程的开设

特殊教育学校要特别重视劳动教育、劳动技术教育和职业教育。学校要安排多种形式的作业,如园艺、木工、烹饪等,把这些基本的技能培养引入学校,作为学校的教育媒介。[④] 为此学校开设的劳动教育课程应与当地的实际情况和学生的实际需求相结合,让学生在学习知识的同时,也能够掌握生存的技能。目前,眉县特殊教育学校劳动课程尚在开发阶段,虽然现有的课程尚能满足目前所需,但是随着社会的发展和时代的进步,仍需要不断地开发新的课程,为学生自力更生、立足社会做好基础工作。

---

① 盛志才,熊和平.回归劳动本真:特殊教育学校的劳动教育启示[J].教育评论,2020(5):36-42.
② 吉小慧.新时期下特殊教育学校开展劳动技能教育校本课程的实践与研究[A].教育教学创新理论与研究网络论坛研讨会论文集,2022.
③ 叶枚举.多措并举,让学生爱上劳动[J].南京:中小学班主任,2021(3):2.
④ 赵荣辉.劳动教育及其合理性研究[D].南京:南京师范大学.2010.

(二)学校劳动教育课程机制现状

1. 劳动教育形式片面化

劳动教育课程有别于传统的以知识为核心的教育活动,但也不是简单地进行劳动实践,而是回归其劳动育人、促进人的自由全面发展的本质。简单来说,劳动教育课程就是有目的、有计划地组织学生参与各类劳动实践或与劳动紧密相关的活动,并引导其合作对话、思考体悟。[①] 目前学校在开展劳动教育课程时受课堂局限较大,劳动教育课程偏向于理论化,形式较为单一。

2. 劳动教育课程缺少专业的师资保障

劳动是一项技能,虽然每个学校都有劳动技术课,也有相应的授课教师,但是大多数教师并不是专门的劳动技术教师,而是由其他学科教师兼任,现在随着新课改和国家对劳动教育的重视,劳动教育课程逐渐丰富起来了,但是学校并没有充实相关的劳动教育师资,导致劳动教育专业师资更加缺乏。

3. 社会资源有待进一步开发

眉县特殊教育学校,学生接受劳动教育主要是通过课堂及校园劳动实践基地开展,学生将课堂上所学到的理论知识在劳动实践基地通过实践进行巩固,但是家庭、企业和社会资源的利用率不高,劳动教育资源的局限性导致学生所获得的劳动教育技能不能进一步应用提高。

(三)学校劳动教育课程机制实施要点

1. 鼓励学生树立自主的劳动意识

特殊教育学校劳动教育应扎根于劳动教育的育人价值、社会价值、文化价值,树立"全人"教育观,挖掘特殊学生的劳动潜能,发展其劳动能力和素养,帮助特殊学生成长为独立或半独立的社会人,实现其人生价值。[②] 无论是在家里还是在学校,有意识的劳动教育既可以培养学生劳动意识,又可以帮助学生养成良好的劳动习惯。

2. 培养学生良好的劳动习惯

从日常生活入手,培养学生的劳动意识,让学生养成良好的劳动习惯,不仅可以改变他们外在的形象,更多的是改变他们对于生活的态度。拥有良好生活态度的学生能够更加自信,他们不仅找到当下生活的存在感,也能够更加自信地去面对未来的生活。

眉县特殊教育学校有90多名学生,之前聘请了专门的洗衣、刷碗和打扫卫生的阿姨来照顾学生的起居,但是经过一段时间的观察发现学生遇到问题后都会习惯性地依赖别人,经过和家长商议后,学校最后仅保留了一位宿舍管理员,将打扫卫生、洗衣服、洗碗、整理床铺等日常劳动项目全部交由学生自己完成。刚开始的时候,学生的表现可以说是

[①] 李红婷. 小学劳动教育的价值定位与实践路径[J]. 教育理论与实践,2020,40(11):11-13.
[②] 张婷,申仁洪. 特殊教育学校劳动教育课程的价值意义与构建实施[J]. 现代特殊教育,2021(1):34-39.

一团糟,因为没有做过或者是做得不熟练,学生忙得七手八脚,这时候,教师会悉心指导,一次不行就两次,两次不行就三次,一天不行就两天,一月不行就两月。在和家长的共同努力下,经过一年的时间磨炼,学生已经能够照顾自己的生活起居了,学生也逐渐养成了良好的劳动习惯。从学生的行为及言谈中,教师作为第一观察人,可以很直观、很明显地感受到他们的变化。

3. 营造丰富活跃的劳动氛围

杜威(Dewey)认为:要使人们感到他们自己有多大的力量,必须要有可以观察到的结果。① 为此,首先,眉县特殊教育学校专门在操场建起了班级种植箱,学生们在班主任的带领下,经过亲自选种、种植、施肥、浇水等,亲眼见证了每一株幼苗的成长。其次,学校加大了绿化投入,将花草放置在校园和教室,将教室内的花草分配给每个学生并贴上名字标签,让学生好好照顾自己的花草,在学期末的时候进行比赛,看看谁的花草长得好,并给予奖励,将养护好的花草在全校集中进行展示,花草的主人将花草的养护要点等进行标注,做出标牌挂在花草上,方便参观的同学学习了解。再次,学校邀请有种植经验的学生家长来到校对学生进行种植经验指导。这一举措成为眉县特殊教育学校构建良好家校合作的主要手段之一。教师会在每个种植箱上都注明责任班级和种植的品种名称,并把这些植物所属品种及养护要点打印出来贴在种植箱上。学生在种植活动中相互借鉴、学习、共同提高,认识了更多的植物,了解了更多的植物养护要点。学生在种植中既感受到快乐,又体验到了种植的艰辛。教师鼓励学生把自己的真实感受说出来,表达能力较好的学生可以将内心感受用文字表达出来,通过此举措促进了学生的观察能力和表达能力。最后,按照班级分配清洁区域,教师组织学生积极参加力所能及的校内劳动,同时让学生承担各自班级中的扫地、拖地、倒垃圾、擦黑板和书桌、整理书架等日常劳动,引导学生体会参加校内劳动、服务你我他的成就感,既丰富了学生的校园生活,又养成了学生良好的卫生和劳动习惯。

为了让学生掌握劳动技能,培养勤劳的品格,锻炼身体和意志,教师可以让学生更多地了解社会,懂得感恩。通过劳动教育课程既让学生体验劳动的艰辛,明白不能浪费,形成节俭的品质,锻炼了身体,增强了意志,又让学生早点认知社会,掌握必需的生活技能,达成生活自理目标,甚至有些技能以后真的可以发展成为学生的职业。

4. 开设丰富的劳动课程

眉县特殊教育学校开设了劳技、种植、烘焙、家政、烹饪和洗车等课程,通过系统的课程教学,学生不仅学习了新的知识,也获得了一项新的生存技能。同时通过特色课程特奥训练,一方面加强体育锻炼,增强了学生的体质;另一方面在特奥比赛中获得的奖励,让学生感受到劳动所带来的欢乐,明白了付出就会有所收获。

---

① 杜威.民主主义与教育[M].王承旭,译.北京:人民教育出版社,1990:221.

三、劳动教育全社会共同联动机制

(一)劳动教育全社会共同联动机制概述

对智力与发展性障碍学生而言,劳动教育的直接价值就是帮助他们实现生活自理,减轻家庭与社会的负担。学生的劳动教育应当以实际生活为出发点,逐步拓展劳动的形式,帮助他们实现生活适应。因此,劳动教育不能仅仅局限于学校教学,应当注重劳动的综合性、实践性和开放性,积极拓展教学环境,注重家校协作与社会实践,联合各方力量共同参与。①

也就是说,对于智力与发展性障碍学生,学校是学习的主阵地,家庭要多注重日常养成,做好家校合作,社会要发挥协同作用,支持学生走出教室,动起手来,行动起来,在公益劳动和志愿服务中加强社会融入感。

(二)劳动教育全社会共同联动机制现状

1. 局限于家庭劳动难以融入社会

智力与发展性障碍学生的活动范围较小,在县域尤为明显,学生来校上课,放学家长接回家中,基本不出家门,学生都是在家中活动。学生在家中帮助家人打扫卫生、整理内务、做饭洗衣等,在干家务的过程中家长教会他们劳动的技能,帮助他们树立自主劳动意识,养成讲卫生的好习惯。虽然智力与发展性障碍学生在家庭范围内可以自主活动,但是他们走向社会后很难独立融入工作场景,因为学生局限于家庭,接触社会少,导致他们面对社会、他人会有一种无措感,不知道自己在社会中应该如何做,表现出对家长的强烈依赖。

2. 学校劳动课程理论多于实践

学校也是智力与发展性障碍学生接受劳动教育的主要场所,目前学校安排有专门的劳动技术课程,但是,由于劳动场所和教师专业性的限制,学校的劳动技术课程主要以在课堂中给学生教授劳动理论知识为主。简单的劳动技术课教师可以带领学生在学校附近或者校园操场加以实践,但是较为复杂或者是劳动周期较长的技术课就难以在学校进行实践。

3. 社会接纳度不够

智力与发展性障碍学生受智力或肢体障碍的影响,他们在劳动的过程中速度会比较慢,而且劳动效果常常不理想。在高速发展的现代化社会,更倾向于选择劳动效率和劳动质量更高的劳动者,社会对智力与发展性障碍学生的劳动效率比较难以接纳。

目前,能提供给智力与发展性障碍学生参与的社会公益活动有限,且活动大多过于

---

① 张轩瑜,杜学元.关于特殊教育学校劳动教育的几点思考[J].绥化学院学报,2022,42(4):9-12.

简单,不能更进一步丰富学生的劳动经验及情感体验。智力与发展性障碍学生的能力也分等级,简单单一的活动并不能适用于所有的学生。

4. 国家政策执行不到位

为了维护残疾人的合法权益,发展残疾人事业,保障残疾人平等地充分参与社会生活,共享社会物质文化成果,国家根据宪法而制定和实施了一系列保障智力与发展性障碍者的法律法规,如《中华人民共和国残疾人保障法》等。法律法规中对残疾人的生活、教育和就业等做了明确的指导,但是,在智力与发展性障碍学生就业方面,即使法律有了明确的相关扶持政策来保障智力与发展性障碍者的就业,但大多企业会因为其劳动能力有限,也会因为经济利益考虑,拒绝接纳智力与发展性障碍者,这无疑给智力与发展性障碍者进一步融入社会带来了更多的困难和阻碍。

(三)劳动教育全社会共同联动机制实施要点

1. 家庭陪伴孩子参加社区公益活动

社区公益活动的一般参加者都是附近的居民,智力与发展性障碍学生在与熟识的人共同活动的时候比较容易融入其中,活动效果也会比较好。家长陪伴孩子参加社区的公益活动,一方面可以让孩子了解社会劳动的多样性,另一方面也锻炼了孩子的社交能力,感受集体的力量与温暖,为他们进入社会迈好第一步。

眉县特殊教育学校有一名学生小 E,家住眉县汤峪镇太白山风景区,小 E 的爸爸是景区的工作人员,加之地理环境的特殊性,小 E 的父母非常注重孩子环保意识的培养,每逢旅游旺季,在周末的时候,他们都会带着工具和孩子一起去森林公园捡拾垃圾。这项公益活动潜移默化地对孩子的生活习惯产生了影响。小 E 在学校生活中特别注重个人卫生,会把自己的床铺收拾得整整齐齐,来教室后也会主动打扫卫生,珍惜别人的劳动成果。从小 E 的身上我们可以看出,家庭陪伴孩子参加社区公益活动,会对孩子产生很多正面的影响,对他们良好生活习惯的养成也大有裨益。

2. 学校组织学生主动参与社会公益活动

劳动教育不能仅局限于教室中的理论教学,学校还可以组织学生主动参与社会公益活动,让学生深入社会去体验劳动的辛苦以及感受自己所创造的劳动成果带来的愉悦。

眉县特殊教育学校曾组织学生参加了社区组织的捡拾垃圾的公益活动,将学校周边及村庄外围的垃圾全部捡拾干净。活动一开始,学生都热情高涨,教师给学生发放垃圾袋以及手套,叮嘱学生注意安全。学生在整个过程中非常开心,他们认真地捡起每一个垃圾。学生劳动的动作可能在外人看来非常死板和机械,但是他们认真专注地劳作,并不在乎别人投来的眼光,只想快速完成任务。捡完垃圾后教师提醒学生看一看自己的劳动成果,让他们说一说街道有什么变化,从讨论中可以感受到学生因为通过自己双手使环境变得更加干净所产生的喜悦感和自豪感。

3. 学校利用好志愿者和爱心团体机构的公益活动

学校附近的热心居民以及学生家长每隔一段时间就会主动来学校帮助宿舍管理员集中洗涤学生的床单被罩,让学生能够有一个干净舒适的休息环境。在志愿者帮忙清洗的时候,学校会组织学生在旁观察并帮忙做一些力所能及的事情,学生在这个过程中也可以学习到相关的生活技能,同时也会感受到他人的帮助所带来的便捷与温暖。上述感受可以帮助学生在以后的学习和生活中形成主动帮助他人、成就自己、造福社会的正向价值观。

除来校志愿者外,来校的爱心团体和机构亦比较多,例如:消防队来校为学生讲解普及消防知识,发型工作室来校为学生免费理发,等等。让学生生活舒适的同时也能感受到来自社会的关爱。学校组织开展公益活动的时候,学生常常非常开心并积极参与到活动中去,他们从这些活动中感受到了作为社会人的快乐,从这些活动中有所受益,知道了劳动的多样性,明白了劳动可以给自己和别人带来便利,并积极参与到劳动中去,形成良好的劳动习惯。

4. 国家政策支持

目前国家已经出台了许多对于智力与发展性障碍者的保障措施,眉县特殊教育学校借助辅助性就业政策开展了系统职业活动,包含洗车、烘焙和企业手工作业。学生通过上课学习技能,同时将掌握的这些技能运用到日常生活中。学校会对学生参加职业活动进行相应的补助,这既能够激励学生更快地学会一门技能,又能够将此补助用来补贴学生家用,减轻家庭的经济压力,对于智力与发展性障碍学生来说是非常实用的。

《中华人民共和国残疾人保障法》明确规定了对就业方面的扶持政策,这些具体的政策直接保障了智力与发展性障碍者的合法权益,鼓励他们勇敢面对生活。智力与发展性障碍学生的全面发展,不能仅靠一人或一方的努力,需要全社会各方面力量共同团结起来,这不是一个一蹴而就的任务,而是需要多方联合,共同努力的事业!

课后练习

1. 智力与发展性障碍学生的劳动教育资源包含哪些要素?
2. 智力与发展性障碍学生劳动教育的主要模式有哪些?
3. 智力与发展性障碍学生的劳动教育机制主要有哪几种?

第四章

智力与发展性障碍学生劳动教育的课程设置

学习目标

1. 了解智力与发展性障碍学生劳动教育课程的目标、内容及实施和评价。

2. 熟悉并掌握劳动教育课程资源的挖掘和利用的方法,并能将其应用于所需课程的开发。

知识导图

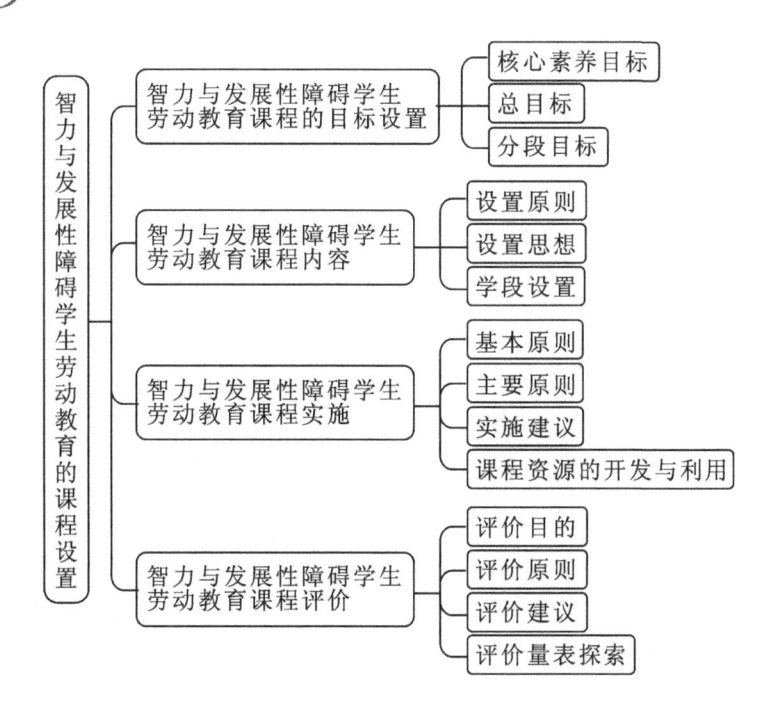

- 智力与发展性障碍学生劳动教育的课程设置
  - 智力与发展性障碍学生劳动教育课程的目标设置
    - 核心素养目标
    - 总目标
    - 分段目标
  - 智力与发展性障碍学生劳动教育课程内容
    - 设置原则
    - 设置思想
    - 学段设置
  - 智力与发展性障碍学生劳动教育课程实施
    - 基本原则
    - 主要原则
    - 实施建议
    - 课程资源的开发与利用
  - 智力与发展性障碍学生劳动教育课程评价
    - 评价目的
    - 评价原则
    - 评价建议
    - 评价量表探索

导读

课程与教学一直是教育中的核心主题,劳动课程是特殊学校开展智力与发展性障碍学生劳动教育的依托,有完善的劳动课程设置才能顺利地开展劳动教育,故本章不仅从智力与发展性障碍学生劳动教育课程的目标、内容、实施和评价等方面较为系统地介绍了如何设置所需课程,而且涵盖了学前阶段、义务教育阶段、职高阶段,力求形成一个多方面、多阶段的持续性的课程设置体系。此外,本章还介绍了宝鸡眉县特殊教育学校的校本课程,呈现了智力与发展性障碍学生劳动教育课程设置的具体案例。智力与发展性障碍学生也有劳动能力,也能有一技之长以谋生,并且能够去追求自立自强的生活,故开展劳动教育是必要的,开发智力与发展性障碍学生劳动教育的课程也是特教工作者不懈的追求。

思考

1. 智力与发展性障碍学生劳动教育课程设置的特色内容有哪些?
2. 开发智力与发展性障碍学生劳动教育课程可利用的课程资源有哪些?

第一节 智力与发展性障碍学生劳动教育课程的目标设置

智力与发展性障碍学生劳动教育课程的目标设置,主要参考《义务教育劳动课程标准》(2022年版)、《培智学校义务教育课程标准》(2016年版)及培智学校义务教育《康复训练标准》(2016年版)、《中职生劳动教育课程标准》,将其主要表述为核心素养目标、总目标、分段目标三个部分,各部分具体内容见图4-1-1。

一、核心素养目标

(一)核心素养目标概述

智力与发展性障碍学生劳动教育课程的核心素养目标是"会自理、会劳动、爱劳动"。提高学生的社会生存能力,使学生形成独立或半独立的生活能力,通过康复训练学会简单使用、加工、制作、表达的基本劳动技能,认识劳动与科学、社会的关系,了解劳动活动的一般过程,掌握劳动基本的思维方法,提高解决实际生活的能力,激发学生积极参与社会生活和就业的潜能,养成良好的劳动行为习惯,为平等参与社会生活和就业打好基础。

眉县特殊教育学校以培养学生社会生存能力为核心,通过"会自理"解决基本生活生存问题;结合当地实际,通过"会劳动"掌握猕猴桃、樱桃、油桃等生产劳动技能和洗车、蛋

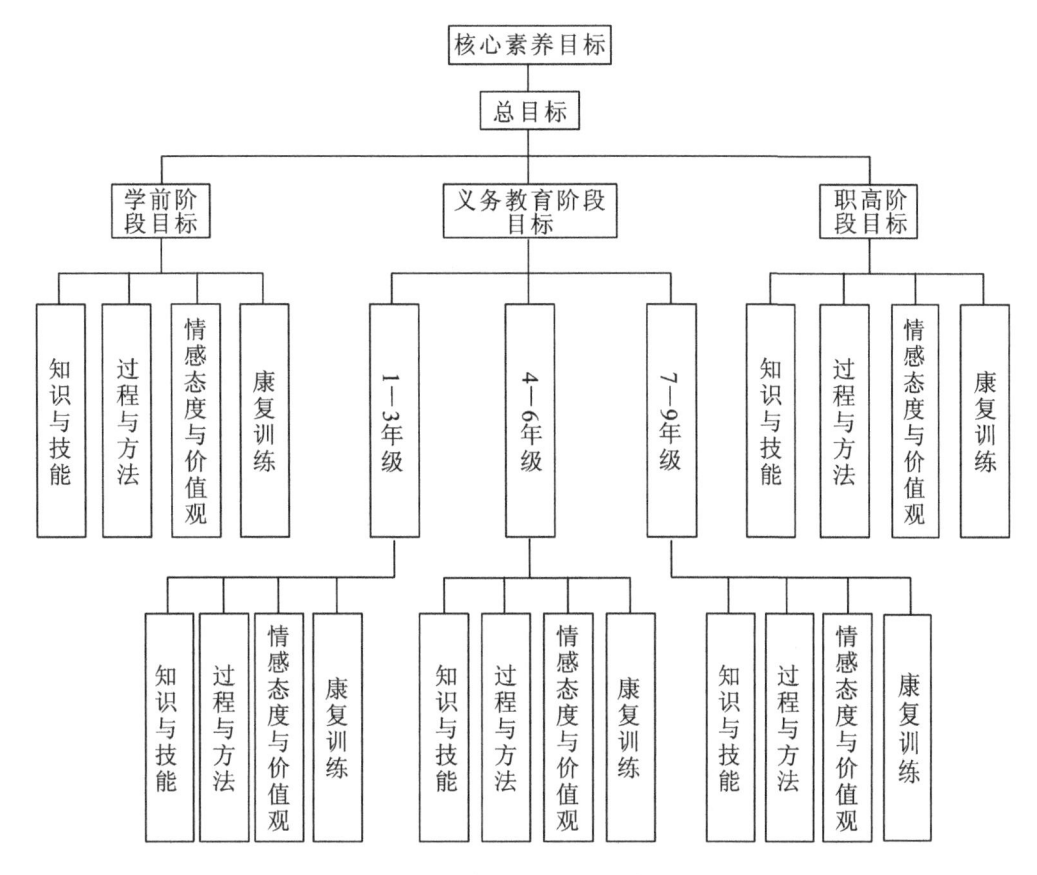

图4-1-1 智力与发展性障碍学生劳动教育课程目标设置树形图

糕制作、简单修理、商品买卖等职业技能,以提高学生的社会生活能力;通过"爱劳动"培养学生正确的劳动情感和价值观,激发学生积极参与创新的潜能,做一个热爱生活的人。

(二)核心素养目标的主要构成

核心素养是课程目标的深化与具体化,核心素养的形成离不开课程目标。智力与发展性障碍学生劳动教育课程的核心目标通过知识与技能、过程与方法、情感态度与价值观、康复训练这四个课程目标来实现,最终达到提高学生的社会生存能力这一核心目标。

(三)核心素养目标实施的注意事项

核心素养目标制订或者实施要以学生实际情况为基础,客观科学分析学生的整体身心情况,有针对性地制定符合学生发展的有效目标,不能一概而论,在具体评价和考量中要有针对性。

二、总目标

(一)总目标概述

智力与发展性障碍学生劳动教育课程总目标是:学生通过自我生活服务、家务劳动、社会公益劳动和简单生产劳动技能的学习及康复训练,形成独立或半独立的生活生存能力,为平等参与社会生活和就业打基础。总目标通过"知识与技能目标""过程与方法目标""情感态度与价值观目标""康复训练目标"四个维度来实现。

(二)总目标的具体内容

1. 知识与技能目标

掌握自我服务劳动、家务劳动和社会公益劳动的知识与技能;认识常见的材料和工具,掌握简单的加工、技术;初步掌握一门简单的通用生产技术;初步了解残疾人劳动就业的相关知识和求职的方法、技巧。

2. 过程与方法目标

能协调运用肢体和感官参与活动,观察和分析事物;具有对劳动技能进行模仿和实际操作的能力;改善认知功能,提高精细动作水平和交流合作能力;自觉遵守劳动安全规则;养成良好的劳动习惯;初步具有独立或半独立生活的能力。

3. 情感态度与价值观目标

通过丰富的劳动体验,初步形成对劳动的正确认识;具有热爱劳动、热爱人民、热爱生活、热爱家乡的思想感情;具有认真负责、遵守纪律、勤俭节约、爱护公物、珍惜劳动成果、团结协作的品质;具有劳动意识和良好的意志品质;具有一定的质量意识、安全意识、审美意识、环保意识和法律意识。

4. 康复训练目标

通过康复训练,改善学生在动作、感知觉、沟通与交往、情绪与行为等方面的功能障碍,提升其注意、记忆、言语、思维、情绪等发展水平,促进其潜能开发,为学生适应日常生活与学习活动,以及终身发展奠定基础。

(三)总目标实施的注意事项

劳动素养的四个方面是一个有机整体,相互联系、相辅相成。在劳动课程的设计和实施中需要注意以下事项:

1. 每个学段必须以核心素养为导向

根据核心素养培养的不同学段要求,合理选择并安排课程内容和目标,增强内容与育人目标的联系,实现每一学段中劳动观念、劳动能力、劳动习惯和品质、劳动精神的有机融合和统一,避免缺乏教育设计和意义建构的"有劳动无教育"现象,避免劳动课程实施流于形式、流于表面。

2. 需要注重不同学段核心素养培养要求的衔接

建构横向融通、纵向有序的核心素养培养体系。在横向上,形成基本的劳动意识,树立正确的劳动观念;发展初步的筹划思维,形成必备的劳动能力;养成良好的劳动习惯,塑造基本的劳动品质;培育积极的劳动精神,弘扬劳模精神和工匠精神等。在纵向上,分别从学前教育阶段(3—6岁)、义务教育初级阶段(1—3年级)、义务教育中级阶段(4—6年级)、义务教育高级阶段(7—9年级)、职高阶段五个学段设计相互衔接、进阶有序的各学段课程目标,体现核心素养培养要求的联系性和进阶性,避免劳动观念、劳动能力、劳动习惯和品质、劳动精神培养上的学段性脱节。

三、分段目标

(一)分段目标概述

分段目标主要是指针对学生成长的学前教育阶段(3—6岁)、义务教育阶段(1—9年级)、职高阶段(16岁以后),需要完成实现的有针对性的阶段性目标,学前教育阶段的重点是基本生活技能、义务教育阶段主要是基本劳动技能和习惯、职高阶段主要是劳动思维培养。不同阶段之间又具有连续性,前一个目标的实现是为完成后一个目标所作的铺垫,呈现由低向高发展的变化特点。

1. 学前教育阶段目标

主要培养学生会穿衣服、会洗手等简单的基本生活自理劳动技能,提升视觉、听觉、触觉、味觉及简单动作的协调能力。

2. 义务教育阶段目标

主要以学生个体为中心,培养学生的劳动意识、学习兴趣、基础技能及基本的操作规范、初步的职业知识和技能,增强劳动兴趣、形成良好的劳动态度,养成良好的劳动习惯,提高劳动技能的综合运用能力。

3. 职高阶段目标

着重于发展学生对劳动的理解,通过康复训练着重于培养在现实环境下学生的劳动思维能力,使学生能客观地评价并能运用自身的劳动素养解决客观世界的实际问题。

(二)分段目标的具体构成

1. 学前教育阶段(3—6岁)

本阶段对智力与发展性障碍幼儿的劳动教育没有专业的发展要求,家长和幼儿教师根据学生实际能力以开展自我服务部分项目的劳动教育为主,主要培养学生会穿衣服、会洗手等简单的基本生活自理劳动技能,提升视觉、听觉、触觉、味觉及简单动作的协调能力。

(1)知识与技能目标

●(3—4岁)知道如何穿脱衣服和鞋袜、洗脸等,进行自我服务劳动。

●(4—5岁)在自我劳动基础上学会进餐前的整理、扫地、擦桌子等,尝试为集体服务。

●(5—6岁)通过为花草浇水、捡拾园内垃圾、帮助弟弟妹妹做事情等巩固基本生活劳动技能。

(2)过程与方法目标

●初步学会生活基本劳动技能,为周围的人做力所能及的劳动。

●通过参与集体劳动,掌握简单的交流方式方法。

(3)情感态度与价值观目标

●通过自我服务劳动体会成长的乐趣,培养劳动的兴趣。

●通过学校和家庭的集体劳动,培养幼儿关心集体、关爱家庭成员的荣誉感,增强幼儿的责任心。

●通过为他人服务的劳动,进一步培养幼儿对他人的关心、对劳动的热爱。

(4)康复与训练目标

●通过简单的爬、走、视觉、听觉、触觉等康复训练,满足幼儿基本生活能力需求。

2. 义务教育阶段

(1)义务教育初级阶段(1—3年级)

本阶段主要以学生个体为中心,以整理和清洗个人物品为重点制定目标,培养学生的劳动意识,为形成良好的劳动习惯奠定基础。

① 知识与技能目标

●能使用、整理或清洗个人物品,打扫、整理家庭环境和校内环境。

●能清洗、晾晒、折叠薄厚适中的衣物,掌握清扫、保洁的技能。

●学会使用常用的生活用具、家用电器,初步学会使用手工工具对劳动材料进行加工。

② 过程与方法目标

●初步熟悉家庭、学校的生活环境,熟知个人物品,初步表达自己的活动意愿。

●了解他人的要求,从某些熟悉的环境出发,利用已有的知识及调查的结果,产生技术需求。

●能认真观察活动情境并作出恰当的行为表现,养成规范操作的习惯,眼、手、脑配合完成操作任务。

③ 情感态度与价值观目标

●养成珍惜劳动成果、爱护工具、节约材料的习惯。

●对劳动感兴趣,能主动参与劳动,具有为他人服务的意识,初步形成正确的劳动价值观。

④ 康复训练目标

●提升言语准备、前沟通技能、非语言沟通、口语沟通等基础能力以满足学生日常生活及学用活动中沟通交往。

(2)义务教育中级阶段(4—6年级)

技术素养形成的启蒙阶段,着重于培养学生的学习兴趣、基础技能及基本的操作规范。

① 知识与技能目标

●能使用厨房用具,掌握基本的食材加工技能和厨房劳动技能,能简单烘焙食物。

●认识手工缝纫所需的材料和工具,初步学会简单的手工缝纫技能,会简单缝补衣物。

●学会根据设想选择材料、选择工具,安全、有效地对材料进行加工,制作陶艺、手工皂等。

② 过程与方法目标

●熟悉家庭、学校的生活环境,熟知家庭成员的作息规律和生活习惯,掌握规范的操作程序,眼、手、脑协调配合,提高精细动作水平。

●学会表达与倾听,能与他人进行简单的合作交流,形成自觉参与劳动的习惯。

③ 情感态度与价值观目标

●具有一定的质量意识、安全意识和环保意识。

●有探究的欲望,养成诚实、负责、进取、热爱生活的精神品质,不怕挫折,勇于创新。

④ 康复与训练目标

●提升粗大动作和精细动作能力,以满足学生日常生活及学习活动中移动、运动、工具操作等方面的需求。

●继续提升言语准备、前沟通技能、非语言沟通、口语沟通等基础能力以满足学生日常生活及学用活动中沟通交往。

(3) 义务教育高级阶段(7—9 年级)

本阶段主要对小学与高中阶段的学习起着承上启下的作用,是劳动技能的提升阶段,劳动服务场所由家庭、学校扩大到社区和社会,通过康复训练在熟练掌握家务劳动技能的基础上,学习初步的职业知识和技能,增强劳动兴趣、形成良好的劳动态度,培养热爱劳动的情感,养成良好的劳动习惯,提高劳动技能的综合运用能力。

① 知识与技能目标

●能熟练地进行打扫、清洗、整理等家务劳动。

●能熟练使用常用的家用电器。

●知道常见材料的特性,学会使用简单的工具和设施对常见材料进行简易加工,比如制作面包、蛋糕、桃酥、泡芙、曲奇、猕猴桃切片等。

●能参与有一定劳动技术要求的公益劳动和生产劳动。

●了解几种职业的特点和简单的求职、就业知识,比如洗车、简单修理、买卖商品等。

② 过程与方法目标

●熟悉社区环境,积极参与社区公益劳动。

●眼、手、脑协调配合,初步学会发现需求,熟练使用家庭日常用具。

●能与他人进行友好合作,恰当地处理劳动过程中遇到的问题并能用文字或图样表达劳动意图。

● 初步学会发现和提出劳动活动过程中出现的问题。

● 了解个人兴趣、爱好与特长,养成良好的劳动习惯,为接受职业教育做准备。

③ 情感态度与价值观目标

● 通过劳动实践活动,深化劳动体验,形成正确的劳动价值观,积极参与劳动,具有认真负责、遵守纪律、坚持不懈、团结协作、勤俭节约、爱护公物、珍惜劳动成果等品质和为他人、为集体、为社区服务的意识。

● 养成勤俭、负责、守纪的劳动品质,形成良好的劳动习惯,关注日常生活和周围环境中的劳动问题,形成持续而稳定的劳动学习兴趣。

● 具有一定的质量意识、安全意识、审美意识、环保意识和法律意识。

④ 康复与训练目标

● 提升正确理解和适当表达情绪的能力,以满足学生日常生活及学习活动中人际交往的基本需求。

● 制订并实施积极行为支持方案,使学生表现适当行为,减少或消除不适当的行为。

3. 职高阶段

该阶段着重于发展学生对劳动的理解,通过康复训练着重于培养在现实环境下学生的劳动思维能力,使学生能客观地评价并能运用自身的劳动素养解决客观世界的实际问题。

(1)知识与技能目标

● 理解生活、生产中常见材料的特性和用途。

● 学会使用常见的工具和简单的劳动设备。

● 能从质量、效益角度分析比较,选用合适的工具材料进行猕猴桃、樱桃、油桃等果木的修剪、授粉、疏果、施肥、网上销售等。

● 了解一些比较先进的现代工具、设备。

● 知道劳动的一些基本要素,包括工具和机器、材料、信息、能源、资本、时间和人力等。

● 学会如酒店管理的流程和要求、烘焙技术、洗车技术等职业技能。

(2)过程与方法目标

● 在劳动活动中,能选择合适的材料和工具。

● 运用合理的劳动方法来解决实际问题,并通过交流和评价,发展劳动思维。

● 能够使用工具设备,进行简单加工和装配,完成制作任务。

● 能够用图样和文字简单表达劳动意图,并在实践活动中不断获得反馈,修正和改进劳动方案。

(3) 情感态度与价值观目标

● 能够联系家庭与社会,认识到劳动对提高人们生活质量的意义,形成和保持对劳动的兴趣和学习愿望。

● 树立正确的劳动价值观,增强劳动观念,形成与劳动相联系的合作意识、质量意识、安全意识和环保意识,为进入社会做好准备。

● 养成积极、负责、严谨、安全地使用技术的行为习惯。

● 培养勇于劳动创新、坚持实事求是的高尚品质。

(4) 康复与训练目标

● 通过生活自理能力训练、社会适应能力辅导、职业康复和劳动技能训练、运动功能训练等提高融入社会的自立能力。

(三) 分段目标实施的注意事项

1. 注重综合育人

劳动教育课程是落实劳动教育的重要途径,因此,劳动教育课程不能只关注劳动知识和技能,更应该关注劳动精神、劳动观念的提升。

2. 注重实践体验

劳动是创造物质财富和精神财富的过程,是人类特有的基本社会实践活动。相对于其他学科课程,劳动更强调让学生在做中学,在做中体验,在做中感悟,从而培养学生的实践操作能力和问题解决能力。劳动包括日常生活劳动、生产劳动和服务性劳动等,无论是哪种类型的劳动内容,都需要学生亲身体验、亲手操作、大胆实践。实践性是劳动教育课程不同于学科课程的典型特征。

3. 注重开放性

劳动教育的课堂是"大课堂",并不仅仅拘泥于教室这一"小课堂"。学生们需要走出教室、走出学校,走向社会、走向田野、走向工厂。在家庭、学校和社会中,劳动内容也是开放的,可根据学生自身条件设计项目和布置劳动任务,并根据需要随时调整劳动内容。

4. 注重合作学习

劳动教育课程特别强调学生之间的合作,强调集体劳动,学生在集体劳动中互相配合,各司其职。在合作中,学生眼中要有别人,凡事要换位思考,而不是什么事情都从自己的角度出发。提升学生合作意识、团队意识和服务社会的意识。

第二节 智力与发展性障碍学生劳动教育课程内容

智力与发展性障碍学生劳动教育课程内容包含劳动教育课程内容设置原则、劳动教育课程内容设置思想、劳动教育课程内容学段设置。

一、劳动教育课程内容设置原则

根据智力与发展性障碍学生的身心特点及特殊需要,眉县特殊教育学校在劳动教育课程内容设置方面遵循了以下原则:

(一)实践性

劳动教育课程是一门实践性较强的学科,课程内容来源于生活,要求学生亲自参与并动手操作进行实践活动。课程重在"做中学"和"学中做",强调知行统一、手脑并用,注重学生在操作、体验、探究和解决问题的过程中获得直接经验,提高知识和技能的运用能力,形成良好的道德品质,促进身心发展。

(二)生活性

生活性是指劳动技能课程实施过程中学生在教师指导下体验生活、参与生活、适应生活。课程以学生的生活环境为依托,课程的资源来源于生活,以当地的经济、社会和文化环境为背景,选择生活中必备且对学生发展有益的劳动技能作为核心教育资源,组织和设计活动。在学习过程中指导学生把所学知识与技能应用于生活,提高生活能力,以正确的价值观引导学生在生活中成长和发展。

(三)综合性

综合性是指劳动技能课程具有多学科交叉融合的特性。课程与生活适应课程内容结合紧密,与生活语文、生活数学、绘画手工和康复训练等课程有一定联系。劳动技能的学习需要学生综合运用语文、数学等相关学科知识和认知、运动、沟通等多种能力,通过手脑并用的操作活动改善身心功能,实现知识的内化和技能的掌握。

二、劳动教育课程内容设置思想

劳动教育的目的,在于谋手脑相长,增进自立能力,获得事物真知及了解劳动者甘苦。劳动教育课程内容设置思想在要坚持"四要":一要坚持"手脑相长",重视劳动教育的价值;二要"在劳力上劳心",丰富劳动教育的载体;三要由"知行"到"行知",拓展劳动教育的内涵;四要坚持"教学做合一",改进劳动教育的方法。通过"手脑相长""在劳力上劳心""行—知—行"等,眉县特殊教育学校倡导劳动教育的生活化和常态化,建构正确劳动观,积极进行创造性劳动。

(一)培养学生的劳动意识和劳动习惯

劳动是人类最基本的活动,每个人都应该通过劳动来获得生活所需。通过参与劳动,学生可以体验到劳动的辛苦和价值,从而培养出勤劳勇敢、自立自强的品质。此外,劳动还可以培养学生的团队合作精神和责任意识,通过合作劳动,学生可以学会与他人合作,分工协作,共同完成一项任务,这对于他们今后的社会交往和工作都是非常重要的。

(二)培养学生的实践能力和创新思维

学生应该通过实践来学习,通过亲身参与劳动,学生可以将书本上的知识转化为实际操作的能力。劳动教育可以培养学生的动手能力和解决问题的能力,通过实践中的思考和创新,学生可以培养出创造力和创新精神。陶行知强调,学生应该在劳动中学会观察、思考、实践,培养出批判性思维和创新性思维。

(三)促进学生身心健康的发展

智力与发展性障碍学生在身体协调性、注意力集中性、思维发展深度方面存在一定障碍,通过劳动可以提升其身体协调性、注意力集中性和思维发展深度。

(四)注重实践与理论的结合

劳动教育不仅仅是简单的劳动,还应该有理论指导和思维训练。学生在劳动中不仅要掌握实际操作技能,还要理解劳动的原理和规律,培养出科学的思维方式和方法。只有实践与理论相结合,才能使劳动教育发挥出最大的效果。

三、劳动教育课程内容的学段设置

劳动教育课程内容的学段设置分为三个学段,分别是学前教育阶段劳动课程、义务教育阶段劳动课程、职业教育阶段劳动课程。

(一)学前教育阶段劳动课程内容

1.学前教育阶段劳动教育课程内容的设置思想

身心融合一体化是幼儿劳动教育的重要特征,也是幼儿身心协调、健康发展的重要保障。幼儿阶段是儿童身体发育和心理发展极为迅速的时期,且身心发育尚未成熟。身心结合学习是幼儿成长的主要方式。在劳动教育中,幼儿通过身体参与周围世界,与外界发生联系,因此身体可以作为劳动教育的逻辑起点,体验成为幼儿成长的方式。幼儿劳动教育重在过程,幼儿在活动过程中得到成长。幼儿劳动与成人劳动的区别主要在于,幼儿不是真正的劳力,而是通过劳动获得发展。幼儿年龄还小,活泼好动是其天性,家长和教师作为幼儿的伙伴、指导者和示范者,应该陪伴幼儿一起劳动,在活动中激发幼儿劳动的兴趣。劳动对于幼儿来说,也是一种玩的方式。

2.学前教育阶段劳动教育课程内容设置

为把劳动教育纳入人才培养全过程,推进幼儿劳动启蒙教育,引导幼儿在生活中丰富劳动经验,在游戏中涵养劳动态度,在活动中体验劳动价值,促进幼儿全面发展、健康成长,特设置了小、中、大班幼儿劳动启蒙教育课程。

(1)小班劳动教育课程内容设置(见表4-2-1)

表4-2-1 小班劳动教育课程内容设置

活动类别	劳动内容	指导建议
生活活动	1. 在成人提醒下,每天早晚刷牙洗脸,饭前便后洗手等。 2. 能将用完的毛巾、牙刷等洗漱用品摆放整齐。 3. 自主如厕便后洗手,整理好衣裤。 4. 能够自己选择要穿的衣服,在成人帮助下穿脱衣服或鞋袜。 5. 把自己的脏衣服放到脏衣篮里。 6. 尝试系鞋带、擦鼻涕、擦屁股、洗脚。 7. 熟练地用勺子吃饭,自己吃饭,自己喝水,饭后送碗。 8. 将玩具和图书放回原处,收拾整理自己的玩具	1. 小班幼儿劳动启蒙教育中自我服务意识的培养、劳动经验的提升要循序渐进,从帮教到自理逐渐过渡,要以自我服务为主。 2. 生活中,教师要多给予示范和指导,帮助幼儿掌握正确方法后,鼓励幼儿逐渐尝试独立照料自己的生活
户外活动	1. 活动前:在教师提示下,根据气温变化合理增减衣物,换好适合运动的鞋子。在力所能及的范围内,参与游戏器械拿取和游戏环境创设。 2. 活动中:根据运动量,在教师提示下饮用温开水,就近如厕。 3. 活动后:根据提示,师幼一起收拾户外玩具,整理好服饰,有序回班级	1. 教师要用语言提示幼儿户外活动需要换衣服、鞋子、提前如厕等,观察幼儿自理水平,可对能力稍弱的幼儿给予适时帮助,但不可代替。 2. 活动前要做好安全教育工作,活动中注意提示幼儿剧烈运动后不要马上饮水,活动后可根据幼儿身体状态合理布置收放玩具任务
学习活动	1. 健康:倡导幼儿独立做好自我服务并指导幼儿初步掌握洗手、刷牙、独立用餐、穿脱衣服和鞋袜、如厕等生活技能,认识简单劳动工具,如剪刀、胶棒、小铲子等。 2. 语言:尝试用简单的语言分享参与劳动的感受。 3. 社会:愿意承担一些力所能及的劳动任务,如把区域玩具和材料归位、捡拾地面枯叶或碎纸屑等。 4. 科学:定期为植物浇水、除草、清理枯叶、给小动物喂食等。喜欢观察植物的生长过程和动物的生活状态。 5. 艺术:欣赏中大班哥哥姐姐的手工作品及装饰的环境,珍惜他们的劳动成果;在美工活动中尝试用团、搓、挤、压、捏、切等方式做小饼、切面条、包汤圆等。能根据手工需要正确使用剪刀、胶棒等工具	1. 根据小班幼儿年龄特点、已有经验和动手能力,在五大领域活动开展中,合理通过示范、图示、儿歌的形式,将劳动意识和劳动态度的培养渗透到主题活动中。 2. 结合劳动节等主题,制定具体可行的劳动启蒙教育实施方案,重视幼儿劳动积极性的培养及简单劳动技能的掌握

续表

活动类别	劳动内容	指导建议
家园共育	1. 自我服务：主动穿脱衣服、自行如厕、独立吃饭和饮水、独立睡觉等。在家长指导下，尝试学习刷牙、洗脸、洗脚和洗澡等的方法。 2. 服务家庭：在成人提醒下，为家庭成员提供简单服务，如摆放拖鞋、端水、整理房间、分类摆放物品、择菜、擦灰等；与家人一起照顾动植物，如浇水、喂食等。 3. 服务社会：家长积极创设条件带领幼儿参加公益性社会劳动体验，如参与照顾社区孤寡老人、做社区环保小卫士等	1. 建议家长多关注幼儿在家的活动状态，多创造劳动和做事的机会，为幼儿劳动提供条件，鼓励和支持幼儿自我服务和为他人服务的意识和行为。 2. 家长可适当示弱，鼓励幼儿做力所能及的事情，以突出幼儿"我能行"的成就感，提高责任感

(2) 中班劳动教育课程内容设置（见表 4-2-2）

表 4-2-2 中班劳动教育课程内容设置

活动类别	劳动内容	指导建议
生活活动	1. 早晚刷牙且方法正确，独立洗手洗脸。 2. 自主如厕，冲水，大小便自理，整理好衣裤。 3. 准备好第二天要穿的衣服，独立迅速穿脱衣服。 4. 清洗手帕、袜子等小件物品。 5. 自主收拾整理玩具，图书分类摆放。 6. 会铺被子、尝试叠被褥	树立劳动最光荣的思想观念，主动形成自我服务意识
户外活动	1. 活动前：提前如厕、饮水等，做好户外活动准备；搬运游戏材料和玩具。 2. 活动中：饮水和如厕，剧烈运动后不能马上饮水；能根据运动中的自身感受主动增减衣物。 3. 活动后：根据提示，做结束环节的放松整理活动，愿意收拾户外玩具，整理好服饰，按要求站队回班级	愿意为户外活动做好自我准备和防护，提高自理水平

续表

活动类别	劳动内容	指导建议
学习活动	1. 健康:养成正确洗手和刷牙、迅速穿脱及叠放衣服、扣纽扣、使用筷子等生活技能,尝试使用简单的劳动工具,如小铲子、抹布、衣架等;学习洗袜子、手绢等小物件。 2. 语言:能用简单的语言分享劳动体验。 3. 社会:学做值日生,节约粮食、水电等,亲手制作礼物送给长辈,体验劳动的喜悦。 4. 科学:科学分类和摆放物品;认识简单的劳动工具,为小动物喂food、换水等。 5. 艺术:用陶泥、超轻黏土、面团等材料捏塑食物、动物等手工作品;喜欢通过演唱有关劳动的歌曲、肢体表演等方式表达对劳动的热爱	建议让幼儿体会父母长辈劳动的辛苦,树立劳动光荣的意识,尊重劳动和劳动人民,珍惜劳动成果,从生活实际出发培养劳动兴趣,提升劳动基本技能
家园共育	1. 自我服务:简单收拾自己的柜子,自己洗袜子、手绢,能为自己准备第二天穿的衣服、鞋袜。主动刷牙、洗脸、洗脚和洗澡。 2. 服务家庭:擦地、择菜、协助购物、拎小物件、收拾和摆放餐具等;主动照顾家庭成员,如倒水、拿药、陪伴病人等。 3. 服务社会:愿意跟随家长参与公益性社会劳动体验活动,如清洁园区环境、照顾孤寡老人、捡拾白色垃圾等	创设幼儿劳动能力发展所需条件,培养幼儿劳动兴趣、提升劳动经验,树立为他人服务的意识

(3)大班劳动教育课程内容设置(见表4-2-3)

表4-2-3 大班劳动教育课程内容设置

活动类别	劳动内容	指导建议
生活活动	1. 用正确的方法洗澡,主动洗漱。 2. 如厕后主动冲水,整理好衣裤。 3. 根据天气变化主动增减衣物。 4. 整理自己的物品,整理书包。 5. 自主梳头发、系鞋带、清洗自己的小衣物。 6. 自己铺床、叠被子,用勺子或筷子吃饭	1. 对大班幼儿的劳动要提出明确要求、分工和任务量。 2. 多创造师幼共同劳动的机会,共同承担生活起居的准备工作,并形成习惯。 3. 对劳动热情高、劳动效率高、劳动技巧熟练的幼儿,要及时表扬和肯定,形成相互学习、共同提高的氛围。 4. 逐步从自我服务向为他人服务过渡,关注幼儿的劳动担当和劳动积极性,促进幼儿自我价值感的实现

续表

活动类别	劳动内容	指导建议
户外活动	1. 活动前：主动换好户外活动的衣服、提前如厕、饮水，协助教师做好材料搬运等准备工作。 2. 活动中：根据需要自主饮水和如厕，能根据运动中的自身感受及时增减衣物。 3. 活动后：自主做好结束环节的放松整理活动，主动收拾户外玩具，整理好服饰，自主排队，有序回班级	1. 活动前教师以问答等方式强调安全活动要点，观察幼儿在户外活动中的准备是否充分、完备，对能力弱的幼儿给予必要提示和关注。 2. 对于幼儿的积极参与和努力给予肯定，并激励他们帮助同伴做好准备。 3. 及时肯定幼儿活动后收拾玩具的良好表现，树立典型，激发幼儿劳动的积极性。 4. 建立儿童视角，鼓励幼儿积极参与户外环境建设，培养幼儿乐想、乐为、自主、自信的良好品质
学习活动	1. 健康：主动洗手、早晚刷牙、分类整理物品、系鞋带、整理书包。使用简单的劳动工具或用具，如喷壶、小耙子、锤子、螺丝刀等。 2. 语言：能用完整连贯的语言表述自己的劳动经历及对劳动的看法。 3. 社会：当值日生、合作收纳玩具，帮助小班弟弟妹妹拿东西、找人、穿鞋、系扣子等。 4. 科学：照顾自然角中的动植物，会熟练使用简单的劳动工具参与种植园区的选种、培育、播种、浇水、除草、捉虫、收获等种植劳动。 5. 艺术：利用陶泥、橡皮泥、面团等材料，通过粘接、捏塑等方法制作昆虫动物、各色人物、空间组合等手工作品；理解并欣赏关于劳动的歌曲，自由表演相应的劳动故事，体会劳动者的快乐心情，产生劳动光荣的情感	1. 利用大班幼儿动作发展优势，多给幼儿提供深度、持久动手操作的机会，如创设美工创意坊、陶艺坊、木工坊、建筑坊等激发幼儿动手操作兴趣的活动区域。 2. 大班幼儿的劳动启蒙教育在提升自我服务能力基础上逐步拓展到关注社会服务，要注重提供实践机会，引导幼儿参与公益劳动。引导幼儿以多种方式认识更多的社会职业，感受劳动人民的伟大力量，关注幼儿完成计划的情况，给予适宜的鼓励和指导。 3. 引导幼儿关注合作式劳动，感受合作劳动带来的成就感和效率，逐步学会合作劳动的技能。 4. 引导幼儿进行劳动后的经验分享，不断提升劳动经验和技能，强化劳动的价值感

续表

活动类别	劳动内容	指导建议
家园共育	1. 自我服务:能自主完成洗漱、及时换掉脏衣服。洗内裤、袜子等小件衣物并晾晒收纳,准备书包、用品和衣物等。 2. 服务家庭:洗菜、择菜、取拿快递、垃圾分类、倒垃圾、制作果盘、尝试使用简单工具采摘各类植物的果实。 3. 服务社会:经常与家长一起参加公益性社会劳动,如参加社区扫雪、清理白色垃圾、照顾孤寡老人、帮扶残疾人等	1. 家园保持高度一致的劳动教育态度,鼓励家长多放手,为幼儿提供更多家务劳动的机会,并对幼儿的劳动态度给予肯定,对劳动成果予以尊重。 2. 家长要适时丰富幼儿劳动经验,与幼儿协商制订家务劳动清单表,明确每个家庭成员的职责和任务,增强幼儿的家庭劳动责任感。 3. 要创造亲子共同参加社会公益劳动的机会,适时分享劳动心得,满足幼儿劳动的成就感。 4. 生日时,根据自己的审美制定、设计环境创设的方案,并和大人一起采购装饰材料,制作装饰品,营造生日、节日氛围

(二)义务教育阶段劳动课程内容设置

1. 义务教育阶段劳动课程内容的设置思想

通过劳动教育,使智力与发展性障碍学生能够理解和形成社会主义劳动观,牢固树立劳动最光荣、劳动最崇高、劳动最伟大、劳动最美丽的观念;体会劳动创造美好生活,体会劳动不分贵贱,热爱劳动,尊重普通劳动者,培养勤俭、奋斗、创新、奉献的劳动精神;具备满足生存发展需要的基本劳动能力,形成良好劳动习惯。

(1)低年级是劳动技能的启蒙阶段

劳动课程内容侧重于以学生个体为中心,以整理和清洗个人物品为重点制定目标,培养学生的劳动意识,为形成良好的劳动习惯奠定基础。

(2)中年级侧重以个体和家庭为中心

进一步提高自我服务劳动技能和家务劳动技能,增强劳动兴趣、形成良好的劳动态度,培养热爱劳动的情感,初步具有解决实际问题的应用能力。

(3)高年级是劳动技能的提升阶段

劳动服务场所由家庭、学校扩大到社区和社会,在熟练掌握家务劳动技能的基础上,学习初步的职业知识和技能,增强热爱劳动的情感,培养良好的劳动习惯,提高劳动技能的综合运用能力。

2. 义务教育阶段劳动课程内容设置

根据特殊学校学生的发展情况义务教育阶段劳动课程内容设置分三个部分,分别是低年级(见表4-2-4)、中年级(见表4-2-5)和高年级(见表4-2-6)。

表4-2-4 低年级(1—3年级)劳动课程内容设置

类别	项目	内容
自我服务劳动技能	使用物品	1. 认识并使用基本餐具,如筷子、勺子、碗、盘子等;知道不同餐具的不同使用方法;可以区别可吃和不可吃的东西;会区分干净食物和被污染食物;了解基本的食物名称,包括蔬菜、水果、粮食、简单的海产食物及超市中常见的食品;吃饭时不掉饭粒,不留剩菜剩饭,不挑食,养成良好的饮食习惯
		2. 会穿衣、裤、袜子;会拉拉链、系腰带、系鞋带、扣扣子、穿鞋;认识男款衣服和女款衣服;可以根据天气变化为自己选择相应的衣服;可以区分自己与别人的衣服;认识简单的工作制服;能区分衣服是否干净
		3. 使用学习用品,能够认识并会使用铅笔、橡皮擦、削笔器、文具盒、书包等
	整理物品	1. 整理小件衣物,认识短袖、长袖、短裤、袜子,知道叠衣服的顺序,养成"自己的事情自己做"的意识
		2. 整理学习用品、生活用品、图书、小花木、体育用品、玩具等
		3. 会按照大小给书、本子分类,整理书本
	洗涤物品	会洗脸、刷牙、梳头、洗手、洗脚、洗头、洗澡;知道何时应该做何事,早晨起床要刷牙、洗脸、梳头,饭前便后要洗手,每天晚上要洗脚,夏天每天要冲澡;了解香皂、洗衣粉、洗发水、沐浴露、牙刷、牙膏、毛巾的使用方法
	移动物品	移动学校的小件物品(书本、教具、篮球、足球等),将书本、教具、足球等放到指定的位置,知道用完书本、教具、足球等后不乱扔
		移动家里的小件物品(玩具、餐具),将玩具、餐具放到指定的位置,知道用完玩具和餐具后不乱扔,知道餐具(易碎的)要轻放
家务劳动技能	清洁整理	餐前洗手和餐后洗碗筷子、勺子,洗手
		整理枕头、枕巾、床单等床上用品
		整理宿舍床铺,打扫宿舍、卫生间卫生
		开门、关门、开窗、关窗、锁门
	厨房劳动	使用厨房电器,能认识电磁炉、电水壶并会使用,学会插插座
		认识常见的调料,认识食用油、盐、醋、酱油等调味料,能根据烹饪需要放合适的调味料
		清洗蔬菜,知道蔬菜择、洗干净后才能够食用,能够把菜的烂叶、黄叶和混入的杂物择去,能够学会洗菜

续表

类别	项目	内容
公益劳动技能	校内劳动	打扫班级教室及卫生间卫生,认识清洁工具,养成卫生习惯
		打扫校园、功能室及公厕卫生,知道要维持卫生
		开关教室、餐厅或楼道的灯、门、窗
		给教室内的植物浇水
		给校园的植物浇水
	校外劳动	给家里的植物浇水
		社区村组公益活动(捡拾垃圾)
		去田间给家长送东西
	社区、村组劳动	参加社区、村组的敬老院、幸福院清扫活动
		参加社区、村组的敬老院、幸福院献爱心活动
简单生产劳动技能	使用工具	能使用粘贴类工具、扫刷类工具
	手工劳动	能使用舀铲类工具
		能使用简单容器,制作猕猴桃袋子,在猕猴桃地里拔草

表 4-2-5 中年级(4—6年级)劳动课程设置内容

类别	项目	内容
自我服务劳动技能	使用物品	能使用敲击类工具、夹取类工具、勾吊类工具、剪刀类工具、削切类工具、捆绑类工具
	整理物品	整理自己的衣服、宿舍的物品、教室的物品,帮忙整理库房物品
	洗涤物品	认识刷子、洗涤剂,掌握刷鞋子的方法
		掌握洗碗、洗筷子的方法
		刷洗书包、清洗自己和家人的衣服
		清洗、晾晒、折叠薄厚适中的衣物
	移动物品	移动教室大件物品、宿舍大件物品,帮忙移动学校大件物品、家里大件物品
家务劳动技能	使用物品	使用遥控开关电视、空调,会调台,会调节空调温度,会使用热水器、电饭煲、手机、平板、计算机等常见家用电器
		使用常见三环锁、链子锁、自行车锁、插锁等锁具
		简单使用刀、碗、碟子、案板、筷子、调羹、蒸锅、勺子、刀叉、果盘、饭盒等餐具,以及茶杯、茶壶、茶盘、茶巾等茶具

续表

类别	项目	内容
家务劳动技能	使用物品	使用常用坐便器、淋浴器等器具
		会使用手机接打电话
	清洁整理	更换床单、被套,整理房屋生活用品及清扫室内卫生
		刷洗餐具、茶具、炊具
		打扫家里卫生间。
	洗涤晾晒	使用洗衣机清洗衣服,晾晒衣物
	厨房劳动	清洗苹果、葡萄、梨、桃子、甜瓜等水果
		掌握处理食物的方法
		使用冰箱、微波炉、电饭锅、电饼铛等厨房电器
		认识各种调料,打开食品包装
		简单使用炊具加热饭菜,制作简单饭菜
公益劳动技能	校内劳动	清扫教室、校舍、校园卫生等
		整理归纳图书
		种植箱种菜
		拖地
	社区、村组劳动	参加社区卫生打扫活动,在社区中自主行动,使用社区中的交通工具
简单生产劳动	使用工具	使用简单订书机、装订机、粉碎机、塑封机等办公用品
		使用简单锄头、铁锹、小铲子、钉耙等种植工具
	缝纫编织	熟悉手工缝纫基本针法和十字绣刺绣方法
	种植劳动	种植猕猴桃(猕猴桃施肥、猕猴桃扳耳朵、采摘猕猴桃)
	养殖劳动	饲养常见狗、羊、兔、猫等动物

表4-2-6 高年级(7—9年级)劳动课程内容设置

类别	项目	内容
自我服务劳动技能	移动物品	搬运课桌椅、餐桌、音响设备、捐赠物品、图书、营养餐食材

续表

类别	项目	内容
家务劳动技能	使用物品	使用电暖气、电褥子、电风扇、洗衣机等家用电器
	清洁整理	按季节保养、存放衣服、鞋、被褥等物品
		使用吸尘器、智能扫地机器人等清洁电器
		擦玻璃、窗子、门窗、餐桌、沙发等
		清洗油烟机、灶头、水龙头、水池、刀具、餐具、拉篮、调料盒、灶台、柜门等;打扫储物柜,整理食品、厨具
		用字画、饰品美化和装饰房间,制作精美物件美化房间
		清洗服装,熨烫服装,整理衣物
	洗涤晾晒	随季节整理服装、鞋、被褥并晾晒
	厨房劳动	使用电烤箱、电饼铛、电压力锅、电饭锅、微波炉、燃气灶、压面机等厨房电器
		使用燃气灶具、蒸烤一体机、热水器等
		掌握将食材处理成块儿、片儿、丝儿的刀工技法
		掌握蒸、煮、炒、煎、炸等烹饪技能
		学会制作简单的面食(臊子面、油泼面、菠菜面、刀削面)
		制作凉拌菜,如小葱拌豆腐、凉拌黄瓜等
		冲泡茶叶、饮料、奶粉、咖啡等
		按生熟存储要求存放食材
公益劳动技能	校内劳动	维修安装课桌椅、拖把扫帚、铁锹、锄头等劳动工具
		维修角阀、水龙头
		布置、装饰校内环境
	社区、村组劳动	参加社区、村组志愿者服务活动(如街道清扫、垃圾分类、帮助老人清洗衣物)
简单生产劳动技能	使用工具	使用简单的扳手、钳子、螺丝刀、锤子等进行操作
		使用简单手拉犁、锄头、铁锹、割草机、电动喷雾器、三轮车等
		使用微耕机等简单机械

续表

类别	项目	内容
简单生产劳动技能	缝纫编织	掌握手工缝纫简单方法
		能使用针线进行简单的缝补
		能使用缝纫机进行简单操作
		能进行简单手工毛衣编织或十字绣刺绣
	种植劳动	种植猕猴桃（栽种猕猴桃、猕猴桃管护、采摘猕猴桃）
	养殖劳动	养殖鸡、鸭、鹅、猪、羊、鱼等
	畜牧技术	掌握简单羊、奶、牛畜牧技术
	职业准备	了解工作对个人、社会的意义
		有工作的意愿与动机
		了解职业相关法律法规
		具备安全开展工作的知识与能力
		了解自己的职业兴趣所在
		了解适合自己职业兴趣的工作要求
		了解自己的职业性向
		了解适合自己职业性向的工作
		具备持续工作的体力和耐力
		具备在工作中所需的感知觉能力
		具备在工作中所需的基本认知觉能力
		具备满足工作需要的上肢活动能力
		能操作工作中使用的工具
		具备适应工作环境的能力
		能遵守作息时间
		能遵守各项规章制度
		能以正确的态度对待生产劳动
		能养成良好的劳动习惯

（三）职业教育阶段劳动课程内容设置

1.职业教育阶段劳动课程内容的设置思想

党的二十大报告明确提出实施科教兴国战略，强化现代化建设人才支撑。教育、科技、人才是全面建设社会主义现代化国家的基础性、战略性支撑。我们要坚持教育优先发展,加快建设教育强国,办好人民满意的教育。教育是国之大计、党之大计。全面贯彻党的教育方针,落实立德树人根本任务,培养德智体美劳全面发展的社会主义建设者和接班人。坚持以人民为中心发展教育,加快建设高质量教育体系,发展素质教育,促进教育公平,统筹职业教育、推进职普融通、优化职业教育类型定位。

目前县区特殊教育主要针对义务教育阶段特殊学生,随着国家经济的快速发展及国家政策的调整,要求有条件的特殊学校逐步向职业教育延伸,县区学校定期组织职教部学生到职教中心和研学基地开展劳动教育和社会实践,提高他们的生活技能和自理能力,使他们对劳动的认识更深刻,尊重劳动人民,热爱劳动,爱惜劳动成果。职高班的职业专业教育为智力与发展性障碍学生将来走向社会做准备,让每一个学生热爱劳动,愿意用劳动创造美好生活。

2. 职业教育阶段劳动课程内容设置

为了更好地设置职业教育阶段劳动课程,结合眉县特殊教育学校的实际做法,从三个方面设置课程,分别是职业劳动技能、生产劳动技能、劳动教育实践(见表4-2-7)。

表4-2-7 职业教育阶段劳动课程内容设置

类别	项目	内容
职业劳动技能	食品加工售卖	学习采购、加工食材,掌握烘焙制作的方法(和面、制作手撕面包、烘焙手撕面包、手撕面包义卖)
	手工制作	了解陶艺手工制作,学习网上采购陶艺材料、拉坯、素坯涂画、烧烤手工作品
	实践操作	学习洗车的基本方法(不能涂画车漆)、如何保养车(换机油、机滤等)、车的基本维修
生产劳动技能	猕猴桃种植	猕猴桃栽种、栽杆、架铁丝、嫁接、浇灌、绑枝、打水溶肥、施肥、打药、扳耳朵、打尖、套取袋子、采摘售卖、发快递、修剪等所需技能
劳动教育实践	手工加工	电子产品

上面义务教育劳动课程内容和职业教育劳动课程内容中均涉及猕猴桃种植,教师在开展劳动教育前需要让学生掌握猕猴桃种植的一些作务工具及其使用方法(见表4-2-8)。

表4-2-8 猕猴桃作务工具

工具种类	具体工具	使用方法
栽植工具	铁锹、锄头	会用它们栽植猕猴桃
除草工具	铲、镰、割草机	会用它们清除地里的杂草

续表

工具种类	具体工具	使用方法
修剪工具	剪子、锯	会用它们修剪猕猴桃
嫁接工具	刀子、塑料条	会用它们嫁接猕猴桃
除虫工具	机动喷雾器或电动喷雾器	会用它们为猕猴桃打药除虫
采摘工具	塑料箱、盆子、篮子、手套	会用它们采摘猕猴桃
售卖工具	电子秤	会用秤称猕猴桃重量

第三节 智力与发展性障碍学生劳动教育课程实施

一、智力与发展性障碍学生劳动教育课程实施的基本原则

(一)先评估后实施原则

智力与发展性障碍学生由于个体差异较大,个人在劳动教育过程中的劳动观念、劳动精神、劳动程序和劳动技能的原生性状态参差不齐,鉴于此,在对智力与发展性障碍学生实施劳动教育时,采取斯金纳的"个别化教学"策略更为适宜。教师对智力与发展性障碍学生先进行科学评估,分层分类,再进行劳动教育的实施就成为必然。当然,也要对施教者进行科学评估,给施教者匹配合适的有潜能的学生,才能在具体的教育教学活动中兼顾"教学相长"。这是实行"个别化教学"的基本要求。

(二)个人选择和家长、教师、专家推荐选择相结合原则

对智力与发展性障碍学生进行科学评估后,要注重个人选择,毕竟兴趣是最好的老师。当然,学生的个人选择,家长、教师、专家要进行甄别,毕竟智力与发展性障碍学生的特质局限了学生选择能力的可行性、发展性和科学性,所以家长、教师、专家甄别后给出科学的建议和推荐是十分必要的,毕竟发展才是硬道理。

(三)适应性原则

智力与发展性障碍学生在接受劳动教育的过程中,由于自身特质的限制,加之劳动教育的发展过程是变化的,因此,施教者要根据学生的特质及时评估、调整施教方案,给出适合学生发展的施教方案。

教师(或施教者)应当从智力、性别、兴趣、成就、情意特质等方面,深切了解智力与发展性障碍学生的个别差异和发展需求,才能诱导学生从事有意义的劳动活动。在整个劳动教育进程中,教师必须参照学生个别差异现象,不断提供符合其发展阶段的劳动教育情境,适时给予各种发展机会,使每个学生的潜能得以发挥,并从劳动活动中获得成功的满足,以加强自信心,保持并增进继续劳动的兴趣,谋求自我的充分发展。

二、智力与发展性障碍学生劳动教育课程实施主要原则

(一)生活性原则

劳动教育课程应以学生的生活环境为依托,选择学生易接受的劳动观念、易理解的劳动精神、易掌握的劳动程序和有益的劳动技能作为教育资源进行组织设计。让学生把易接受的劳动观念、易理解的劳动精神、易掌握的劳动程序和所学的知识与技能应用于生活,不断获得和提高自主生活的能力。课程内容来源于生活,要选取学生现实生活所需、对未来发展有益的资源进行加工与改造,突出直观性和可操作性,渗透育人性,满足学生生活所需,课程内容的安排要以学生个体为中心,将劳动教育学习的范围由学生自身逐步扩大到家庭、学校、社区和社会,最终完成课程目标和内容。眉县特殊教育学校在实施劳动教育课程时,紧扣当地生产劳动情况,以学生的生活环境为依托,把学生易接受的劳动观念、易理解的劳动精神、易掌握的劳动程序和有益的劳动技能作为教育资源进行组织设计。每年到了猕猴桃扳耳朵、疏花、对花人工授粉、疏果等节点,学校就建议有生产劳动能力的学生家长,组织自己的孩子回家进行生产劳动。居住在县城有服务社区或社会能力的学生,一到寒暑假,学校就建议这些学生家长把他们的孩子送到和学校有资源整合的社区或社会组织进行劳动实践。这样不断地循环往复,为学生步入社会、回归社区、回归生活夯实坚固的基础。

(二)实践性原则

劳动教育课程强调学生直接体验和亲身参与,注重动手实践、手脑并用、知行合一,使学生通过实践树立正确的劳动观念,继承优秀的劳动精神,获得娴熟的劳动技能和愉悦的劳动体验,形成良好的劳动习惯,注重解决问题和直接经验的获得,所以实践性是劳动教育课程区别于其他课程的最大特点。课程目标要求学生亲自动手操作和进行实际应用,与生活实践紧密结合。对于一些实践性较强的劳动,学生如果一遍不行就再来一遍,直到完成课程目标和内容。

(三)整合性原则

劳动教育课程具有多学科交叉融合的特性,不仅课程内容上与其他几门生活适应课程是紧密联系、紧密结合的;同时劳动教育的学习离不开其他几门学科知识的迁移运用。[①] 劳动课程强调与其他课程相互配合,在保持基础性、通用性和渐进性的基础上,弱化学科界限,注重课程内容的综合性和学习材料呈现方式的多样性,加强与相关学科的联系,加强本学科内各项目、各内容之间的整合,尤其是同教育康复的结合和思想道德育人的整合。眉县特殊教育学校在进行运动与保健教学时,单手托举动作的训练,和猕猴桃作务的疏花、对花授粉、疏果等动作完美吻合;弓箭步训练和猕猴桃作务中缺水灌溉、

---

① 魏英杰.《培智学校义务教育劳动技能课程标准》解读[J]. 现代特殊教育,2018(11):34-36.

施有机农家肥的动作吻合;在进行绘画与手工教学时,色彩的辨认对猕猴桃采摘的色彩要求提供了支持;孤独症学生的感统训练干预对猕猴桃采摘的成熟度提供了支持;生活数学课教学的大小判断对猕猴桃采摘的大小要求提供了认知支持;生活数学课教学的计算器使用对猕猴桃的售卖交易提供了数学支撑;信息技术课教学中的在线支付、平台广告、网络交流更是把劳动教育课程的内容生活化、目标社会化,实现了教"人"成"人"的目的。

(四)系统性原则

系统性原则也称循序渐进原则,是指教学要按照学科的逻辑系统和学生认识发展的顺序进行,使学生系统地掌握基础知识、基本技能,形成严密的逻辑思维能力。落实由浅入深,由易到难,由简到繁,由具体到抽象,由已知到未知的知识和技能发展顺序。[①]

劳动教育课程应遵循儿童的身心发展规律,由易到难、由简到繁、循序渐进地构建课程体系[②];把劳动观念树立起来,把劳动精神传承下去,使劳动程序成竹于胸,使劳动技能掌握熟练,既能守正,亦能创新。眉县特殊教育学校教授猕猴桃种植课时,劳动技能由易到难,由简到繁,劳动知识学习也是由浅入深,由具体到抽象。如中年级(4—6年级)种植猕猴桃(施肥、扳耳朵、对花授粉);高年级(7—9年级)种植猕猴桃(栽种、管护、采摘);职业教育(职高段)种植猕猴桃(栽种、栽杆、架铁丝、嫁接、浇灌、绑枝、打水溶肥、施肥、打药、扳耳朵、打尖、套取袋子、采摘售卖、发快递、修剪等)。

(五)多样性原则

多样性原则是指劳动教育课程内容体现地方特色,结合学生的生活背景和能力水平,既面向全体学生又兼顾差异;内容体现与时俱进,在习得劳动技能的基础上,注重现代科技在生活中的应用,拓宽学生视野,提升活动效能。劳动教育课程内容分为基础性内容和拓展性内容两部分。基础性内容是学生生活必须掌握的内容,拓展性内容是为部分学生提升能力而提供的学习内容,有条件的地区或学校可根据学生实际能力水平选择实施。多样性原则也指对智力与发展障碍性学生进行科学评估,尊重区域和个体差异,匹配适合的劳动教育课程内容,采取适合的方法,完成适合的劳动教育目标。比如,眉县把猕猴桃种植与养护纳入劳动教育课程,陕西洛川县就可以把苹果种植与养护纳入劳动教育课程,江苏宜兴市就可以把紫砂工艺纳入劳动教育课程,等等。

(六)开放性原则

开放性原则是指劳动教育课程立足于现实当下,放眼未来发展需要;考虑课程普适性的同时,关注学生及其生活环境的特殊性[③],课程目标和内容呈现为生态平衡与发展,要因地制宜、因时制宜、因人制宜地选择和完成、完善。开放性原则是哲学人类学的基本

[①] 肖晓燕.循序渐进教学原则的当代阐释[J].教学与管理,2017(30):1-3.
[②] 魏英杰.《培智学校义务教育劳动技能课程标准》解读[J].现代特殊教育,2018(11):34-36.
[③] 魏英杰.《培智学校义务教育劳动技能课程标准》解读[J].现代特殊教育,2018(11):34-36.

思想原则和主要观点。哲学人类学反对传统哲学把人定义为生物的、理性的、意志的、劳动的、欲望的人,既不同意人有某种僵死的规定性和固定的本质,也反对把人理解为实现某种目的(如实现绝对精神的运动),或最终理解"在"的手段。认为人作为一个自我创造和不断形成的生物,不具备任何特定的与稳固的先在本质,人通过不断的自我活动和自我解释"塑造自己"。劳动教育课程的设置恰恰关注到了这一点——开放性原则,使得教育的目的,培养什么样的"人",发展什么样的"人"更为突显,使得"教学相长者"更值得为教育而躬耕。

三、智力与发展性障碍学生劳动教育课程实施建议

劳动教育课程的设置既然关注到了培养什么样的"人",发展什么样的"人"的教育目的,那么在实施劳动教育课程时就要做到:基础挂帅、综合发展、因材施教、安全第一,这样才能真正落实培养什么样的"人",发展什么样的"人"的教育目的。

(一)基础挂帅

具备简单的劳动技能是学生独立或半独立生活的基础,智力与发展性障碍学生劳动教育课程教学要做到技能学习与康复训练相结合,与认知发展相结合,与培养社会适应能力相结合,与建立正确的情感、态度、价值观相结合。劳动教育课程在实施过程中,教师应让学生从最基本的自我服务的劳动观念、劳动精神、劳动程序和劳动技能入手,筑牢基础,再逐步过渡到一般家务劳动、公益劳动和简单的生产劳动技能,最后掌握日常性家务劳动、公益劳动和生产劳动技能。

(二)综合发展

劳动教育课程实施应注重多学科渗透,加强同生活适应、康复训练等课程的联系和结合,同时要多渠道实施。把劳动观念、劳动精神、劳动习惯当作"强化物"融合到劳动技能的训练和发展中,把劳动教育和思想道德教育综合起来,建立健全育人的方向性,使学生发展成为真正的"人"。

下面就以眉县特殊教育学校"组装拖把"教学示范综合发展的具体实施(见表4-3-1)。

表4-3-1 "组装拖把"教学中的综合发展

课题	组装拖把
课程	劳动技能
课时安排	4课时
执教	×老师
设计思路	结合生活实际和学生实际,以及生活需求和学生需要,依据课程标准,在熟练掌握家务劳动技能的基础上,学习初步的职业知识和技能,增强热爱劳动的情感,培养良好的劳动习惯,提高劳动技能的综合运用能力,体验成功的喜悦

续表

目标在学科中的整合			
教学目标	A类学生	B类学生	C类学生
知识技能目标	能根据材料特性和工具的功能进行拖把的组装	能参与有一定技术要求的拖把组装活动	会使用螺丝刀和钳子
过程方法目标	能独立完成或与他人进行友好合作,恰当地处理组装过程中遇到的困难	眼、手、脑协调配合,能熟练使用螺丝刀和钳子。能与他人进行友好合作	能使用螺丝刀和钳子
情感态度价值观目标	积极参与组装活动,认真负责、遵守纪律、坚持不懈、团结协作的意识强,有一定的质量意识和安全意识	积极参与组装活动,有一定的质量意识	能积极参与组装活动
康复目标	发展学生的逻辑思维能力、手眼协调能力、精细动作等素质,提高劳动技能	发展学生的手眼协调能力、精细动作等素质,提高劳动技能	发展学生的团结协作的意识、安全意识
教学重点	拖把的组装程序及螺丝刀和钳子的熟练使用		
教学难点	B、C类学生的团结协作的意识、质量意识、安全意识		
使用教具	拖把组件及零件、钳子和螺丝刀各7个、拖把1个;PPT课件		

教学过程

教学意图	教师活动	学生活动	备注
一、组织教学	1.点名考勤; 2.强调课堂要求	1.逐一应答; 2.保证课堂纪律	《拖把歌》 拖把、拖把、你真行, 能拖地来不怕脏, 干起活来真带劲。 腰酸背痛头发昏, 靠在墙边直喘气, 怎么办呀怎么办? 看我机械小能手, 一手螺丝刀来一手钳,
二、新授 (一)说一说 (二)问一问	1.课件出示学生修理、拆卸拖把的图片,教师强调这是前面我们已经学习过的修理、拆卸拖把的内容。自然导入新课"组装拖把"	看图说话:他们在干什么,都有谁?	
	2.今天让同学们来组装拖把,大家会吗?	有的同学说会,有的说不会,有的同学沉默不语……	

续表

教学意图	教师活动	学生活动	备注
(三)做一做 (四)玩一玩	1.组装拖把比赛:请A组同学选人组团比赛。教师摆出工具。 要求:(1)组装拖把期间保证课堂纪律和秩序;(2)速度快、质量好的一方获胜;(3)组装拖把期间安全意识要强,不能伤着自己和别人;(4)获胜可获得有学习之星、好吃的小零食作为奖励。 教师巡回指导。 2.组装拖把比赛结束后,评选出获胜方,奖励并小结	学生认真听清楚教师讲述的要求,仔细选工具,准备比赛。 两组同学认真组装拖把,分工明确,动作熟练。 获胜方领奖励,学生鼓掌表示祝贺 学生表演拖地、维修、组装拖把	拧一拧,松一松,捏一捏,紧一紧,胳膊腿儿变灵活,地面干净真亮眼,人们都夸拖把能,拖把夸我小能手,干一行,爱一行,专一行,精一行,行行出状元来出状元! 我是机械小能手
三、课堂小结	出示PPT《拖把歌》,师生齐读。利用《拖把歌》相关语句结束课堂	学生诵读《拖把歌》结束课堂。下课	

(三)因材施教

是指劳动教育课程教学的教师要根据学生的个体差异,开展分层教学和个别辅导。教师要根据智力与发展性障碍学生的残疾类型和程度,合理选择学习内容,科学安排活动的难度、梯度和强度,改进教学方法,提供辅具支持,使劳动教育的学习成为改善功能、发展认知、形成技能、适应生活、培养自信的过程。

因材施教是公认的优秀传统教育原则之一。孔子说教育学生要"视其所以,观其所由,察其所安",意思是说教育学生要看他的所作所为,了解他的经历,观察他的兴趣和爱好。宋朝张载也说,"教人至难,必尽人之材,乃不误人""若教人,不尽材,不顾安,不由诚,皆是施之妄也",意思是说教师如不能因材施教,不顾学生的内心要求,就不能使学生的才智得到充分发展,反而会误人子弟。可见,从学生的发展出发,以学生为中心,尊重学生的个体差异,开展分层教学和个别辅导,是学生学好劳动教育课程的精髓所在。下面以眉县特殊教育学校猕猴桃种植与养护课程教学为例(见表4-3-2),具体展示智力与发展性障碍学生劳动教育的因材施教实施方案。

《猕猴桃种植与养护》(职业班全一册)第三单元第三节第六课"适时采收"。

表4-3-2 猕猴桃种植与养护课程"适时采收"教学案例

课题	猕猴桃果园秋季管理的适时采收		
使用教材	校本自编教材		
课时安排	1课时		
设计思路	结合生活实际和学生实际,以及生活需求和学生需要,依据课程标准,在熟练掌握猕猴桃种植与养护的基础上,进一步学习适时采收的方法,发展学生的上下肢力量、身体协调平衡、精细动作等素质,提高辨识果实品质的能力,培养学生的组织纪律观念及团结协作的精神		
目标在学科中的整合			
教学目标	A类学生	B类学生	C类学生
知识技能目标	能根据教师讲解与示范,完成果实采收的动作要求,能明确辨识果实品质	能参与有一定技术要求的果实采收活动,在教师指导下能辨识果实品质	能辨识果实大小
过程方法目标	能独立完成或与他人进行友好合作,恰当地处理学习动作过程中遇到的困难	能听口令,安全地完成动作要求	能与他人进行友好合作
情感态度价值观目标	积极参与果实采收活动,认真负责、遵守纪律、坚持不懈、团结协作意识强,有一定的集体意识和安全意识	积极参与果实采收活动,有一定的安全意识	能参与课堂活动
康复目标	发展学生的上下肢力量、身体协调平衡、精细动作等素质,提高辨识果实品质的能力	发展学生的上下肢力量、身体协调平衡、精细动作等素质	发展学生的身体协调平衡
教学重点	1.能按要求进行果实采收。 2.能明确辨识果实品质		
教学难点	C类学生的团结协作的意识、安全意识、学习意识		
使用教具	不锈钢盆、凳子人手一个、果筐若干、PPT		

教学过程	活动过程: 一、组织教学 1.点名考勤。 2.强调课堂要求。 二、探究新知 (一)直接导入 　　猕猴桃是我县农民最主要的经济作物,果肉颜色诱人,味道酸甜,吸引着县内外的客商纷纷采收品尝。 　　同学们,平时你们居家生活时帮助爸爸、妈妈、爷爷、奶奶、姥姥、姥爷、姑姑、舅舅采收猕猴桃吗?大家会采收吗? (二)猕猴桃采收的方法和原则讲解 1.看一看。 老师出示PPT各种各样的猕猴桃。 2.听一听,学一学。 (1)轻拿。 (2)轻放。 (3)轻装。 (4)轻卸。 (5)先大后小,先低后高。 (6)先外后内。 (7)先采收着色好的,后采收着色差的。 设计意图:从学生实际出发,先听后学,先学后做。 方法:围成一圈,注意观察;讲解要领并示范;组织练习;纠正错误,重点练习。 3.做一做。 (1)教师组织学生先做徒手模仿练习。 (2)教师组织学生二人一组持凳子进行练习,距离由低到高。 4.分一分。 　　教师示范猕猴桃采收的分类方法(教师在分类时,要向学生讲清猕猴桃采收的分类方法)。 三、活动训练 1.明确不同目标,分层发放采收活动用品。 2.教师示范。 (1)分步示范,学生跟学(教师边采收边讲解)

续表

教学过程	(2)①采收练习(双手采收、单手采收、站凳子采收);②分类装筐练习(按大小、着色好坏分类)。 (3)A、B、C组同时进行猕猴桃采收活动,学生根据实际分工合作,完成猕猴桃采收活动。 　　设计意图方法:①熟悉果实品质练习(A组学生要能判断猕猴桃的成熟度、着色好坏、大小、果型;B组学生要能判断猕猴桃的着色好坏、大小、果型,C组学生要能判断猕猴桃的大小);②教师讲解动作并示范;③教师组织学生先做徒手模仿练习(A组学生要能规范模仿猕猴桃采收的单双手采收和站凳子单双手采收;B组学生要能规范模仿猕猴桃采收的双手采收和站凳子双手采收;C组学生要能规范模仿猕猴桃按大小分类装筐练习);④教师组织学生二人一组持凳子进行练习,距离由低到高[A组和C组合作,B组和C组合作,个子高低搭配合适(基于前期训练成果支持)];⑤教师巡回指导,及时纠正,及时评价;⑥教师针对共性的问题集体指导,个性的问题个别指导;⑦教师组织学生再次练习;⑧教师请做得好的同学出来给大家展示动作(不分A、B、C组的顺序,只要求在自己组内做得好即可展示,体现"为你喝彩"的自信与竞争意识)。 3.点评学生劳动成果(以鼓励为主,发现每一位学生的闪光点)。 四、小结 1.学生小结:今天这节课开心吗? 说一说自己这一节课的收获。 2.教师小结:对照学习目标帮助学生总结本节课的收获。 3.品尝猕猴桃。(让学生明白:一分耕耘一分收获。)
教学反思	我在本节课的教学中针对不同学生,制订了不同的教学目标。要求程度好(A组)的同学能根据教师的讲解与示范,完成果实采收的动作要求,能明确辨识果实品质。能独立完成或与他人进行友好合作,恰当地处理学习动作过程中遇到的困难。A组同学能积极参与果实采收活动,认真负责、遵守纪律、坚持不懈、团结协作意识强,有一定的集体意识和安全意识。能针对性地发展自己的上下肢力量、身体协调平衡、精细动作等素质,提高辨识果实品质的能力。要求程度中等(B组)的学生能参与有一定技术要求的果实采收活动,在教师指导下能辨识果实品质。能听口令,能安全地完成动作要求。B类同学能积极参与果实采收活动,有一定的安全意识。能针对性地训练自己的上下肢力量、身体协调平衡、精细动作等素质。要求程度较差(C组)的学生能辨识果实大小进行果实采收,C类同学能与他人友好合作进行果实采收,能参与课堂活动,训练自己的身体协调平衡能力。这样使每位学生都能体验采收的喜悦,学得愉快,消除了C组同学的畏难情绪,不仅提高了学习猕猴桃种植与养护的兴趣,也让他们体验到劳动的快乐、合作的快乐、分享的快乐

(四)安全第一

劳动教育课程是实践性很强的课程,劳动教育教学必须遵循"安全第一"的原则,无论是室内教学还是室外教学、校内教学还是校外教学,都必须选择好教学内容,做好安全教育和保护措施等。

《中共中央 国务院关于全面加强新时代大中小学劳动教育的意见》将"多方面强化劳动安全保障"作为劳动教育支撑保障体系的重要组成部分,要求"建立健全安全教育与管理并重的劳动安全保障体系"。必要的安全保障不仅是开展劳动教育的前提基础、重要支撑,更对学生树立科学的劳动观念,形成"生命至上,安全第一"的理念,具备初步的职业安全素质具有重要意义。下面就以《眉县特殊教育学校劳动教育安全应急预案》作为安全第一原则的示例加以呈现。

【拓展阅读】

眉县特殊教育学校劳动教育安全应急预案

一、应急预案的背景

学校安全是教育工作的重中之重。学校安全面临着各种各样的困难和挑战,其中最重要的安全就是劳动教育安全。劳动教育是特殊教育教学的重要组成部分,它不仅能够培养学生的实践能力和创新能力,还能够培养学生的责任心和团队协作能力。然而,劳动教育存在安全隐患,如火灾、电气事故、机械损伤等,这些都会对学生的生命安全和健康造成威胁。

为确保学生在劳动教育中的安全,制定一份应急预案变得尤为重要。该预案旨在规范学校的劳动教育安全管理措施,为特殊教育教学劳动教育安全赢得安全、可行、有效的应急保障措施,促进劳动教育实事求是的落实。

二、应急预案的宗旨

(1)确保学校劳动教育安全,保证学生安全。

(2)建立学校安全意识,提高学生安全防范能力。

(3)制定学校安全标准,提高劳动环境安全系数。

(4)保证学校教学正常、稳定、有效、高效开展。

三、应急预案的基本步骤

1. 责任分工

学校成立劳动教育安全动员和应急工作执行小组或者专门的学校劳动教育安全应急小组,并指定应急工作领导人员和应急工作指挥员。

2. 应急演练

学校不定期组织学生进行劳动教育安全应急演练,检查劳动分工、设备配备,提高学生应急意识和应急能力。此外,学校定期维护和检查劳动教育安全设备的完善性、运行状态及其使用标准。

3. 应急调度

在发生突发事件时,学校立即启动并执行应急预案,及时组织调度现场,落实抢险救援、事故处理和情况报告等各项工作。

4. 应急处理

学校严格按照应急预案,组织有关人员予以处理,做到救援行动迅速、准确。同时,应注意保护现场,确保救援人员和被救援人员的安全。

四、应急预案的具体内容

1. 预防措施

(1)加强学校劳动教育安全教育,提高应急意识。

(2)加强学校劳动环境整治,保证劳动环境的安全系数。

(3)加强学校劳动教育设备的维护,保证设备的正常使用。

(4)加强学校教师和学生的劳动技能培训,提高安全素质。

2. 应急预案

(1)启动应急预案

一旦发现劳动教育事故,立刻启动学校劳动教育安全应急预案。学校应稳定思想,遵循预案措施,不要恐慌。

(2)组织抢救救援

学校快速组织人员进行现场拍摄,同时进行救援抢险处理。组织起视察、治疗、清理现场等多个救援小组,做到深入细致,落实到位。

(3)应急情况报告

学校在实行预案的同时,及时向上级管理部门汇报事故情况,特别是对媒体未报道的事故,学校应当主动向社会上报。

(4)进行善后处理

根据发生的具体事件和情况,学校立即组织人员进行善后处理,避免经济损失和人员伤害的扩大。必要时,学校及时向受伤或受损人员进行补偿和赔偿。

四、智力与发展性障碍学生劳动教育课程资源的开发与利用

在不同教育情境下的课程资源状况可能存在着相当大的差别,课程资源的分布情况,特别是在需要较大经济投入的劳动教育课程资源方面,往往很不平衡。从目前我国特殊教育学校劳动教育课程发展的一般情况来看,经济发达的东南部地区劳动教育课程资源的状况比中西部地区优越,城市比农村优越,大致说来,广大贫困地区和薄弱学校,经济条件相对落后,在需要较大经济投入的劳动教育课程资源方面显然没有优势。但从作为劳动教育课程要素来源的课程资源方面看,即使是贫困地区和薄弱学校,其劳动教育课程资源也是丰富多彩的,缺乏的是对于课程资源的识别、开发和运用的意识与能力。目前对于贫困地区和薄弱学校来说,一个很重要的问题是对于劳动教育课程资源的地位和作用重视不够,一方面是劳动教育课程资源特别是作为劳动教育

课程实施条件的课程资源严重不足,另一方面是由于劳动教育课程资源意识的淡薄而导致大量课程资源特别是作为劳动教育课程要素来源的课程资源被埋没,不能及时地经过加工和转化后进入实际的劳动教育课程,造成许多有价值的劳动教育课程资源的闲置与浪费。一些学校甚至把教科书当成唯一的课程资源,课程资源的概念意识十分狭隘。其实,许多不同的材料,如果从劳动教育课程实施条件的角度来看可能存在天壤之别,而如果从劳动教育课程要素的角度来看,许多不同的资源在教育价值上则是同等重要的。因此,当务之急,一个重要的课题是加强对于劳动教育课程资源的理论与实践研究,澄清劳动教育课程资源的概念,强化劳动教育课程资源意识,提高对于劳动教育课程资源的认识水平,因地制宜、因时制宜、因人制宜地开发和利用各种劳动教育课程资源。对于贫困地区和薄弱学校来说,尤其如此。本节主要结合眉县特殊教育学校的实践,从学校资源、家庭资源、社区和社会资源角度展开分析。

(一)学校资源

1. 概述

特殊教育学校可以从自身实际出发,多方面、多途径地组织和利用各种有利于课程发展的资源,小到劳动教育课上的一枚螺丝钉,大到学校组织的各项实践活动,也可以通过学校教职员工的资源拓展学校资源建设。

2. 具体举措

眉县特殊教育学校集思广益,开源节流,内外兼修,购置了劳动教育课需要的工具、简单机械,开辟了基本校田和种植箱,积极培训劳动教育科任老师,并完善劳动教育课程实施的各种管理、操作、执行制度。

(二)家庭资源

1. 概述

学校可以主动通过学生的家庭及其家庭成员,搭建家庭资源平台,补充学校解决不了的资源需求,比如田地的问题、企业工厂学习实践的问题等等。

2. 具体举措

眉县特殊教育学校利用"小手拉大手",召开家长会,聘请特殊教育家庭教育专家给全体教师和家长进行培训,和有资源的家长签订劳动教育家庭资源利用协议书,聘请懂农业生产劳动技能又能传授给学生的家长为特聘教师。按照学校劳动教育课程实施计划落实课程目标和内容。

(三)社区和社会资源

1. 概述

学生最终要回归社区,步入社会。社区和社会资源的挖掘就显得尤为必要和紧迫,这需要学校、家庭、政府、社区和社会联动起来,紧抓时代特点,顺应科技潮流的发展;尊重学生个体差异,满足学生回归社区、步入社会的不同需求。

2. 具体举措

眉县特殊教育学校主动出击，多方协调组织，寻找利于学生回归社区、步入社会的居民住宅小区或社区，为学生服务社区和社会搭建学习平台，聘请有资源的社区或住宅小区领导签订劳动教育社区或社会资源利用协议书，聘请懂社区或社会服务劳动技能又能传授给学生的工作人员为特聘教师。按照学校劳动教育课程实施计划落实课程目标和内容。

第四节 智力与发展性障碍学生劳动教育课程评价

教育评价是根据一定的教育价值观或教育目标，运用可行的科学手段，系统地收集和分析整理信息资料，对教育活动、教育过程和教育结果进行价值判断，为提高教育质量和教育决策提供依据的过程。① 智力与发展性障碍学生劳动教育课程评价，作为教育评价的一种具体表现形式，作为提高智力与发展性障碍学生教育质量和以智力与发展性障碍学生为主体的特殊教育学校进行教育决策的依据，是落实劳动教育课程实施的必要手段和措施。

一、评价目的

劳动教育是德智体美劳"五育并举"的基本要素，是不可或缺的要素，是支持支撑其他诸育的基础性要素，是使德智体美诸育更加贴近实际生活、社会实践的关键性因素，是教育的生态、生产、生活。② 客观公正科学的评价，目的在于发现学生学习中存在的问题，为教学策略和方法的改进指明方向，为教师调整教学速度和行为提供客观依据，进而充分调动学生学习的积极性，促进学生发展，促进教育的生态、生产、生活迈上新台阶。

（一）为政府后续决策提供依据

政府为劳动教育提供了一定的人力和财力，他们想知道究竟他们的计划是否顺利进行，唯一的途径是了解学生在劳动教育课程实施的情况如何。学校劳动教育课程实施的评价就格外重要。如果评价的结果与他们所期待的目标不同的话，他们就要调整计划，以便日后能更好地完成任务。

（二）为教师教学提供抓手

学校通过教师把政府的计划付诸实施，教师想知道在教学过程中自己做了些什么，

---

① 刘志军. 教育评价[M]. 北京：北京师范大学出版社，2018：9 - 10.
② 宋雪霞. 劳动教育促进育人方式现代化[N]. 福建日报，2021 - 09 - 08(05).

下一步该做什么;学生已经掌握的或能做的东西,不知道或不能做的东西。如果想要计划顺利地进行,很大程度上得看教师能否最终实现计划的表现,这需要学校对教师教学效果的评价反馈,促进教师及时调整施教计划或方案。

(三)为家长配合学校教育提供内容

没有人会比家长更想知道自己的孩子在学校学得怎么样。家长不能看见孩子在课堂上的表现,他们得从学校和教师对孩子的表现的评价中得到反馈,进而配合学校完成属于家庭教育的内容,以弥补孩子在学习发展过程中的不足。

(四)为学生劳动教育提供反馈

学生也可以从学校和教师对自己的表现的反馈中做出判断,知道自己完成任务的情况,知道自己今后该怎么做,从自己的成功中获得信心和满足感。

二、评价原则

(一)坚持育人导向性原则

在新时代开展劳动教育,要坚持以习近平新时代中国特色社会主义思想为指导,使学生树立正确的劳动观念,具有必备的劳动能力,培育积极的劳动精神,养成良好的劳动习惯和品质。[1] 注重挖掘劳动在树德、增智、强体、育美方面的育人价值,将培养学生的劳动观念、劳动精神贯穿课程实施全过程,引导学生树立正确的劳动价值观,崇尚劳动、尊重劳动,增强对劳动人民的感情,发展创新意识,提升实践能力和社会责任感,成为懂劳动、会劳动、爱劳动的时代新人。

(二)坚持客观公平性原则

客观公正、科学合理反映教师的教学质量和学生的学习水平,不掺杂个人情感,不主观臆断,在评价时应注重调查研究、确保信息来源的客观性和准确性,全面整理资料,分析资料,做评价结论时,应努力排除主观偏见或个人情感的干扰,以客观存在的事实为依据,做出正确的结论,使人信服。[2] 在评价活动中,要一视同仁,秉公办事,体现公平发展。评价指标、标准、权重、分值和等级,要在同一目标和内容范围内,针对同一水平对象坚持同一标准。

(三)坚持科学全面性原则

教育评价必须要有科学的理论、方法和态度。教育评价过程的各个环节要符合科学要求,遵循教育评价活动的客观规律,建立科学合理的指标评价体系,指标项目要有独立的、准确的科学含义;教育评价方案的设计,要符合科学实施的程序;获取的信息、数据、

---

[1] 赵德武.发挥好劳动教育的综合育人功能[N].光明日报,2021-08-12(16).
[2] 胡中锋.教育评价学[M].北京:中国人民大学出版社,2008:12-13.

资料,要运用教育统计、教学测量等有关理论和方法,从实际出发,尽可能地把数量和质量评价统一起来,这样,评价结论才会更加全面合理。① 教育活动是一项复杂的系统工程,评价者对于教育活动中存在的各种错综复杂的相互关系尚有认识上的差异,因此,要进行全面把握,从而杜绝片面性。

三、评价建议

评价体系不健全,是实施劳动教育课程的一个障碍。学校缺乏针对劳动教育课程特点的评价标准,尚未形成系统的评价体系,这主要因为学校劳动教育课程内容的选择、实施方式、效果以及形成的育人体系存在属地关系,各地标准存在较大差异。但不管评价标准是否存在分歧,不同学校在构建劳动教育课程评价体系的过程中,要坚持课程评价的基本原理,着力于目标、内容、过程与方法、结果,挖掘劳动教育课程实施过程中生发的、带有强烈体验性的精神价值,即:立足于真实的劳动情境,将抽象的劳动素养具体化为师生在劳动教育课程及劳动教育实践活动参与过程中所积累形成的劳动观念、劳动能力、劳动习惯、劳动品质以及劳动精神;同时,也要兼顾师生的创造力发展以及融合"五育"解决问题的能力,从而实现劳动教育在树德、增智、健体、育美方面的作用。

(一)评价目标追求全面客观

学校要大力弘扬劳模精神,将劳动素养作为衡量学生综合素质的指标之一,作为评优树模的重要参考和毕业依据。同时,学校应将劳动教育纳入学生的成长档案,作为常态化综合素质评价指标,对学生的劳动态度、劳动技能、劳动成果等进行全面客观的记录整理,并进行量化或质性评价,加强对实际劳动技能和价值体认情况的考核,以引导学生适时进行改进和提升。

(二)评价内容追求信度效度

讲求学生参与劳动课程的考勤记录、学习过程的具体表现、学生的学习成果,以及在此基础上学生劳动态度、劳动价值观等方面的提升。讲求教师施教过程中教学目标的掌控、教学思想与观念的跟进、教学设计的效度和信度、教学评价的客观公正全面科学等方面的适用性。

(三)评价方式追求多元开放

主要通过学生自评、家长评价、教师评价和同学互评方式开展多元化评价,也可以开展以组内评价与组间评价相结合的方式,丰富评价的表现形式,真正发挥评价的促进发展功能。比如,眉县特殊教育学校每年在猕猴桃丰收的10月会组织开展猕猴桃的义卖

---

① 陈玉琨.教育评价学[M].北京:人民教育出版社,1999:13-14.

活动,学校会让学生深入市场对各种猕猴桃的价格进行实际的调查,在后面的义卖环节邀请家长参与义卖,教学生在售卖的过程中如何使用计量工具等。同时,学校充分利用家长资源,邀请家长进学校、进课堂为学生开展相关主题的劳动教育,既丰富了学校劳动教育课程内容,又增强了家校合力。学校还组织学生将自己通过劳动所得的猕猴桃送入社区的孤寡老人家中,进行慰问活动。学生通过参加劳动教育实现了课程的增值,凸显劳动教育课程在树德、增智、强体、育美方面的作用。

(四)评价类型应当丰富多样

劳动教育课的学习评价应以发展性评价和形成性评价为主,既关注过程又关注结果。评价的具体方式可以采取定性评价与定量评价相结合的形式,旨在全面反映学生劳动观念、劳动精神、劳动程序和劳动技能学习的状态和水平。也可以将常模参照评价与标准参照评价相结合,注重过程发展变化,明确目标导向呈现,客观地反映学生劳动观念、劳动精神、劳动程序和劳动技能学习的程度。

(五)评价主体要多元合作

建立学生、教师、家长和其他有关人员参与的评价模式。教师要引导学生对劳动成果进行分享,评价自己在劳动中的表现,促进自我认识和自我改进;教师和其他有关人员要根据评价结果及时调整教学方法与策略,以保证教学目标的达成度;家长要了解学生劳动教育掌握情况,与学校形成合力,提升劳动教育的质量。

四、评价量表探索

(一)概述

评价量表又称"评比量表",是对提出的问题,以两种对立的态度为两端点,在两端点中间按程度顺序排列不同的态度;由被调查者从中选择一种适合自己的态度表现。评价量表用不同的数值来代表某种态度,目的是将非数量化的问题加以量化,用具体的数值加以有序排列。

(二)评价量表的形式

1. 图示评价量表

要求应答者在一个有两个固定端点的图示连续体上进行选择。

2. 列举评价量表

要求应答者在有限类别的表格标记中进行选择。

列举评价量表比图示评价量表容易构造和操作,在可靠性方面也比图示评价量表好,但是不能像图示评量表那样衡量出客体的细微差别。[1]

---

[1] DANNEIIE D S,ANTONIA J L.评价量表:快捷有效的教学评价工具[M].陈定刚,译.广州:华南理工大学出版社,2014:12.

(三)评价量表使用注意事项

评价量表的信度和效度制约着评价量表的科学性、全面性和准确性。评价量表的信度和效度,受建构者和使用者意见、态度、看法等变量的影响。评价量表探索只是在一定范围内或一段时间内对提出的问题去评价,不是"死"的评价,而是"活"的评价,所以评价量表信度和效度较高才能保证评价结果客观公正、科学全面、育人导向明确。

(四)评价量表探索示例

本节评价量表探索示例,主要围绕学生学习、教师教学、学校课程实施三个方面展开。

1. 学校学生劳动教育评价表探索示例

学校劳动教育课学生学习等级评价表探索,按照学前段(3—4岁、4—5岁、5—6岁)、义务段(1—3年级、4—6年级、7—9年级)、职高段三个阶段七个层次进行评价探索。依据《培智学校义务教育课程标准(2016年版)》,三个阶段之间具有连贯性,遵循系统性原则,突出实践性和综合性,体现开放性。

表4-4-1 学校学生劳动教育学习评价表(3—4岁)

考核类别	具体项目	评价标准	评价等级
生活活动	刷牙洗脸洗手	在成人提醒下,每天早晚刷牙洗脸 饭前便后洗手 能将用完的毛巾、牙刷等洗漱用品摆放整齐	优秀( )良好( ) 一般( )
	如厕	自主如厕便后洗手。 整理好衣裤	优秀( )良好( ) 一般( )
	穿衣	自己选择要穿的衣服 在成人帮助下穿脱衣服或鞋袜 把自己的脏衣服放到脏衣篮里	优秀( )良好( ) 一般( )
	照顾自己	尝试系鞋带 擦鼻涕,擦屁股 洗脚 熟练地用勺子吃饭,自己吃饭 自己喝水 饭后送碗	优秀( )良好( ) 一般( )
	玩具图书	将玩具和图书放回原处 收拾整理自己的玩具	优秀( )良好( ) 一般( )

续表

考核类别	具体项目	评价标准	评价等级
户外活动	活动准备	活动前在教师提示下,根据气温变化合理增减衣物 换好适合运动的鞋子 在力所能及的范围内,参与游戏器械拿取和游戏环境创设	优秀( ) 良好( ) 一般( )
	活动进行	活动中根据运动量,在教师提示下饮用温开水 就近如厕。	优秀( ) 良好( ) 一般( )
	活动结束	活动后,根据提示,和老师一起收拾户外玩具 整理好服饰 有序回班级	优秀( ) 良好( ) 一般( )
学习活动	健康	掌握洗手、刷牙、独立用餐、穿脱衣服和鞋袜、如厕等生活技能。 认识简单劳动工具,如剪刀、胶棒、小铲子等	优秀( ) 良好( ) 一般( )
	语言	用简单的语言分享参与劳动的感受	优秀( ) 良好( ) 一般( )
	社会	能否愿意承担一些力所能及的劳动任务,如把区域玩具和材料归位、捡拾地面枯叶或碎纸屑等	优秀( ) 良好( ) 一般( )
学习活动	科学	定期为植物浇水、除草、清理枯叶、给小动物喂食等 喜欢观察植物的生长过程和动物的生活状态	优秀( ) 良好( ) 一般( )
	艺术	欣赏中大班哥哥姐姐的手工作品及装饰的环境,珍惜他们的劳动成果 在美工活动中尝试用团、搓、挤、压、捏、切等方式做小饼、切面条、包汤圆等 能根据手工需要正确使用剪刀、胶棒等工具	优秀( ) 良好( ) 一般( )
家园共育	自我服务	主动穿脱衣服、自行如厕、独立吃饭和饮水、独立睡觉等 在家长指导下,尝试学习刷牙、洗脸、洗脚和洗澡等的方法	优秀( ) 良好( ) 一般( )
	服务家庭	在成人提醒下,为家庭成员提供简单服务,如摆放拖鞋、端水、整理房间、分类摆放物品、择菜、擦灰等 与家人一起照顾动植物,如浇水、喂食等	优秀( ) 良好( ) 一般( )
	服务社会	家长积极创设条件带领幼儿参加公益性社会劳动体验,如参与照顾社区孤寡老人、做社区环保小卫士等	优秀( ) 良好( ) 一般( )

表4-4-2 学校学生劳动教育学习评价表(4—5岁)

考核类别	具体项目	评价标准	评价等级
生活活动	刷牙洗脸洗手	早晚刷牙且方法正确 独立洗手洗脸	优秀( )良好( )一般( )
	如厕	自主如厕,冲水,大小便自理,整理好衣裤	优秀( )良好( )一般( )
	穿衣	准备好第二天要穿的衣服 独立迅速穿脱衣服	优秀( )良好( )一般( )
生活活动	照顾自己	清洗手帕、袜子等小件物品 会铺被子、尝试叠被褥	优秀( )良好( )一般( )
	玩具图书	自主收拾整理玩具 图书分类摆放	优秀( )良好( )一般( )
户外活动	活动准备	活动前提前如厕、饮水等,做好户外活动准备 搬运游戏材料和玩具	优秀( )良好( )一般( )
	活动进行	活动进行中饮水和如厕,剧烈运动后不能马上饮水 能根据运动中的自身感受主动增减衣物	优秀( )良好( )一般( )
	活动结束	活动后根据提示,做结束环节的放松整理活动,愿意收拾户外玩具,整理好服饰,按要求站队回班级	优秀( )良好( )一般( )
学习活动	健康	养成正确洗手和刷牙、迅速穿脱及叠放衣服、扣纽扣、使用筷子等生活技能 尝试使用简单的劳动工具,如小铲子、抹布、衣架等 学习洗袜子、手绢等小物件	优秀( )良好( )一般( )
	语言	用简单的语言分享劳动体验	优秀( )良好( )一般( )
	社会	学做值日生 节约粮食、水电等 亲手制作礼物送给长辈 体验劳动的喜悦	优秀( )良好( )一般( )

续表

考核类别	具体项目	评价标准	评价等级
学习活动	科学	科学分类和摆放物品 认识简单的劳动工具 为小动物喂食、换水等	优秀( ) 良好( ) 一般( )
	艺术	用陶泥、超轻黏土、面团等材料捏塑的食物、动物等手工作品 喜欢通过演唱有关劳动的歌曲、肢体表演等方式表达对劳动的热爱	优秀( ) 良好( ) 一般( )

表4-4-3　学校学生劳动教育学习评价表（5—6岁）

考核类别	具体项目	评价标准	评价等级
生活活动	洗澡洗漱	用正确的方法洗澡 主动洗漱	优秀( ) 良好( ) 一般( )
	如厕	如厕后主动冲水 整理好衣裤	优秀( ) 良好( ) 一般( )
	穿衣	根据天气变化主动增减衣物	优秀( ) 良好( ) 一般( )
	照顾自己	自主梳头发、系鞋带，清洗自己的小衣物 自己铺床、叠被子 用勺子或筷子吃饭	优秀( ) 良好( ) 一般( )
	物品书包	整理自己的物品 整理书包	优秀( ) 良好( ) 一般( )
户外活动	活动准备	活动前主动换好户外活动的衣服 提前如厕、饮水 协助教师做好材料搬运等准备工作	优秀( ) 良好( ) 一般( )
	活动进行	活动中根据需要自主饮水和如厕 能根据运动中的自身感受及时增减衣物	优秀( ) 良好( ) 一般( )
	活动结束	活动后自主做好结束环节的放松整理活动 主动收拾户外玩具 整理好服饰 自主排队，有序回班级	优秀( ) 良好( ) 一般( )

续表

考核类别	具体项目	评价标准	评价等级
学习活动	健康	主动洗手、早晚刷牙、分类整理物品、系鞋带、整理书包 使用简单的劳动工具或用具，如喷壶、小耙子、锤子、螺丝刀等	优秀（　）良好（　） 一般（　）
	语言	用完整连贯的语言表述自己的劳动经历及对劳动的看法	优秀（　）良好（　） 一般（　）
	社会	当值日生 合作收纳玩具 帮助小班弟弟妹妹拿东西、找人、穿鞋、系扣子等	优秀（　）良好（　） 一般（　）
	科学	照顾自然角中的动植物 会熟练使用简单的劳动工具参与种植园区的选种、培育、播种、浇水、除草、捉虫、收获等种植劳动	优秀（　）良好（　） 一般（　）
	艺术	利用陶泥、橡皮泥、面团等材料，通过粘接、捏塑等方法制作出昆虫动物、各色人物、空间组合等手工作品 理解并欣赏关于劳动的歌曲，自由表演相应的劳动故事，体会劳动者的快乐心情，产生劳动光荣的情感	优秀（　）良好（　） 一般（　）
家园共育	自我服务	自主完成洗漱、及时换掉脏衣服。 洗内裤、袜子等小件衣物并晾晒收纳。 准备书包、用品和衣物等。	优秀（　）良好（　） 一般（　）
	服务家庭	洗菜、择菜。 取拿快递。 垃圾分类、倒垃圾。 制作果盘。 尝试使用简单工具采摘各类植物的果实。	优秀（　）良好（　） 一般（　）
	服务社会	经常与家长一起参加公益性社会劳动，如参加社区扫雪、清理白色垃圾、照顾孤寡老人、帮扶残疾人等。	优秀（　）良好（　） 一般（　）

表4-4-4　学校学生劳动教育学习评价表(1—3年级)

考核类别	具体项目	评价标准	评价等级
校务担当	扫地	认真值日及时清理,并做到干净整洁无死角,物品摆放有序 能够自觉开关门窗、灯	优秀(　) 良好(　) 一般(　)
校务担当	拖地		优秀(　) 良好(　) 一般(　)
校务担当	擦黑板		优秀(　) 良好(　) 一般(　)
校务担当	擦窗台		优秀(　) 良好(　) 一般(　)
校务担当	倒垃圾		优秀(　) 良好(　) 一般(　)
校务担当	学习用品摆放		优秀(　) 良好(　) 一般(　)
校务担当	开关门窗、灯		优秀(　) 良好(　) 一般(　)
家务担当	衣服被子自己叠	自己的事情自己做,并能主动帮助父母去做一些力所能及的家务 掌握基本的劳动技能,有一定的劳动能力,并且完成效果较好	优秀(　) 良好(　) 一般(　)
家务担当	简单家务帮着做		优秀(　) 良好(　) 一般(　)
家务担当	瓜果蔬菜自己洗		优秀(　) 良好(　) 一般(　)
公益劳动	文明乡村我参与	在文明校园、文明城市创建过程中宣讲相关政策	优秀(　) 良好(　) 一般(　)
公益劳动	尊老敬老我行动	能关心爱护家中或村里、社区的老人并帮助老人做些力所能及的事情	优秀(　) 良好(　) 一般(　)

表4-4-5　学校学生劳动教育学习评价表(4—6年级)

考核类别	具体项目	评价标准	评价等级
校务担当	扫地	认真值日及时清理,并做到干净整洁无死角,物品摆放有序。 能够自觉开关门窗、灯	优秀(　) 良好(　) 一般(　)
校务担当	拖地		优秀(　) 良好(　) 一般(　)
校务担当	擦黑板		优秀(　) 良好(　) 一般(　)
校务担当	擦窗台		优秀(　) 良好(　) 一般(　)
校务担当	倒垃圾		优秀(　) 良好(　) 一般(　)
校务担当	学习用品摆放		优秀(　) 良好(　) 一般(　)
校务担当	开关门窗、灯		优秀(　) 良好(　) 一般(　)

续表

考核类别	具体项目	评价标准	评价等级
家务担当	小件衣服自己洗	自己的事情自己做 能主动帮助父母去做一些力所能及的家务 掌握基本的劳动技能 有一定的劳动能力,并且完成效果较好	优秀( ) 良好( ) 一般( )
	衣服被子自己叠		优秀( ) 良好( ) 一般( )
	简单家务帮着做		优秀( ) 良好( ) 一般( )
	瓜果蔬菜自己清洁、切分装盘		优秀( ) 良好( ) 一般( )
公益劳动	文明乡村我参与	在文明校园、文明城市创建过程中宣讲相关政策并做到身体力行	优秀( ) 良好( ) 一般( )
	尊老敬老我行动	能关心爱护家中或村里、社区的老人并帮助老人做些力所能及的事情,如指路、带路、找路等	优秀( ) 良好( ) 一般( )

表4－4－6 学校学生劳动教育学习评价表(7—9年级)

考核类别	具体项目	评价标准	评价等级
校务担当	值日生常规工作,扫地、拖地、倒垃圾、擦黑板、公共物品保护等	认真及时清理,并做到干净整洁无死角,物品摆放有序 能够自觉开关门窗、灯 掌握正确的劳动方法并形成技能	优秀( ) 良好( ) 一般( )
家务担当	会做基本家务,如洗衣、做饭、讲究卫生,有劳动习惯	自己的事情自己做 能主动帮助父母去做一些力所能及的家务,并且完成效果较好	优秀( ) 良好( ) 一般( )
公益劳动	文明乡村我参与	在文明城市、文明校园创建过程中宣讲相关政策并做到身体力行 清除垃圾分类并能够正确投放,有带头作用	优秀( ) 良好( ) 一般( )
	尊老爱幼我行动	能关心爱护家中或村里、社区的老人并帮助老人做些力所能及的事情,尊老爱幼、尊敬师长,有礼貌,讲文明	优秀( ) 良好( ) 一般( )

续表

考核类别	具体项目	评价标准	评价等级
劳模学习	劳模学习我认真	利用网络或其他相关平台进行劳模事迹学习,记学习笔记并有具体行动,在班级中起带头作用	优秀( ) 良好( ) 一般( )
校田管理	基地建设我参与	积极参与劳动课程和劳动社会实践活动(基地建设),并在参与活动中表现较好	优秀( ) 良好( ) 一般( )
	劳动成果我收获	期末能够通过基地劳动实践展示成果收获	优秀( ) 良好( ) 一般( )

表4-4-7 学校学生劳动教育学习评价表(职高段)

考核类别	具体项目	评价标准	评价等级
校务担当	值日生常规工作,学校公共区域扫地、拖地、倒垃圾、公共物品保护、饭堂卫生整理等	认真及时清理,并做到干净整洁无死角,物品摆放有序 能够自觉整理饭堂卫生 掌握正确的劳动方法并形成技能	优秀( ) 良好( ) 一般( )
家务担当	会做基本家务,如洗衣、做饭、讲究卫生,有劳动习惯,照顾老幼等	自己的事情自己做。 主动帮助父母去做一些力所能及的家务,并且完成效果较好 能独立居家生活	优秀( ) 良好( ) 一般( )
公益劳动	文明乡村我参与	在文明城市、文明校园创建过程中宣讲相关政策并做到身体力行 清除垃圾分类并能够正确投放,有带头作用,做文明学生	优秀( ) 良好( ) 一般( )
	尊老爱幼我行动	能关心爱护家中或村里、社区的老人并帮助老人做些力所能及的事情,尊老爱幼、尊敬师长,有礼貌,讲文明,文明生活	优秀( ) 良好( ) 一般( )

续表

考核类别	具体项目	评价标准	评价等级
劳模学习	劳模学习我认真	利用网络或其他相关平台进行劳模事迹学习,记学习笔记并有具体行动,在班级中起带头作用并能宣讲给他人	优秀( ) 良好( ) 一般( )
校田管理	基地建设我参与	积极参与劳动课程和劳动社会实践活动(基地建设),并在参与活动中表现较好能主动维护校园田地	优秀( ) 良好( ) 一般( )
	劳动成果我收获	期末能够通过基地劳动实践展示成果收获 能分享或计算产品价值	优秀( ) 良好( ) 一般( )

2. 学校教师劳动教育教学评价表探索示例

学校劳动教育课教师教学等级评价表探索,依据《培智学校义务教育课程标准(2016年版)》自行设计,评价量表仅供使用者参考。

表4-4-8 学校教师劳动教育教学评价表

项目与权重	主要内容	等级分数			得分
		优秀	良好	及格	
教学目标（15分）	注重操作性并对技术原理和方法有体悟	5	4	3	
	培养学生正确的劳动观念、坚强的劳动精神、良好的劳动习惯、娴熟的劳动程序与灵活的劳动技能	5	4	3	
	注重技能训练中学生创新精神的培养和实践能力的提高	5	4	3	
教学思想与观念（20分）	教学目标面向全体学生,发展技术学习兴趣,兼顾学生差异	5	4	3	
	注重各学科知识的联系和综合运用,进一步拓展劳动教育学习的视野,兼顾思想育人和安全教育	5	4	3	
	主动进行技术实践,掌握一些现代生产必备的基础知识和基本技能	5	4	3	
	通过体验和探究,掌握基本的技能学习方法,有技能创新意识	5	4	3	
教学设计（45分）	注重学生基础能力和基本态度的培养	5	4	3	
	正确处理教师指导和学生学习之间的关系	5	4	3	
	正确处理学生基础知识学习与实际操作的关系	5	4	3	

续表

项目与权重	主要内容	等级分数			得分
		优秀	良好	及格	
教学设计（45分）	正确处理操作过程中的规范意识和创新意识的关系	5	4	3	
	面向全体学生，尊重学生差异、自主性、创造性	5	4	3	
	鼓励学生自主学习的同时，突出技能学习中的重点和难点指导	5	4	3	
	引导学生学会分工与合作，互相交流、学习	5	4	3	
	注意个别指导与集中指导相结合，并有科学性和创造性	5	4	3	
	注意学生的劳动规程纪律和安全教育	5	4	3	
教学评价（20分）	教学效果好，达到预期的教学目标	5	4	3	
	具有较强的动手、示范、实验、操作能力	5	4	3	
	正确处理好教师示范、讲述和学生自主活动之间的关系	5	4	3	
	发挥多种教育技术和手段的作用	5	4	3	
合计					

3.学校劳动教育课程实施评价表

学校劳动教育课程实施等级评价表探索，依据《培智学校义务教育课程标准（2016年版）》和《义务教育劳动课程标准（2022年版）》，从学校的上级教育行政主管部门角度出发，自行设计，评价量表仅供使用者参考。

表4-4-9 学校劳动教育课程实施等级评价表

项目与权重	一级指标与分值	二级指标与分值	评价内容	检查办法	得分
课程开设管理	组织机构	管理机构（3分）	学校主要领导重视劳动教育工作，确定一名校领导分管劳动教育教学工作，学校劳动教育教学工作管理职能和规章制度健全。（2分）	听汇报、查资料、实地考察等	
			学校成立劳动教育工作领导小组，设有负责劳动教育教学管理工作的职能部门。（1分）		
		教研机构（4分）	学校有独立劳动教育教研组、备课组等教学教研机构（任课教师6人以上，其中3人为双师型教师）。（4分）		

续表

项目与权重	一级指标与分值	二级指标与分值	评价内容	检查办法	得分
课程开设管理	课程开发	劳动教育课（8分）	落实国家关于劳动教育课时开设的规定：学前段每周开设1课时；1—2年级每周开设2课时，3—5年级每周开设3课时，6—9年级每周开设4课时，并进行每周1课时的校外基地教学，不挤占、挪用劳动教育课，遇雨雪天开展劳动教育育人和基本知识课堂教学，课程安排上课表；职高段每周开设5课时，并进行每周2课时的校外基地教学，不挤占、挪用劳动教育课，遇雨雪天开展劳动教育育人和基本知识课堂教学，课程安排上课表。(6分)	看课表、看活动、查活动方案、查活动记录，与师生座谈等	
		第二课堂（5分）	落实国家、省市关于中小学生每天一小时校园劳动教育活动的规定，每天开展25至30分钟的第二课堂劳动教育活动，并有方案、课表、记录。(5分)		
		校外劳动教育活动（5分）	落实国家和省市关于中小学生每周一小时校外劳动教育活动的规定，每周周三下午组织没有劳动教育课的班级，集体开展1课时的校外劳动教育活动，并有方案、课表、记录。(5分)		
	条件保障	教师配备与培训（4分）	按照《课程标准》的规定配齐劳动教育教师（学前段1名，义务段低、中、高段各1名；职高段2名；其中3人为双师型教师）(1分)；劳动教育教师学历、专业知识与教学技能符合劳动教育教学要求(1分)；学校每年有计划地安排劳动教育教师接受一定时间的业务培训或参加市级以上（含市级）的劳动教育教学观摩、研讨等教学教研活动(2分)	与教师座谈，实地考察，查继续教育证，查参加上级教研部门组织的会议记录、报销凭	
		教师待遇（3分）	劳动教育教师在职称评聘、福利待遇、评优表彰、工作量计算等方面与其他学科教师同等待遇，落实劳动教育教师服装费等待遇(2分)；将劳动教育教师组织第二课堂、校外劳动教育活动、与普校劳动教育融合活动、学生劳动教育能力测试等纳入教学工作量(1分)		
		场地设施（5分）	按照劳动教育课程要求，必须配齐常规劳动工具（精细动作训练类、清洁类、维修加工类、运输类等）(2分)；有专门的劳动工具室(1分)；有专（兼）职劳动教育工具保管员，对劳动教育工具的数量、品种、添置、损耗有记录(1分)；有条件的学校开辟校田基地不小于20平方米(1分)		

续表

项目与权重	一级指标与分值	二级指标与分值	评价内容	检查办法	得分
课程开设管理	条件保障	经费保障（3分）	学校每年度安排有劳动教育工作的专项经费用于劳动教育教学教研工作，劳动教育经费每年在公用经费中有体现，并逐年增加（2分）；定期对损耗的工具设施进行添置和维修，确保教学需要（1分）	证，查工具设施添置记录等资料	
课程实施管理	教学管理	教学管理制度（10分）	学校劳动教育课程教学管理规章制度健全。制度包括：劳动教育教研组长或备课组长、劳动教育教师、劳动工具管理员岗位职责，劳动教育教学常规，校田基地和工具设施的管理与维修制度，劳动教育课学生管理与安全防范制度，劳动教育教研教学档案资料管理制度等。（10分）	查看各种规章制度、查劳动能力	
		劳动能力测试（30分）	建立劳动能力测试制度，每年按期进行学生劳动能力测试，向社区、上级教育行政主管部门、残联等与学生发展紧密相关部门规范报送测试数据（10分），能对数据进行统计与分析，有记录和统计分析报告（20分）		
		劳动习惯达成度（20）	通过劳动教育课、第二课堂、校外劳动教育活动等，观测学生的劳动参与、劳动技能运用、劳动观念、劳动精神、劳动程序等劳动习惯行为，学生劳动习惯行为良好率达到85%以上，有记录和统计分析报告。（20分）	查资料、问卷调查、座谈	

课后练习

1. 智力与发展性障碍学生劳动教育课程实施的原则有哪些？

2. 使用智力与发展性障碍学生劳动教育课程评价量表的注意事项有哪些？

3. 结合身边课程资源，设计一份智力与发展性障碍学生劳动教育的校本课程资源清单。

4. 走访周围的特殊教育学校，对该校劳动教育校本课程展开调查，了解该校开发校本课程的过程及其特色。

第五章

智力与发展性障碍学生劳动教育模式的构建

学习目标

1. 了解智力与发展性障碍学生劳动教育模式的构建类型。
2. 熟悉并掌握智力与发展性障碍学生职业转衔模式的构建。

知识导图

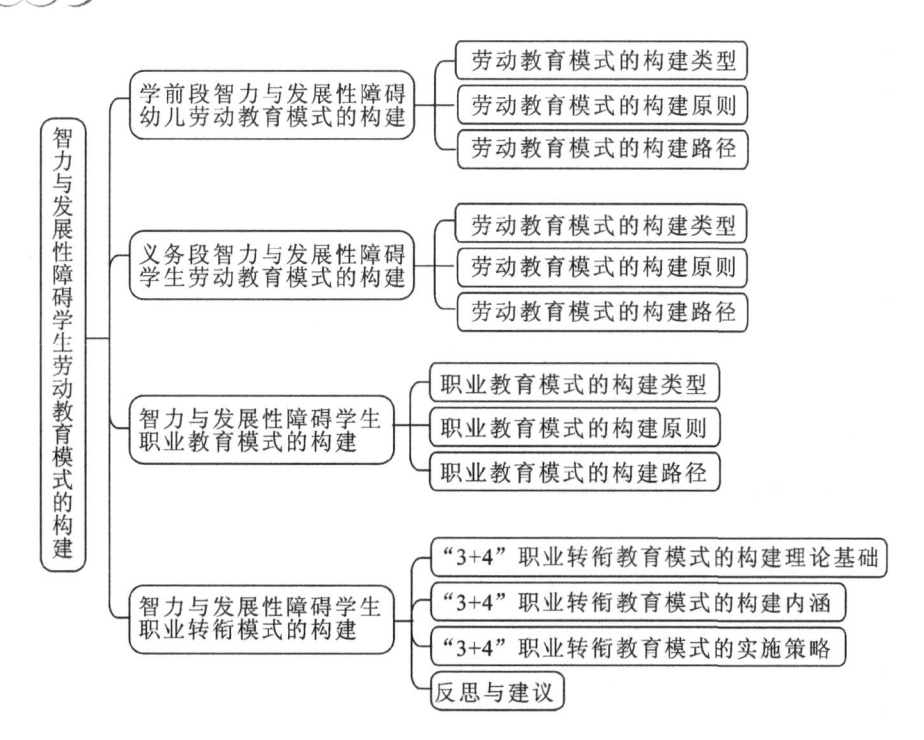

智力与发展性障碍学生劳动教育模式的构建
- 学前段智力与发展性障碍幼儿劳动教育模式的构建
  - 劳动教育模式的构建类型
  - 劳动教育模式的构建原则
  - 劳动教育模式的构建路径
- 义务段智力与发展性障碍学生劳动教育模式的构建
  - 劳动教育模式的构建类型
  - 劳动教育模式的构建原则
  - 劳动教育模式的构建路径
- 智力与发展性障碍学生职业教育模式的构建
  - 职业教育模式的构建类型
  - 职业教育模式的构建原则
  - 职业教育模式的构建路径
- 智力与发展性障碍学生职业转衔模式的构建
  - "3+4"职业转衔教育模式的构建理论基础
  - "3+4"职业转衔教育模式的构建内涵
  - "3+4"职业转衔教育模式的实施策略
  - 反思与建议

导读

劳动教育能发挥劳动的育人功能,通过引导学生动手实践、出力流汗、动手动脑等方式,学会认识世界、欣赏世界,实现树德、增智、强体、育美的目的。针对智力与发展性障碍学生劳动教育存在的现实问题,在中国特色社会主义劳动观的指引下,基于发展核心素养,积极推动智力与发展性障碍学生劳动教育的模式构建,助力智力与发展性障碍学生实现个性化全面和谐发展,大大提升智力与发展性障碍学生的幸福感。

思考

1. 智力与发展性障碍学生劳动教育模式构建类型有哪些?
2. 不同学段的智力与发展性障碍学生的劳动教育模式构建之间具有哪些关系?

第一节 学前段智力与发展性障碍幼儿劳动教育模式的构建

面向3—6岁智力与发展性障碍幼儿劳动教育模式的构建主要从劳动教育模式的构建类型、原则以及路径三个方面进行论述。

一、学前段智力与发展性障碍幼儿劳动教育模式的构建类型

学前段智力与发展性障碍学生劳动教育模式的构建目的旨在促进幼儿劳动知识、劳动技能、劳动态度、劳动情感、劳动精神等方面的发展。① 其模式的构建类型主要可以分为综合主题劳动活动、区域游戏劳动活动和一日生活劳动活动。

(一)综合主题劳动活动

1. 综合主题劳动活动概述

综合主题劳动活动是从智力与发展性障碍幼儿的真实劳动生活和劳动发展需要出发,从生活情境中发现问题转化为劳动活动主题,通过探究、服务、制作、体验等方式,培养学生综合素质的跨学科劳动实践性课程。②

2. 综合主题劳动活动的主要内容

开展综合主题劳动活动能够直接且有针对性地促进学前段智力与发展性障碍幼儿劳动知识、技能和情感等方面的发展。教师应根据学前段智力与发展性障碍幼儿的

---

① 霍力岩. 幼儿劳动教育:内涵、原则与路径[J]. 福建教育,2018(47):16-19.
② 教育部. 中小学综合实践活动课程指导纲要[EB/OL]. (2017-09-27)[2023-08-03] http://wmoegov.cn/srcste/A26/s8001/201710/t20171017316616.html.

年龄特征设计综合主题劳动活动,如小班幼儿的综合主题劳动活动以"为己"为主,着重解决自身基本生活需要的各种劳动能力,如开展"妈妈你别说我小"主题活动,通过朗朗上口的童谣、生动有趣的表演,让幼儿体会自己的事情自己做的自豪。中班幼儿综合主题劳动活动以"为他"为主,引导幼儿参与家务劳动、园所劳动,培养服务他人的合作意识,如开展"为爸爸妈妈做蛋糕"主题活动,通过亲自动手制作蛋糕的方式让幼儿体会劳动的过程并享受到服务他人的喜悦。大班幼儿的综合主题劳动活动以"为社会"为主,引导幼儿参与公益劳动类的劳动实践,如利用"劳动节""植树节"等节日开展劳动教育,通过相互合作完成社会劳动任务的形式培养幼儿的社会公德和公民意识。

(二)区域游戏劳动活动

1. 区域游戏劳动活动的概述

《幼儿园教育指导纲要(试行)》中指出,幼儿园教育以游戏为基本活动。区域游戏活动是幼儿园的特色教育形式之一,以促进幼儿身心发展、满足幼儿情绪需要为首要目的,以幼儿自主操作、摆弄等形式开展活动,自主性、开放性、丰富性是区域游戏活动的显著特征。区域游戏劳动活动主要指教育者以幼儿感兴趣的劳动活动材料和活动类型为依据,将劳动活动室的空间相对划分为不同区域,让他们自主选择活动区域,在其中通过与材料、环境、同伴的充分互动而获得学习与发展。

2. 区域游戏劳动活动的主要内容

区域游戏劳动活动是实施学前段智力与发展性障碍幼儿劳动教育的重要途径。开展区域游戏劳动活动能有效满足幼儿在健康、社会、艺术、科学、语言能力方面的需要,为幼儿全面发展提供积极动力。[1] 如,在实施区域游戏劳动活动的过程中,教师应创设不同的区角供幼儿进行劳动,并适时给予劳动知识和技能方面的指导。[2] 如在"小作坊"区域,引导幼儿玩泥巴、剪纸、制作玩具、装饰器材等,不仅使幼儿认识了各种材料的性能,学习加工和制作的技能,还可以使幼儿体验到创作的乐趣;在"自然角"区域,引导幼儿在浇水、松土、喂食、换水等劳动的过程中懂得劳动与动植物生长之间的关系,培养幼儿认真负责、持久细心的劳动态度;在"娃娃家"区域,引导幼儿通过扮演医生、厨师等职业角色体会不同劳动者的工作内容。另外,在实施区域游戏劳动活动后,教师应引导幼儿收拾游戏材料、分类整理物品,并对幼儿的劳动行为进行及时且适度的激励,从而激发幼儿更大的劳动热情。

---

[1] 顾丽梅.幼儿园区域活动:问题及发展趋势[J].教育探索,2016(5):54-57.
[2] 黄爱珍.生活:幼儿劳动的"沃土":幼儿园生活活动中的劳动教育[J].基础教育论坛,2022(25):87-88.

(三)一日生活劳动活动

1. 一日生活劳动活动的概述

幼儿园一日生活劳动活动是满足幼儿基本生活需要的活动,主要包括"生活自理、交往礼仪、自我保护、环境卫生、生活规则等方面的活动",具体分为入园(晨检和晨间接待)、盥洗、如厕、喝水、户外活动和体育锻炼、餐点、午睡、离园、转换九大活动①。

2. 一日生活劳动活动的主要内容

生活即教育,教育即生活,学前段智力与发展性障碍幼儿的劳动教育应与其一日生活关联,主要包括自我服务劳动和为集体服务劳动两种类型。自我服务劳动可以帮助幼儿培养生活的自理能力和劳动习惯。如在餐点活动中指导幼儿自洗碗勺、擦拭饭桌;在午睡活动中指导幼儿收拾被子、穿脱衣服、叠放衣物等;在盥洗活动中指导幼儿自取毛巾、使用牙刷、洗刷杯子等;在如厕活动中指导幼儿自脱裤子、使用厕纸、会用厕具等。集体服务劳动是在教师的组织下,指导幼儿为班级、幼儿园或家庭做力所能及的事,培养幼儿对他人的关心和为集体服务的义务感和责任感。如指导幼儿在班级中清扫活动室、修补图书、清洗玩具,在幼儿园中捡拾垃圾、修剪树木,在家庭中帮助父母做饭、刷碗,等等。

二、学前段智力与发展性障碍幼儿劳动教育模式的构建原则

做任何工作都要遵循一定的原则。教育原则是我们在实施教育过程中必须遵循的基本要求。陈鹤琴先生认为,在幼儿劳动教育中,我们必须遵循量力适度原则、安全第一原则以及系统一致原则。②

(一)量力适度原则

量力适度原则要求教育的内容、方法和组织形式等都要符合幼儿一定年龄阶段的身心发展水平,使幼儿经过一定努力可以接受并能不断提高知识能力。这一原则对智力与发展性障碍幼儿的成长与发展来说尤为重要。劳动教育应充分考虑幼儿的年龄特点及知识水平,幼儿年纪小的时候,教师可以用个人感情去刺激他做事的动机;年纪稍大之后,教师须教他明了做事时要考虑到公共祸福。这样幼儿长大后才有服务的旨趣、自我牺牲的精神和救世济民的志愿。劳动教育要难易适度,要注意到每个幼儿身心发展状况的差异性。教幼儿做事,不宜太易,也不宜太难,须在他的能力以内且需要努力。所谓"跳一跳,摘桃子",正是量力适度原则的形象诠释。

(二)安全第一原则

安全第一原则就是要求在进行劳动教育时,要排除危(伤)害幼儿身心的隐患,加强

---

① 蔡迎旗.学前教育原理[M].武汉:华中师范大学出版社,2017:118-126.
② 吴玲.陈鹤琴幼儿劳动教育思想探要[J].安徽师大学报(哲学社会科学版),1998(1):130-134.

保护措施,保证安全。幼儿身体弱小,智力初开,尚不能全面深刻地认识事物的本质。凡是儿童自己能做的,应当让他自己做。但教师不能对幼儿"放任不管"。在"放手让幼儿活动"的同时,应强调和注意幼儿活动的安全性。安全性是幼儿活动的前提保证。剪纸、穿珠、灌花、拔草、种植、饲养等具体活动,均存在着一定的危险性,需要成人加以注意,尽可能做到防患于未然,以保证幼儿的安全。

(三)系统一致原则

系统一致原则是指家庭内部以及家庭与幼儿园均应对幼儿劳动教育的态度保持一致,主要体现在两个方面:一是指在家庭中,家庭各成员尤其是父母对幼儿劳动教育的要求应一致。教育幼儿,做父母的应当在孩子面前持同一态度。如果做父母的意见不合,不但使孩子无所适从,而且也会引起他们产生轻视父母之心,所以教育幼儿时,父母不应当在其面前取不统一的态度。二是指幼儿园与家庭双方对幼儿的劳动教育应保持一致。一曝十寒是教育上的戒律。幼儿在园的时间少,在家的时间多,教师虽然用了最好的方法去教,回到家里,教师所采用的方法被父母搁弃,或者父母的有些要求和做法与幼儿教师相反,那就糟了。因为幼儿教育是幼儿园与家庭共同的责任,必定要两方面共同合作方能达到教育效果。因此,幼儿教师应当知道幼儿在家里一切的情形,做父母的也应当知道孩子在幼儿园里做些什么,学些什么,如此这两方面所施的教育,就不致发生冲突,其效果也必定很大。只有以上两个方面形成一个有机的"教育系统",保持一贯性、一致性,幼儿劳动教育才会富有成效。

三、学前段智力与发展性障碍幼儿劳动教育模式的构建路径

学前段智力与发展性障碍幼儿劳动教育模式的构建通过教师家长转变劳动教育观念、丰富劳动教育活动、重视劳动教育实践以及拓宽劳动教育渠道来实现。

(一)转变劳动教育观念

许多家长仅仅负责接送孩子,或者只是照顾孩子的生活起居,没有在孩子的教育过程发挥更多正面作用。幼儿园和家庭都应该是教育幼儿的场所,无论是进行文化知识教育、品德培养还是劳动教育,教师应与幼儿家长一起形成合力才能取得最佳效果。教师及家长是幼儿成长中最重要的引领者,因此教师和家长要转变对劳动教育狭隘的理解和片面的认识。要意识到劳动能够成为幼儿成长中积极的教育手段,要让幼儿感受到劳动的重要性。针对劳动教育,要突破幼儿教育的功利性,要强化劳动教育在幼儿全面发展中的重要性,将劳动教育深入到教育观念、办学方向中,注重幼儿心理健康发展,使幼儿树立良好的劳动观念,养成劳动习惯。

(二)丰富劳动教育活动

提升学前段智力与发展性障碍幼儿的劳动素养、养成其劳动意识,很重要的教育措施,就是要丰富劳动教育的内容。幼儿对于理论内容的接受能力较差,学前段智力与发

展性障碍幼儿理论接受能力又普遍差于其他健全的同龄人,因此更需要通过多样化的实践活动,促使其在实践中掌握劳动技能、养成劳动习惯。幼儿劳动教育既包含基础知识传授、技能传授,同时也包含劳动意识培养和劳动习惯培养,涉及多角度、多方位的内容。此外要考虑劳动教育的时效性及前沿性,幼儿园在完善劳动教育过程中,要根据幼儿成长特性、学习习惯、行为意识及习惯等多方面加以引导教育,帮助幼儿树立正确的劳动观念。要以社会发展为目标[①],丰富劳动教育活动,全面提升幼儿劳动素养。

(三)重视劳动教育实践

劳动教育实践是强化学前段智力与发展性障碍幼儿劳动实践学习,促使他们掌握劳动技能、培养良好劳动行为的有效方式。劳动实践能够避免教师硬性的说教对幼儿劳动兴趣的遏制。劳动实践要发挥幼儿园的实际与特色,利用园区内的各类资源,有计划、有步骤地开展。教师应当引导幼儿从事劳动,帮助幼儿掌握基础劳动技能、方法,同时结合综合实践内容,让幼儿获得劳动实践体验,并彼此分享劳动成果。在幼儿园完成的劳动成品,可让幼儿带回家中与家长分享。通过分享,让幼儿获得劳动体验的乐趣,提升劳动意识。

(四)拓宽劳动教育渠道

劳动教育不能够忽视家庭教育。幼儿园在开展劳动教育时,要关注家庭的影响,形成家园合力,避免单兵作战,同时提升劳动教育的有效衔接。一方面,要密切加强家园联系,通过举办家长会、家长沟通等形式,引导家长认识到劳动教育对于学前段智力与发展性障碍幼儿良好发展的作用,帮助家长转变劳动教育观念,同时正确处理家庭与幼儿园劳动教育的关系,协助幼儿园开展劳动教育。另一方面,要完成家庭劳动作业的布置,适时适量地安排幼儿力所能及的劳动,促使幼儿对劳动产生积极的认识。通过家庭教育与幼儿园教育的合力,保持劳动教育在思想上的一致性,能够始终推动幼儿在成长关键时期正确认识劳动,为后续顺利开展劳动教育提供保障。

第二节 义务段智力与发展性障碍学生劳动教育模式的构建

一、义务段智力与发展性障碍学生劳动教育模式的类型

义务段智力与发展性障碍学生劳动教育模式的构建类型主要包括劳动实践教学模式、社会劳动实践模式、劳动竞赛模式以及融合劳动教育课程四种。

---

① 班婧,朱涵,邓猛.劳动素养视角下《培智学校义务教育劳动技能课程标准(2016年版)》的特征与反思[J].现代特殊教育,2022(16):40-46.

(一)劳动实践教学模式

1. 劳动实践教学模式概述

劳动实践教学模式是指通过劳动实践活动,让智力与发展性障碍学生亲身参与到劳动中,学习到实用的技能和知识。在劳动实践教学中,学生能够深入了解劳动的本质和意义,增强劳动意识和劳动精神。同时,劳动实践教学还能够培养学生的动手能力和创新能力,提高学生的综合素质。

2. 劳动实践教学模式的主要内容

《培智学校义务教育劳动技能课程标准(2016年版)》明确了"3+4+17"的教育设置,即将所有劳动类学习项目划分为3个学段(低、中、高),着力培养学生的4类技能——自我服务劳动、家务劳动、公益劳动及简易生产劳动技能,具体列出了打扫、浇花、养殖等17个项目。

第一,劳动实践教育的开展,可以让学生通过操作与具体劳动内容相关的器具、物品,建立起与自然、社会沟通互动的渠道,这个过程进一步激活了学生缺陷感官的潜在能力或替代感官的最大潜能。第二,通过参与具体的劳动实践,智力与发展性障碍学生能够从中获得直接经验,掌握劳动技能。第三,在具体的劳动实践中,智力与发展性障碍学生能够通过直接的劳动对劳动的艰辛形成直观认知,也能够体验到收获的成就感和愉悦感,进一步感知劳动的价值,形成正确的劳动观念。第四,劳动是强身健体的过程,在劳动中智力与发展性障碍学生的身体素质能得到一定的增强。第五,更重要的是能让智力与发展性障碍学生通过劳动的方式建立起同社会、他人平等对话、沟通的渠道,使学生在获得必备的劳动技能的基础上,学会自我照顾、独立生活,逐步形成自尊、自信、自立、自强的品格,这样智力与发展性障碍学生才能更好地抵御未来可能遭遇的生活困境和人生挫折。

(二)社会劳动实践模式

1. 社会劳动实践模式概述

社会劳动实践模式是指通过社会劳动实践活动,让学生了解社会劳动的现状和发展趋势,增强社会劳动责任感和社会劳动意识。在社会劳动实践中,学生能够深入了解社会劳动的各个方面,了解社会劳动的发展和变化,同时也能够在社会劳动实践中锻炼团队合作能力和创新能力,提高自身的综合素质。

2. 社会劳动实践模式的主要内容

义务段智力与发展性障碍学生的社会劳动实践教育中,教师应坚持"以生活劳动为导向",开发丰富多样的社会劳动实践课程,形成具有综合性、实践性、针对性的社会劳动实践课程体系。比如,生活体验式课程,主要包括银行、车站、超市、医院等体验课程,通过体验式学习提高智力与发展性障碍学生的劳动能力。例如,在引导学生了解购买蔬菜的过程中,教师先教学生分清蔬菜种类,掌握读电子秤和买菜付钱的技能,然后带领学生到菜市场挑选食材,让学生根据学习的购买食材的基本步骤,尝试自己挑选购买。眉县特殊教育学校,校内专门为9个班级设立了属于自己的种植箱,围绕种植箱的作物种植开展了一系列特色劳动活动,如"我是种植小能手""我是美食品尝家""我是小厨师"等主题活动。学生在社会实践劳动中学习劳动技能、行为规范,体会收获的快乐。在"我是美食品尝家"活动中,学生对收获的蔬菜进行加工,开展包饺子、炒青菜等体验活动。学生在摘菜、清洗、切菜、烹饪的过程中,提高了生活自理能力和团队合作能力,领悟了社会劳动可以让生活更加美好的真谛。另外,智力与发展性障碍学生还可以通过社会劳动实践服务帮助他人,认识到自己并不只是接受他人帮助的被帮扶者,自己还可以通过自身的努力回馈社会,从而提升自我价值感。智力与发展性障碍学生的社会实践服务可采取的具体形式有参观儿童福利院、养老院等机构,街头捡拾垃圾等。

(三)劳动竞赛模式

1. 劳动竞赛模式概述

劳动竞赛模式是指通过竞赛活动,激发学生的劳动兴趣和劳动热情,提高学生的劳动积极性和主动性。对智力与发展性障碍学生而言,开展劳动竞赛活动,不仅能激发学生的劳动兴趣和劳动热情,还能锻炼学生的竞争意识和团队合作能力,也能够提高学生的综合素质。

2. 劳动竞赛模式的主要内容

根据低段智力与发展性障碍学生的身心发展特点,紧紧围绕发展学生以"关注学生个人"为中心的整理书包、叠袜子、穿衣服的日常自我服务劳动列为竞赛项目。根据中、高段立足家庭、学校、社区,侧重于培养学生从事简单家务劳动的能力为出发点,将整理房间、叠被子等家庭中简单家务劳动技能列为竞赛项目。将"教育""康复"与"劳动"三者紧密结合,充分培养学生的生活自理能力,发展学生的手部精细动作能力。劳动竞赛活动模式培养了智力与发展性障碍学生的动手、动脑和生活实践能力,树立了学生"自己的事情自己做"的自主意识,这种劳动竞赛模式有趣又有意义,以赛促学,让学生在"劳中玩、玩中劳"。

(四)融合劳动教育课程

1. 融合劳动教育课程概述

融合劳动教育课程是指将劳动教育与其他学科课程相结合,形成一种新的教学模式。[①] 在课程融合中,学生能够将所学的知识和技能应用到实践中,提高学习效果和学习质量。[②] 同时,课程融合还能够培养学生的创新能力和综合素质,提高学生的综合竞争力。

---

① 林克松,熊晴.走向跨界融合:新时代劳动教育课程建设的价值、认识与实践[J].湖南师范大学教育科学学报,2020,19(2):57-63.

② 王雄飞,庄重.融合劳动教育的学校综合实践活动课程开发案例[J].基础教育课程,2020(13):17-21.

2. 融合劳动教育课程的主要内容

2020年教育部印发《大中小学劳动教育指导纲要（试行）》，要求在学科专业中有机渗透劳动教育。学校将劳动教育渗透进生活语文、生活数学、生活适应、运动与保健、绘画与手工、唱游与律动等学科的教学中，充分挖掘各学科所蕴含的劳动教育元素。例如，生活适应课程旨在培养学生的生活自理能力、简单家务劳动能力、自我保护能力和社会适应能力。一年级"生活适应"教材中涉及的劳动要素包括学洗手、学洗脸、帮妈妈摘菜、给爸爸送水、包书皮、整理玩具等20项内容，涵盖了个人生活、家庭生活、学校生活等领域。在教学过程中，教师遵循智力与发展性障碍学生身心发展规律，从学生的日常生活入手，根据教材安排合适的劳动内容，并结合学生的能力水平予以调整，采取灵活且具有针对性的教学策略让学生在操作和体验中习得劳动技能。

劳动教育是特殊学校教育的重要组成部分，也是培养智力与发展性障碍学生综合素质的重要途径之一。在劳动教育中，学生不仅能够学习到实用的技能和知识，提高自身的综合素质，还能够为未来更好地融入社会奠定坚实的基础。

二、义务段智力与发展性障碍学生劳动教育模式的构建原则

（一）遵循学生成长规律

智力与发展性障碍学生的身心发展和劳动素养的培养具有一定规律性，劳动教育的开展及劳动教育模式的构建应以这些规律为前提。新时代劳动教育的总目标落实到学生身上就是强调劳动观念、劳动知识与技能、劳动习惯、劳动精神的素养发展。[①]特殊教育学校可构建层层递进、内在统一的劳动教育模式体系（如图5-2-1）。低年级智力与发展性障碍学生以自我服务劳动为载体，学生通过动手操作获得直接劳动经验，养成良好的劳动习惯，即侧重学生劳动意识的引导；中年级智力与发展性障碍学生以家务劳动为载体，发展家务劳动知识与技能，即侧重学生劳动知识与技能的培养；高年级智力与发展性障碍学生通过综合运用劳动技能参与社会劳动，进行职业体验，即侧重劳动品质和劳动精神的培养。从自我服务劳动、家务劳动，再到职业体验，遵循了学生能力从简单到复杂、从具体到抽象的发展规律。此外，劳动意识、劳动知识与技能、劳动品质和劳动精神三种素养密切联系，共同构成劳动核心素养，不可人为分割、孤立发展。

[①] 朱雪林.加强学校劳动教育课程建设推动劳动教育落地[J].教育科学论坛,2020(20):32-34.

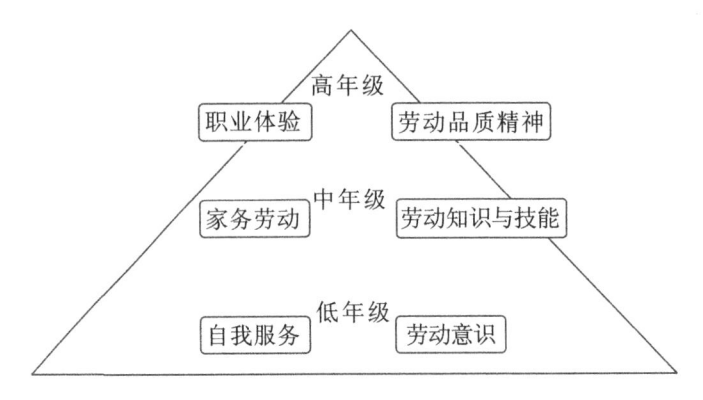

图 5-2-1　智力与发展性障碍学生劳动教育模式的构建规划图

(二)关注学生发展需求

智力与发展性障碍学生的发展具有多样性,关注学生的发展需求即多维度、多方面、多层次全面综合地分析学生的发展需要。首先,从发展智力与发展性障碍学生核心素养的劳动教育目标来看,特殊教育学校劳动教育模式要满足学生三个方面的发展需求,即劳动文化需求、自主劳动需求及社会参与劳动需求。特殊教育学校劳动教育模式要依据智力与发展性障碍学生的身心特征,一要教给学生必备的劳动基本知识;二要传授学生学习劳动技能的方法,让智力与发展性障碍学生学会学习,拥有自主发展的能力;三要满足智力与发展性障碍学生参与社会,实现个人社会价值的需求。其次,从智力与发展性障碍学生发展空间角度分析,特殊教育学校劳动教育模式要满足学生在家庭、学校、社会三个不同空间的劳动能力发展需求。家庭劳动教育要关注智力与发展性障碍学生真实的家庭环境,帮助智力与发展性障碍学生解决生活中的实际问题,提高学生的生活质量;学校劳动教育要帮助学生理解和树立马克思主义劳动观,教给学生系统的劳动知识与必备的劳动技能,培养劳动习惯、劳动精神与劳动品质等劳动素养;社会劳动教育则要让智力与发展性障碍学生走出家庭、走出校园,参与社会服务劳动,进行职业体验,在社会实践中发展综合劳动能力。[①] 最后,特殊教育学校劳动教育模式要立足于学生当前能力发展需求,一方面要补足之前发展不充分的弱势能力;另一方面要兼顾学生未来发展能力需求,即关注学生的终身发展需求。

(三)突出智力与发展性障碍学生实践体验

陶行知先生"教学做合一"的教育思想认为教师拿做来教,是真教;学生拿做来学,是实学。[②] "做"即实践体验,是劳动课程最明显的特征。实践体验是要让学生感知、操作、参与劳动,通过亲身实践获得劳动的直接体验和经验,是智力与发展性障碍学生最有效

[①] 张婷,申仁洪.特殊教育学校劳动教育课程的价值意义与构建实施[J].现代特殊教育,2021(13):34-39.

[②] 张立正.陶行知生活教育思想的教学实践与反思[J].现代教育科学,2019(5):66-69,80.

的学习方式之一。劳动教育课程的实践体验具有多重含义,它既是教师开展劳动教育的一种教学法,也是教师评价劳动教育成效的指标之一。此外,学生劳动实践能力的发展更是劳动教育的目标追求。教室里教师用讲解的方法传授劳动知识,让智力与发展性障碍学生初步了解劳动;教室以外的场所让智力与发展性障碍学生进行实践,用感官知觉、动作输入、操作劳动用具的方式直接获得劳动体验,提高劳动教育的成效。智力与发展性障碍学生参加劳动实践,一方面能体会劳动的艰辛,锻炼他们的劳动意志;另一方面也能让智力与发展性障碍学生感受收获劳动成果的欣喜,增强他们的劳动自信。需要强调的是,智力与发展性障碍学生的劳动教育实践体验,不等同于简单的体力劳动、单纯的体验活动,而是要在实践体验中解决生活中的劳动问题。

三、义务段智力与发展性障碍学生劳动教育模式的构建路径

目前,义务段智力与发展性障碍学生劳动教育模式的构建应注重三个方面:首先,开设劳动教育必修课,发挥课程的主阵地作用;其次,结合地方实际情况,充分挖掘劳动教育资源;最后,发挥劳动教育的多维价值,注重劳动教育和职业教育的衔接。

(一)开设劳动教育必修课,发挥课程的主阵地作用

地方教育行政部门应当在义务教育阶段系统性地统筹规划与组织劳动教育,制定并完善相关制度,加强经费管理与投入,建立完善的评价与督导机制,强化学校的主体责任,保证劳动教育的具体落实。特殊教育学校要做好劳动教育的组织工作,健全与完善劳动教育的相关规章制度,制订各学期、各学段的教学计划,做到彼此互为支撑、系统连贯,重视劳动安全教育,守好安全底线。同时,组织并开展劳动教育教研活动,通过研究与反思不断提升劳动教育的质量,为劳动教育的持续发展提供动力。特殊教育学校开设劳动教育必修课才能保证劳动教育的基本实施,系统、全面地发挥劳动教育的作用。培智学校应当在现有课程的基础之上,更加重视学生思想与价值观念的培养。盲校、聋校也应当根据盲、聋学生的特点,以《培智学校义务教育劳动技能课程标准(2016年版)》为参照开设相应的劳动教育必修课程。劳动教育的重要准则就是要结合生活实际,生活化是特殊教育学校教学的重要原则。对智力与发展性障碍学生而言,劳动教育的直接价值就是帮助他们实现生活自理,减轻家庭与社会的负担。智力与发展性障碍学生的劳动教育课程应当以实际生活为出发点,逐步拓展劳动的形式,帮助其实现生活适应。因此,劳动教育课程的开设不能仅仅局限于学校场域的教学,还应当注重劳动的综合性、实践性和开放性,积极拓展教学环境,注重家校协作与社会实践,联合各方力量共同参与。

(二)结合地方实际情况,充分挖掘劳动教育资源

国家相关政策文件在做出劳动教育课程设置规定的同时,也给予了各地各校更多的自主权,强调因地制宜,结合实际情况开展劳动教育。各校可以根据现有的资源,结合学校实际情况,开发具有地方特色的校本课程,注重学科渗透与文化熏陶,发挥地方教育资

源的独特优势。

比如,由于智力与发展性障碍学生之间异质性较为明显,各校不同类型的学生所占比例也有所不同,教育部门与特殊教育学校应当充分考虑地方实际情况,将地方教育资源与学生的需要结合起来,既要充分发挥地方特色,也要满足学生求学所需。眉县特殊教育学校根据当地特色,把农业科普知识制作成彩色宣传展板,放在教学区及农业体验区周围。教师结合中国传统二十四节气,在不同的节气带领学生种下相应的农作物。例如,清明前后,和学生一起种下黄瓜、茄子;立夏时节,一起栽种番茄、毛豆;立秋时节,一起栽种萝卜、白菜……学生在社会实践劳动中学习劳动技能、行为规范,体会收获的快乐,提高了生活自理能力和团队合作能力,领悟了劳动可以让生活更加美好的真谛。

(三)发挥劳动教育的多维价值,注重劳动教育和职业教育的衔接

劳动教育作为五育的重要组成部分,与德育、智育、体育、美育相互依存、相互促进,可以实现树德、增智、强体和育美的目的,具有多方面的价值。对于智力与发展性障碍学生来说,劳动教育不仅可以使其习得必备的生活技能,同时还可以促使其受损机能的康复,促进其整体性发展。所以,要充分认识劳动教育的综合性,加强劳动教育与其他教育教学活动之间的联系,发挥学科渗透的作用,综合开展劳动教育,促进学生的全面发展。[①]另外,由于相关概念认识的误差,导致部分特殊教育学校混淆了劳动教育与职业教育,这不利于劳动教育的实施。有研究表明,过早进行专门化的职业教育,不利于儿童的全面发展。[②] 所以,特殊教育学校必须遵循"先实施劳动教育,再实施职业教育"的顺序,重视劳动教育的基础性作用,通过塑造劳动精神和培养劳动习惯,为后续的职业教育提供支撑。同时,劳动教育可以涵盖各个学段,职业教育应与劳动教育紧密结合,重视劳动观念的培养,将职业劳动精神寓于其中,增添职业教育的精神内涵与价值意义。眉县特殊教育学校在一般的生活自理、生活体验等劳动实践活动开展的基础上,学校在高年级相继开展了烘焙、家政、陶艺、洗车、种植等与职业相关的劳动技能实践课程,创设了相应的劳动室,供学生使用,这对学生以后相关职业教育课程的开展无疑是大有裨益的。

第三节 智力与发展性障碍学生职业教育模式的构建

眉县特殊教育学校智力与发展性障碍学生职业教育模式的构建(见图 5-3-1),以

---

① 黄献林.浅谈特殊教育学校实施劳动教育的路径:以安徽省马鞍山市特殊教育学校为例[J].现代特殊教育,2022(11):60-61.

② 孙长远,庞学光.惟"何以为生":职业教育面临的问题及其消解[J].中国职业技术教育,2016(12):12-17.

庇护性就业、支持性就业、援助性创业三种主要就业模式为主,开展三种的相应职业教育课程协助。

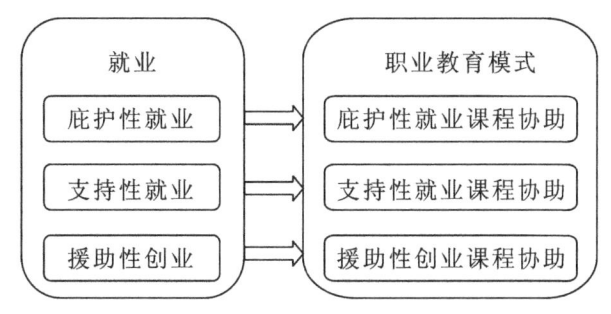

图 5-3-1 智力与发展性障碍学生职业教育模式的构建图

一、智力与发展性障碍学生职业教育模式的构建类型

(一)庇护性就业课程协助

1. 庇护性就业课程协助的概述

庇护性就业课程协助指对难以进行一般就业的智力与发展性障碍学生安排简单的劳动并提供康复治疗、生活能力训练、就业技能训练等服务,帮助其获得一定的职业技能并逐步实现回归社会就业。在庇护性就业课程协助中提供保护性、临时性、过渡性的就业安置,其最终目的是促进心智障碍者融入社会的就业竞争。[①] 在现阶段,庇护性就业(亦称辅助性就业)课程协助依然是眉县特殊教育学校智力与发展性障碍学生集中就业的主流模式。

2. 庇护性就业课程协助的主要内容

庇护性就业课程协助采取的是"学校—工作单位"模式,这种模式的基本含义是智力与发展性障碍学生在学校接受相应职业教育课程学习毕业后,直接参加工作。中轻度的智力与发展性障碍学生因为在认知和沟通方面存在障碍,在真实的工作环境中很难完成上级交给他们的工作任务,而他们的承压能力又较弱,容易受到伤害。因此为了既能保护他们又能满足他们自我价值实现的需求,一些非营利机构自己建立了庇护工场,也可以称之为小型的专业作坊,智力与发展性障碍学生能够在庇护工场里做一些简单的工作。同时,庇护工场也是智力与发展性障碍学生被评估和接受职业训练的场所,通过观察他们在庇护工场内工作的表现来评估其具备的职业潜能并给予他们适当的职业训练与课程协助,帮助他们更好地适应庇护工场的工作。这种帮助智力与发展性障碍学生就业的方式虽然与真实的工作场景有很大差别,所给予的职业种类也很难与所有的智力与

---

① 辛庆旭.残疾人庇护性就业服务形式探索:以江门蓬江伍威权庇护工场为例[J].现代商贸工业,2016,37(34):156-157.

发展性障碍学生相匹配,但比单纯的托养方式要更有意义。

(二)支持性就业课程协助

1. 支持性就业课程协助概述

支持性就业课程协助指结合智力与发展性障碍学生的自身特点、资源、兴趣以及能力,让其参与到竞争性的劳动中,并在一段时间内为智力与发展性障碍学生提供专业就业指导与课程协助,进而帮助学生提升个人的就业能力,从而实现学生的就业。

2. 支持性就业课程协助的主要内容

支持性就业课程协助不同于庇护性就业所推行的"训练—安置"模式,具有"先安置后训练"的特征,是一种更接近市场环境的开放式就业课程协助模式,一般可以从职业描述、工作寻找、工作分析和安置、工作训练和跟踪服务等五个方面加以概括。就业辅导员在竞争性工作场所为智力与发展性障碍学生持续提供训练与课程协助,以增进他们的工作能力、与同事的互动能力。当智力与发展性障碍学生的表现符合工作场所的要求后,就业辅导员逐渐退出工作现场,改为以追踪的方式提供服务。这里的"竞争性工作场所"一般是智力与发展性障碍学生和健全人共同工作,其生产的产品或提供的服务需要参与市场竞争来实现经济效益,这既包括传统的企事业单位,也包括新兴的创新型就业场所。支持性就业课程协助是以实际的工作场所为基础,对于能力极其缺乏的智力与发展性障碍学生来说,这是一种十分有效的就业服务方法,对帮助他们就业具有积极的作用。比如,眉县特殊教育学校把猕猴桃种植与销售的具体流程逐步分解为猕猴桃栽种、栽杆、架铁丝、嫁接、浇灌、绑枝、打水溶肥、施肥、打药、扳耳朵、打尖、套袋子、取袋子、采摘售卖、发快寄、修剪等环节进行逐一教授,以便于学生更好掌握相关职业技能,便于学生在真实岗位中更快适应。

(三)援助性创业课程协助

1. 援助性创业课程协助概述

援助性创业是指政府为促进环保、农村发展、高新技术、生产服务等领域的发展,出台的帮扶政策。智力与发展性障碍学生援助性创业课程协助是指在残联、民政、教育等政府部门牵头下,因地制宜、因人而异、机动灵活地将学生组织起来,为学生从事雾霾治理、污水处理、农村服务项目、互联网、人工智能、商贸流通和电子商务等工作,所进行的就业课程协助,包括个体就业及社区就业等[①]。

2. 援助性创业课程协助的主要内容

援助性创业课程通常通过理论教学和实践经验的结合,帮助学生掌握创业所需的核心知识技能,激发他们的创业意识和创新能力,为将来的创业之路打下坚实的基础。这

---

① 朱健刚,严国威. 从庇护性就业到支持性就业:对广东省残疾人工作整合型社会企业的多个案研究[J]. 残疾人研究,2019(1):48-57.

些课程包括以下内容。

（1）创新创业的基本概念。课程首先会介绍创新和创业的基本概念，如创新是指通过引入新的思想、方法或产品来创造价值，而创业则是将创新转化为商业机会，并通过创业活动实现商业成功。学生将学习不同类型的创新和创业模式，掌握创新创业的基本原则和方法。

（2）市场分析与商业计划。这部分内容包括教授学生如何进行市场调研，了解目标市场的需求和竞争状况，识别商业机会，并制订相应的商业计划。商业计划是创业过程中的路线图，涵盖了项目的目标、市场策略、运营计划、财务预测以及风险评估等内容。

（3）团队建设与领导力培养。这部分重点在于教授学生如何构建有效的团队，并培养领导力。团队建设将涉及招募、激励和管理团队成员，而领导力培养则重点关注领导者的沟通能力、决策能力和目标实现能力。

（4）融资与投资。课程会教授学生不同的融资方式，如自筹资金、天使投资和风险投资等，以及如何准备投资方案并吸引投资者的关注。同时，也会教授学生如何进行投资决策和风险管理。

（5）创业实践与案例分析。这部分强调实践和案例分析。学生将有机会参观创业企业、与成功创业者交流，并了解他们的创业经验和教训。通过对真实案例的分析，学生可以从中吸取经验，为自己的创业之路提供借鉴。

二、智力与发展性障碍学生职业教育模式的构建原则

（一）基础性原则

对理论性课程的选择要与学生实际基础相衔接，根据专业需要进行适当增补：一方面顺应知识基础学习，避免智力与发展性障碍学生进入职业教育段后的知识学习断层；另一方面为智力与发展性障碍学生学习专业技能而掌握"必需、够用"的知识提供保障。眉县特殊教育学校的智力与发展性障碍学生虽然都是高中毕业或初中毕业后在中等或高等职业教育学校进行相关学习，但对他们的实际文化水平测试发现：大多数智力与发展性障碍学生"高中毕业"时的知识水平实际只相当于健全学生初中高年级水平；"初中毕业"时知识水平也只相当于健全学生小学高年级水平。

（二）灵活性原则

针对智力与发展性障碍学生的残疾状况、兴趣爱好和志向不同，其职业教育模式开发要具有灵活性：一是灵活吸收"以学科为中心"课程设置思想、梳理规划知识的系统性。二是要注意智力与发展性障碍学生与主流社会存在的"隔阂"。考虑他们毕业后的就业、生活和发展问题，树立"以社会需要为中心""以学习者为中心"的课程设置理论思想。三是根据智力与发展性障碍学生学习可接受性和市场的急剧变化，灵活调整课程，保持课程的可行性与先进性，注重职业教育对市场的适应能力。四是按照智力与发展性障碍

学生的年龄和残疾类别开设适应不同程度残疾学生发展需求的个别化课程，弥补缺陷，促进共同发展。眉县特殊教育学校坚持"专业的事专人做"，和眉县职业技术学校合作办学，邀请专任教师担任职业课程老师，教授学生家政服务、洗车服务等技能，还专门聘请烘焙师傅教授学生制作口味多样、营养丰富的食品，既保证了课程内容的系统专业性又确保了课程灵活性。与此同时，眉县特殊教育学校还派遣青年教师外出学习猕猴桃种植等农艺相关课程。学校将"请进来"和"走出去"相结合落到实处，为学校学生打下了坚实的就业基础。

（三）整合性原则

眉县特殊教育学校智力与发展性障碍学生和同阶段健全学生相较而言，教学活动开展与达标的难度大、困难多。由于他们身体某个部分受损，在三年或五年时间内要把他们培养成符合社会要求的中等或高等职业技术应用型人才，课程设置必须根据"社会需要—学科体系—学习者特点"三要素确立，优化观念、合理整合。既要注意三要素各自的需求，又不过分执着于某个侧面，将其绝对化。对课程设置的体系"文化课程—专业基础课程—专业课程"进行科学的构建，对各课程之间的分工与内在联系统筹安排，确定要求和比例关系。比如，眉县特殊教育学校会综合各门课程进度，创设超市的生活场景，由学生扮演超市的不同角色，如售货员、理货员、收银员、客人等，来进行生活化场景的再现。这种综合的生活化场景不仅可以让智力与发展性障碍学生能熟练掌握和应用相关文字、简单的加减算法，丰富对日常生活物品的认知，还可以掌握基本的待人接物的礼仪，逐渐掌握基本的职业技能与要求。

（四）协同性原则

职业教育必须注意多种协同：一是针对智力与发展性障碍学生的特点、社会需求、知识体系等因素同步思考，增强整个课程的系统效能。二是从整体出发，注意学科课程之间的协同互补，以使智力与发展性障碍学生获得的知识持续增长。三是必修课程和选修课程之间、理论课程和应用课程之间、自然科学课程与人文学科课程之间都要协调一致，遵照课程本身特点，合理安排课时和课程内容。四是课程模式要注意协同学校与社会之间合作，使课程设置更科学，针对性更强。只有在课程模式上协调好课程系统内部各个要素之间的关系，建立有序的整体结构，才能发挥课程最佳的整体功能。

三、智力与发展性障碍学生职业教育模式的构建路径

智力与发展性障碍学生职业教育模式的构建须以政府的积极引导和投资为有力导向，不断夯实基础，在改善学校办学条件的同时提升学校内涵建设，着力打通中高职教育的联系，加强国际、校际间的合作交流，积极拓宽职业教育的办学模式，具体内容见图5-3-2。

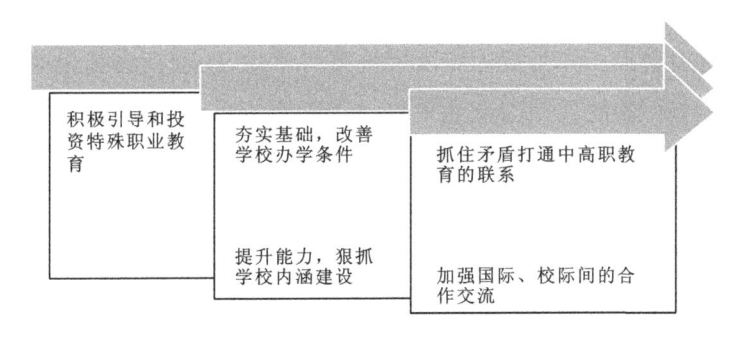

图 5-3-2　智力与发展性障碍学生职业教育模式的构建路径

(一)政府要积极引导和投资特殊职业教育

政府部门要制定具体的法律法规,确保相应的法律能够切实地规范智力与发展性障碍学生的职业教育,这是保障他们能够接受职业教育的基础。[1] 政府部门除了法律法规的强制执行外,还应该采取其他的措施积极引导和鼓励智力与发展性障碍学生的教育事业,国家可以通过建设一些标杆学校,倡导其他学校向这些标杆学校学习,进而提升智力与发展性障碍学生职业教育的整体质量。另外,政府部门还要学会利用各种方式,建立多种筹资渠道,增强智力与发展性障碍学生职业教育投入力度,增加经费的支持力度,鼓励职业学校扩大规模和质量升级。对于智力与发展性障碍者的实训基地和实习场所,国家要充分挖掘社会资源的优势,通过税费的减免、优惠或补贴,来鼓励企业为智力与发展性障碍学生的职业教育提供后援,进而建立培训、实习、就业全方位的跟踪服务体系,这样能够保证智力与发展性障碍学生的职业教育理论联系实际、能够学以致用。[2] 2023年眉县特殊教育学校争取到当地残联"残疾人就业辅助项目",15名职高段学生在校一边学习烘焙、陶艺、洗车、猕猴桃种植等职业技能,一边可以在学校领到每月500多元的工资报酬,实现学习就业两不误,让智力与发展性障碍学生的劳动教育得以延续。

(二)夯实基础,改善学校办学条件

在落实现有投入和政策的基础上,各级政府和残联应继续加大财政投入和政策扶持力度,进一步提高智力与发展性障碍学生人均经费补助标准,保障特殊教育职业学校有充沛的资源。残疾人职业学校应按照《残疾人中等职业学校设置标准》中的要求,改善学校硬件建设,引进一批符合要求的优秀教师,扎实搞好自身基础建设。为提高智力与发展性障碍学生职业训练的质量,学校应加大职业教育实训基地建设。职业学校实训基地包括校内外两块内容,校内实训以满足实践教学任务、加深学生对理论知识的理解为目

---

[1] 方仪,许巧仙.发达国家残疾人职业教育的发展经验及对我国的启示[J].中国职业技术教育,2018(24):69-73.

[2] 甘昭良,方向阳.残疾人职业教育的问题与对策[J].职业教育研究,2009,11(7):16-17.

的;校外实训则是在真实工作环境中,以培养学生职业素质为目的,促使其提前实现由学生向职业人的身份转换。作为智力与发展性障碍学生,接触社会和企业的机会相对较少,要做到顺利就业,并能长期与就业单位保持雇佣关系,毕业前在实训基地锻炼好动手、交际与团队协作等能力尤为重要。在此方面,眉县特殊教育学校开设烘焙专业,采购发酵箱、食品烤箱、冷藏柜、消毒柜、搅拌机、烤盘、电子秤、操作台、展示柜等设备建立烘焙坊,随之提高教师相关专业技能,如能熟练掌握和面、成型、焙烤等工序,从而指导学生学习制作面包、蛋糕、曲奇等糕点。残疾人职业学校要加大经费投入,建设校内实训基地;同时,应加强与企业的沟通联系,建立稳定的校外实训基地,并根据校外实训基地的反馈情况,及时调整校内实训项目及课程内容,以社会实际需求为导向,做好校内外实训项目的衔接。①

(三)提升能力,狠抓学校内涵建设

1. 提高专业设置的科学性和合理性

应根据市场需求、区域经济热点和发展趋势、智力与发展性障碍学生的特点,以工学结合为切入点,科学合理设置专业课程,并尽可能邀请企业参与专业课程的开发与编写,融生产于教学,争取形成具有竞争力的核心或特色品牌专业,实现自身的差异化竞争力。② 智力与发展性障碍学生因为生理上有障碍,从事的职业有一定的局限性,建筑、化工、交通等专业虽然社会需求量大、就业面宽,但由于存在着一定的职业危险性,因而不适合他们。而营销、商业、服务等行业因流动性大、工作中需要大量的语言沟通和交流技能,也不适宜智力与发展性障碍学生。因此,为了确保智力与发展性障碍职业教育学校所设专业有较强生命力和发展空间,专业设置上应充分发挥智力与发展性障碍学生的特长、避开他们的生理缺陷,同时,专业设置要紧扣地方传统产业优势。比如眉县特殊教育学校与当地的劳动力市场需求和地方经济区域特色紧密结合,重点设置了现代农业、猕猴桃种植、洗车等职业教育模式,其专业紧扣当地的经济特色和优势产业,确保学生能够在当地顺利就业。

2. 加强师资队伍建设

提升学校内涵,师资队伍是关键。对智力与发展性障碍学生职业教育而言,要提高教学质量、实现学校可持续发展,一方面,要建设一支既拥有丰富的文化知识又拥有实践

---

① 许保生.论残疾人职业教育的现状及发展对策[J].浙江师范大学学报(社会科学版),2012,37(6):95-99.
② 沈冬梅.聋中职班数学校本课程开发的行动研究:以上海市聋哑青年技术学校中餐烹饪专业为例[J].生活教育,2017(1):95-96.

技能的"双师型"教师队伍。① 学校可以聘请相关专家或生产第一线的技术人员对教师进行短期培训,或是组织专业教师到企业挂职锻炼,也可选派教师到国内外职业技能培训机构进行培训。同时,积极引进已具有"双师型"条件的优秀教师。学校还要以产学研结合为依托,建立健全"双师型"教师队伍的评价体系和激励机制,引导教师向"双师型"方向发展。另一方面,要加大培训投入,提升特殊教育师资的学历。② 由于教育对象的特殊性,从事智力与发展性障碍学生职业教育的教师比普通教师有着更强的专业性,他们不仅要具备普通教师的基本素养,还需具备特殊教育相关的专业知识、教育教学能力。因此,应该通过调整培训内容结构,增加特定专业技能在培训中的比重,强调实践性。目前,智力与发展性障碍学生职业学校教师所学专业大多为非特殊教育,学校要鼓励、督促教师在提升学历层次的过程中,尽量与特殊教育专业相结合,以实现智力与发展性障碍学生职业教育专业化水平的提升。

(四)抓住矛盾,打通中高职教育的联系

《关于推进中等和高等职业教育协调发展的指导意见》指出,要"探索中等和高等职业教育贯通的人才培养模式""规范初中后五年制高等职业教育""研究制定在实践岗位有突出贡献的技能型人才直接进入高等职业学校学习的办法"。③ 中高职教育实行五年一贯制将是我国职业教育未来发展的总体趋势。应切实加强中高职联系,以构建统一的职业资格体系为起点,在课程开发、教学管理等方面进行整合与衔接,改进高职教学组织和教学方法,推行中高职教育五年一贯制。对一些有能力、有条件的智力与发展性障碍学生,中等职业学校可以通过升格实现中高职教育的无缝对接。未来社会就业竞争必将更加激烈,智力与发展性障碍学生要立足社会,不仅需要一技之长,还需要提升学历,提高自身的就业竞争力。做好智力与发展性障碍学生中高职教育的衔接,为其搭建终身学习的"立交桥",让更多智力与发展性障碍学生得到继续深造的机会,让有条件的学生可以向本科层次延伸,使他们从单纯的中级技术人才,向既有职业技能又有理论知识的复合型高级技能人才发展,从而能更好地融入社会,实现自强自立。做好智力与发展性障碍学生中高职教育的顺利衔接,不仅可以满足其实际需要,更是其公平享有教育权利的重要体现。

(五)加强国际、校际间的合作交流

我国智力与发展性障碍学生职业教育起步较晚,学科理论和教育经验都有待积累,

---

① 沈立,陈莲俊,赵静红.职业教育在办好特殊教育上的功能与作用[J].中国职业技术教育,2017(34):132-139.
② 达芳.特殊教育学校职业教育体系的创新构建[J].现代职业教育,2021(46):154-155.
③ 教育部.关于推进中等和高等职业教育协调发展的指导意见[EB/OL].[2012-06-10].(2023-08-03).http://www.moe.edu.cn/public-files/business/htmlfiles/moe/A07_zcwj/201109/124851.html.

在发展过程中需要向残疾人职业教育发展较成熟的国家、学校学习,主要学习他们的特殊教育体制、政策、专业课程设置、不同的特教理念等。同时应加强与国内特殊教育院校之间的学习交流,国内特殊教育院校也有许多优秀理念和成功经验,值得学习借鉴。比如长春大学特殊教育学院、北京联合大学特殊教育学院等,师资力量雄厚,专业设置全面。[①] 又如中职学校中的上海市聋哑青年技术学校,在教育科研、校企合作方面都颇有建树。[②] 加强特殊教育学校与院校之间的学习交流,有利于取长补短,互利共进。眉县特殊教育学校已与陕西师范大学特殊教育系专家取得了长期合作,并在猕猴桃种植等职业教育课程方面获得了较大进展。另外应加强特殊教育学校与普通学校之间的学习交流。虽然残疾人职业教育有其特殊性,但在学校管理、师资引进、文化建设等多个方面,很多成功的经验都可以与普通学校互通借鉴。眉县特殊教育学校与眉县职业技术学校合作办学,邀请专任教师担任职业课程教师,同时,派遣学校青年教师外出学习陶艺制作课程。

第四节 智力与发展性障碍学生职业转衔模式的构建

转衔是指从一个阶段到另一个阶段的过渡,面临着角色、任务和生活形态的转变,发生在人生的各个阶段。[③]《"十四五"特殊教育发展提升行动计划》提出:"积极开展残疾学生生涯规划和就业指导,切实做好残疾学生教育与就业衔接工作。"此外,我国目前关于九年义务教育结束后智力与发展性障碍学生的转衔研究多以就业和职业教育为主,而关于社会适应、成人生活和生活品质方面的研究则较少。[④] 究其原因,一方面是我国陆续出台的一些政策提出要支持残疾人职业教育,另一方面是残疾人就业的现实状况并不乐观。这就导致在培养目标上多侧重就业和职业教育,然而对于要从学校生活步入社会生活的智力与发展性障碍学生来说,就业并不是其转衔的全部,智力与发展性障碍学生离校后还将面对居家生活和社区生活,因而培养目标应建立在全人发展、生涯发展和终身教育的角度上。为此,眉县特殊教育学校开展"3+4"智力与发展性障碍学生职业转衔教育模式的探索和实践,探寻帮助智力与发展性障碍学生从"学校人"到"社会人"顺利转变的路径。

---

① 艾民,史勇.高等特殊教育针灸推拿专业理论课堂教学模式探究[J].长春大学学报,2017,27(11):116-119.

② 沈冬梅.聋中职班数学校本课程开发的行动研究:以上海市聋哑青年技术学校中餐烹饪专业为例[J].生活教育,2017(1):95-96.

③ 冯帮,陈影.美国特殊教育就业转衔服务解读及启示[J].中国特殊教育,2015(8):9-16.

④ 陈影,雷江华.我国特殊需要学生转衔研究综述[J].现代特殊教育,2017(3):31-37.

一、"3+4"智力与发展性障碍学生职业转衔教育模式的构建理论基础

(一)基本理念:以社会适应能力培养为目标

长期以来,社会适应能力与智力与发展性障碍学生教育之间有着密切的联系。首先,适应性行为是诊断智力与发展性障碍者的重要标准之一,这意味着在教育过程中要重点关注智力与发展性障碍学生适应能力的发展。其次,从智力与发展性障碍学生教育目标来看,教育部在2007年颁布《培智学校义务教育课程设置实验方案》中提出,智力与发展性障碍学生的培养目标是使其具有基本的文化科学知识和适应生活、社会以及自我服务的技能;养成健康的行为习惯和生活方式,成为适应社会发展的公民。由此可见,我国培智学校的教育目标是把智力与发展性障碍学生培养成为一个社会人,而非文化人,因而对智力与发展性障碍学生社会适应能力的培养应是教育的重要目标和内容。最后,从生涯发展角度来看,智力与发展性障碍学生拥有广阔的生活空间和生命历程,因此,应具备生涯与经济自足、社区融合参与、个人能力等不同的日常生活技能[①],继而才能更好地适应社会生活。此外,智力与发展性障碍学生在毕业后将要面临居家、社区、职业三个环境中的不同生活,所以引导其掌握在这三个不同生活环境中的适应能力是转衔教育的关键。

(二)价值追求:以提高智力与发展性障碍学生生活质量为导向

人们对智力与发展性障碍者的观念随着社会的发展而逐步发生变化,生活质量作为衡量智力与发展性障碍者生活幸福感和满意度的标准,成为当前社会关注的热点之一。生活质量是关于人生价值的体现,是对一个人成功和幸福的主观评价,其核心指标包括情绪状态、人际关系、物质条件、个人发展、健康状况、自我决定、社会融合和权利八大领域。[②] 而智力与发展性障碍学生因存在智力和适应性行为障碍,通常存在自我期待低、自我效能感不足等问题,这导致其社会参与程度低,继而影响其生活幸福感和价值感。因而在教育中应以学生生活质量为导向,从休闲能力、社交能力、健康安全能力、自我决策能力这四个方面为智力与发展性障碍学生提供支持性服务,从而达到提高其生活质量的目标,实现其对自我价值的肯定。[③]

---

① 余丽,许祖剑,冯帮.特殊儿童生涯转衔教育:台湾地区的实践与启示[J].教育评论,2016(10):44-48.
② 王勉,向友余.关于中国智障者生活质量的分析研究[J].中国特殊教育,2004(8):41-45.
③ 刘旭.培智高年级段"3+4"转衔教育模式初探[J].绥化学院学报,2020,40(4):56-59.

(三)科学评估:为实施智力与发展性障碍学生职业教育提供精准抓手

实施智力与发展性智障学生职业教育并提供精准抓手,科学评估至关重要。眉县特殊教育学校构建了促进学生生涯发展的评价机制,在开展学生职业教育课程的前期、中期和后期均实施个别化评估,依据评估建立支持学生个别化发展的学校职业技能课程体系。根据科学的评估,教师可以发现学生的实际能力和需求,并依据学生的实际能力和需求调整课程内容和教学手段,提高学生的职业适应性。上述调整课程内容主要包括技术业务知识、实际操作应用能力以及相关心理行为方式的教育和训练。眉县特殊教育学校的实践发现,这种方法不仅有助于开发适合智力与发展性智障学生需求的职业教育技能课程,还有助于满足他们的个别化需求,有利于学生的个人发展和社会适应能力提升,从而帮助学生顺利实现就业。

二、"3+4"智力与发展性障碍学生职业转衔教育模式的构建内涵

"3+4"智力与发展性障碍学生职业转衔教育模式是以社会适应能力的培养为目标。最为核心的部分是构建"3+4"课程体系,其是建立在居家生活、社区生活和职业生活这三大生活环境的基础上,以"家庭—社区—职场"三大环境下的认知和技能教育为核心,以"休闲—社交—自我决策—健康安全"四方面能力的提高为支持的转衔教育模式,见图5-4-1。

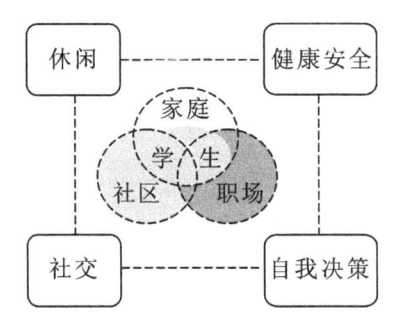

图5-4-1 "3+4"转衔教育模式的构建内涵

(一)"3"的含义

家庭、社区、职场是人们生活中最重要的三个环境,三者表面看似相互独立,实则相互影响和支持。

1.家庭

居家生活贯串智力与发展性障碍者生命的始终,形成正确的居家认知和掌握相应的劳动技能是他们融入社会生活的前提。在认知层面,智力与发展性障碍学生需要正确认识个人及家庭成员信息,并通过声音、图片、文字、数字等内容初步理解事物含义;在劳动技能层面,智力与发展性障碍学生既需要具备一定的生活自理能力,还要学习相应的家

务劳动技能,从而实现独立居家生活的能力。

2. 社区

社区生活将影响个体日常的活动,正确认识和使用社区可以为个体带来更便捷的生活。因而基于社区的转衔教育主要从社会机构的角度为智力与发展性障碍学生教育教学活动提供场所,如超市、商场、医院、餐厅、公交车站、银行、电影院等都是学生们经常会接触到的公共场所,以此为媒介可以培养学生在不同场所下的社区生活能力。

3. 职场

职业生活既能为个体提供经济保障,也能提升个体社会价值感,而学习相应的知识和技能则可以让个体更好地适应职场环境。对于智力与发展性障碍学生来说,职业知识是以通用性知识为主,如识字与写字、数与计算、钱的理解与使用、时间的概念与应用等,职业技能是以动作技能为主,包括精细动作(系、剪、切等)和粗大动作(跑、扫、搬等),而这些知识和技能的掌握则是职业生活的必备要素。

(二)"4"的含义

在社会生活中,个体除了需要掌握基础的认知和技能之外,还需要具备一定的休闲能力、社交能力、自我决策能力和健康安全能力,这些能力的培养融合在居家生活、社区生活和职业生活之中,是转衔教育的支持性内容,旨在提高智力与发展性障碍学生各领域的生活质量。

1. 休闲能力

休闲能力也称为休闲活动的能力,是指个体在闲暇时间进行的一系列有利于身心健康、能提高个体愉悦感的活动能力。教育部在颁布的《培智学校义务教育课程标准(2016年版)》中将艺术休闲课程内容划分为文艺活动、体育活动、旅游活动、游戏活动和其他活动这五类,这些休闲活动不仅可以丰富智力与发展性障碍学生的日常生活,而且有利于智力与发展性障碍学生各方面能力的发展。如根据学生活动场所划分,在室内可进行绘画、下棋、玩电脑、养殖等活动,在室外则可进行跳广场舞、放风筝、看电影、踏青等活动。

2. 社交能力

良好的社交能力既可以促进个体认知能力的发展,还能促进个体社会性的发展,因而要引导学生掌握正确的交往策略、交往技能和建立协调人际关系的能力。如在家庭中要具备基本的礼貌和待客礼仪,在社区中要掌握与人交往的规范,懂得如何与熟悉的人、同龄人、陌生人交往,在职场中要懂得如何与他人合作,懂得在遇到困难时寻求他人的帮助等。

3. 自我决策能力

智力与发展性障碍学生普遍存在主动性差、依赖性强的问题,且在日常生活中总是处于被动的状态,因而教师和家长要培养智力与发展性障碍学生的自我决策能力,帮助其根据自己的想法和兴趣过上更加独立和有尊严的生活,从而拥有较高的生活品质。自我决策能力包括自我认知、自我行动、自我调整、自我信心四部分内容。自我认知是指正确认识自己的喜好并了解自己的能力与不足,自我行动是指有意识地自我规划并在行动中付出努力,自我调整是指自主解决生活中的问题并及时进行调整,自我信心是指相信自己能够完成任务并积极乐观面对生活。

4. 健康安全能力

健康安全知识的掌握是保障个体生活良好、有序发展的关键,因而要引导智力与发展性障碍学生树立健康安全意识、掌握相应的健康安全问题处理能力。如在居家生活中,要掌握用火、用电、用气的安全常识,要懂得青春期卫生健康、伤口处理方式等;在社区生活中,要学习安全出行、安全使用公共设施和正确处理两性关系等;在职业生活中,要学会正确使用交通工具、在安全环境中工作、分辨工作陷阱等。

三、"3+4"智力与发展性障碍学生职业转衔教育模式的实施策略

1. 基于教康结合的智力与发展性障碍学生基本能力评估

以评估为起点,了解学生的个性特征和学习基础,作为实施教育教学的依据。运用功能性评估和学科评估相结合,全面评量学生的缺陷和基础。其中,功能性评估,主要运用《学生粗大运动康复评价表(88项)》《感觉统合评估表》《语言发育迟缓检查表》《构音障碍检查表》等评估工具,对学生运动能力、感官知觉、语言、生活适应等方面进行精准评估;学科评估,主要依据《培智学校义务教育课程标准(2016年版)》,对学生学科学习基础进行评价。评估频次为每学年全面评估一次,每学期阶段性评估一次。依据评估报告,适时调整生活适应、劳动技能和职业技能的教学目标和方法,保证转衔教育的针对性和实效性。

2. 基于多学科整合式教学的课程实施策略

学校坚持实施个别化教育,一般性课程、个别化训练课程和校本课程相结合,在综合主题的框架下,实施多学科整合式教学策略,为学生提供"订制式"教学,彰显全面育人的教育理念。现以教学劳动技能课"组装拖把"(见表5-4-1)为例,介绍多学科融合的课堂教学方法。

表 5-4-1 劳动技能课"组装拖把"教学方法

课题	教学活动	设计意图	学科知识
组装拖把	1. 点名考勤。 2. 强调课堂要求。 3. 课件出示学生修理、拆卸拖把的图片,教师强调这是前面我们已经学习过的修理、拆卸拖把的内容。自然导入新课"组装拖把"。 4. 今天让同学们来组装拖把,大家会吗? 5. 组装拖把比赛:请 A 组同学选人组团比赛,教师摆出工具。 要求: (1)组装拖把期间保证课堂纪律和秩序。 (2)速度快、质量好的一方获胜。 (3)组装拖把期间安全意识要强,不能伤着自己和别人。 (4)获胜方有学习之星、好吃的小零食作为奖励。 教师巡回指导 6. 组装拖把比赛结束后,评选出获胜方,奖励小结。 7. 出示 PPT"拖把歌",师生齐读。利用"拖把歌"相关语句结束课堂	学习螺丝刀和钳子的使用 学习拖把的组装 训练精细动作、手眼协调、手部关节灵敏度 训练思维、记忆和语言能力 总结、整理学习的知识,内化为技能	生活语文 生活适应 动作康复 感觉统合训练 语言康复 生活数学 劳动技能

3. 基于多方资源支持的职业教育实施策略

智力与发展性障碍学生从学校到社会的转衔教育,需要教育、康复、实践和实训等全面结合。坚持以学校教育为主导,搭建多元、立体、合作的转衔教育平台,为学生提供适切的适应能力、劳动技能和职业技能培养机会。首先,实景化社会实践。在酒店、公交公司、餐厅、超市等社区服务行业的支持下,组织学生开展"品尝美食""搭乘公共交通工具""点餐""购物"等实践活动,培养学生沟通与交往、健康与安全、出行与购物等方面的技能。其次,强化文化艺术类课程实践。眉县特殊教育学校与眉县文化馆建立合作关系,共建陶艺等特色专业课程;每年与眉县实验小学、眉县第三小学、眉县筑梦幼儿园等学校合作举办艺术创作和展演活动。学生的作品在县内举办的全国助残日等大型活动中现场展示和售卖。最后,常态化职业培训和实习实践。学校开设家政、烘焙、猕猴桃种植、陶艺等专业课程,并与眉县职业技术学院合作开展职业课程研究;组织家长和学生共同在学校烘焙室进行烘焙糕点、销售蛋糕等培训和实操;与爱心企业及医院合作,组织学生实习、实践活动,增强学生职业技能。

4. 基于智力与发展性障碍学生特点和教育规律的转衔教育分段实施策略

教育是培养人的社会活动,要适应人的发展规律和需求。转衔教育应遵循智力与发展性障碍学生身心发展特点和特殊教育规律,从学生入学开始,按照小学、初中、职业高中等不同阶段,确立实施方向,并依据前文提出的转衔教育目标,明确各学段的转衔教育实施重点(见表5-4-2)。

表5-4-2 分学段确立转衔教育方向与重点

学段	转衔教育方向	实施重点
小学	适应能力	缺陷补偿/服从意识/生活自理/社会交往
初中	适应能力/劳动技能	社会交往/与生活相关的劳动技能/社会实践
高中	劳动技能/职业技能	劳动能力/职前教育/职业技能/实习实训

四、反思与建议

1. 加强宣传引导,营造接纳与支持的氛围

社会舆论和接纳度是影响智力与发展性障碍学生生活和就业的重要因素之一。各级残疾人服务机构、新闻媒体、社区、学校等应加大对智力与发展性障碍人士劳动能力和独立生活能力的宣传引导,一方面号召更多的单位、机构、企业加入转衔教育工作中,另一方面为学生的就业提供更多的支持。

2. 加强学生心理健康教育

学生回归主流社会、自食其力,不但需要必备的技能,更需要有健康的心理。有的智力与发展性障碍学生存在拈轻怕重、遇挫即退、刻板任性等特点,影响其职业的发展和从业的持久性。因此,学校不但要重视劳动技能和职业技能培养,也应注重从康复、心理辅导、性格塑造、习惯养成等方面对学生进行全面教育,增强学生自理、自立、自强等综合素质。

3. 优化学生成长环境,形成环境支持及转衔评价体系

学校优化学生成长环境,具体来说是通过构建无障碍校园物理环境、打造"模拟小城市"空间等建设校园支持体系,通过给予家长情感支持、专业引领、家校共育等建设家庭支持体系,通过开门办学、引进优质教育资质等建设社会支持体系,最终形成家校社三位一体化环境支持体系。同时,优化学生评价,学期初使用量表进行前测,评估出转衔目标、起点和基线,期末进行后测修正完善形成新转衔目标,依次循环往复;安排实习检验周,毕业前学生到预安置岗位进行为期一周的实习,检验转衔教育实施效果。此外,不断改进优化学生转衔评价体系,构建智力与发展性障碍学生职业成长导向的新型教育评价体系。

综上所述,通过有效的转衔教育,培养智力与发展性障碍学生的社会适应能力。在

培养过程中,教师需要循序渐进、持之以恒,根据学生身心发展的特点,制订完整的计划目标,并且不断地总结与调整,贯彻落实培养计划,确保达到真正的效果,使学生掌握基本的生活技能,在衣食住行方面,实现自我管理,提高对生活的信心与希望,改变人生状态,从而为家庭减轻负担与压力。

课后练习

1. 学前段、义务段智力与发展性障碍学生劳动教育模式的构建有哪些异同?
2. 智力与发展性障碍学生职业教育模式的构建有哪些路径?
3. "3+4"智力与发展性障碍学生职业转衔教育模式的构建有哪些内涵?

第六章

智力与发展性障碍学生劳动教育的实践类型

学习目标

1. 了解智力与发展性障碍学生劳动教育的实践类型。
2. 熟悉并掌握智力与发展性障碍学生学校、家庭、社会劳动教育实践的类型和内容。

知识导图

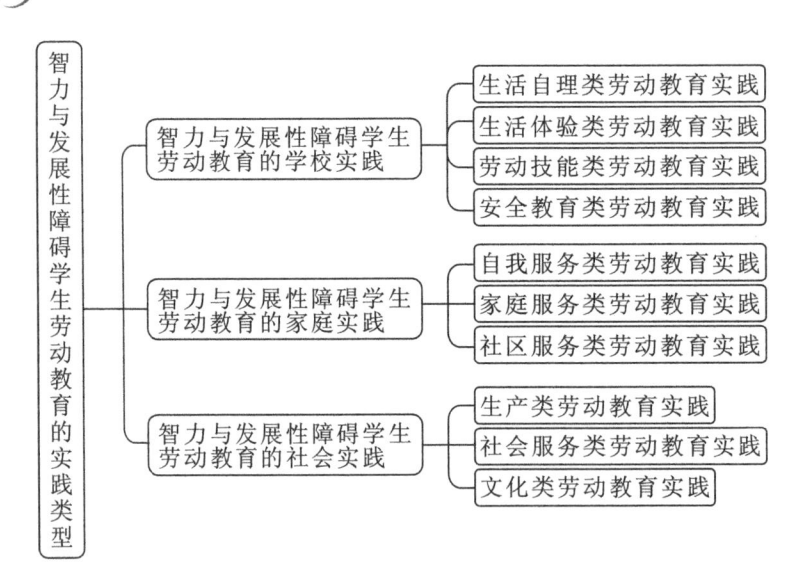

```
                                        ┌─ 生活自理类劳动教育实践
                     ┌─ 智力与发展性障碍学生 ─┤─ 生活体验类劳动教育实践
                     │  劳动教育的学校实践    ├─ 劳动技能类劳动教育实践
                     │                      └─ 安全教育类劳动教育实践
智力与发展性障碍学生    │                        ┌─ 自我服务类劳动教育实践
劳动教育的实践类型  ───┤─ 智力与发展性障碍学生 ─┤─ 家庭服务类劳动教育实践
                     │  劳动教育的家庭实践    └─ 社区服务类劳动教育实践
                     │                        ┌─ 生产类劳动教育实践
                     └─ 智力与发展性障碍学生 ─┤─ 社会服务类劳动教育实践
                        劳动教育的社会实践    └─ 文化类劳动教育实践
```

导读

　　开展劳动教育有助于智力与发展性障碍学生形成基本的生活能力和必要的良好习惯。让智力与发展性障碍学生参加力所能及的劳动,可以使他们在心理上具有吃苦耐劳的精神和认真负责的态度,可以充分地调动他们劳动的主动性和积极性,培养他们自理自立、自信自强的精神,提高社会适应能力,为回归社会做一个有尊严的人打下坚实基础。劳动是财富的源泉,也是幸福的源泉。走进校园农场,种下春天的希望;烹饪一餐美食,与亲友一同分享;参加实习实训,领悟工匠精神……从学校、家庭、社会三方面进行智力与发展性障碍学生的劳动实践活动,对于智力与发展性障碍学生的劳动意识和劳动能力的培养是十分重要的,也是智力与发展性障碍学生生存教育中必需的和重要的组成部分。

思考

1. 智力与发展性障碍学生学校、家庭、社会劳动教育实践有什么差异?
2. 智力与发展性障碍学生在进行劳动教育的学校、家庭、社会实践时有哪些注意事项?
3. 对智力与发展性障碍学生进行的家庭劳动教育实践时,家长可以提供什么样的帮助?

第一节 智力与发展性障碍学生劳动教育的学校实践

学校是智力与发展性障碍学生开展劳动教育实践的主要阵地。以学校为平台的劳动教育实践坚持以生活为导向、以训练为手段、以康复为目标的模式,在对智力与发展性障碍学生进行劳动教育实践训练过程中,渗透生活中必须具备的劳动技能,使其能够通过系统的实践劳动实现学习目标的系统化。学校劳动教育实践活动主要从生活自理类劳动教育实践、生活体验类劳动教育实践、劳动技能类劳动教育实践、安全教育类劳动教育实践四个方面开展(见图6-1-1)。

由图6-1-1可知,智力与发展性障碍学生劳动教育的学校实践分为生活自理类劳动教育实践、生活体验类劳动教育实践、劳动技能类劳动教育实践、安全教育类劳动教育实践四种类型。其中,生活自理类劳动教育实践主要包括饮食自理、着装自理、个人卫生自理和学习生活物品整理四种类型;生活体验类劳动教育实践主要包括创设日常生活情境、创设农业生产生活情景和创设职业体验生活情境三种类型;劳动技能类劳动教育实践主要包括特定职业相关劳动和区域特色相关劳动两种类型;安全教育类劳动教育实践主要包括防磕碰、摔伤,食品安全,交通安全和安全用电、用水、用气四种类型。

从年级角度来看,在生活自理类劳动教育实践中,1—6年级学生可进行饮食自理、着装自理、个人卫生自理和学习生活物品整理等劳动教育实践活动;在生活体验类劳动教育实践中,1—9年级可进行创设日常生活情境和创设农业生产生活情境的劳动教育实践活动,4—9年级可进行创设职业体验生活情境劳动教育实践活动;在劳动技能类劳动教育实践中,4—9年级可进行特定职业相关劳动和区域特色相关劳动的劳动教育实践活动;在安全教育类劳动教育实践中,1—9年级可进行防磕碰、摔伤,食品安全,交通安全和安全用电、用水、用气的劳动教育实践活动。

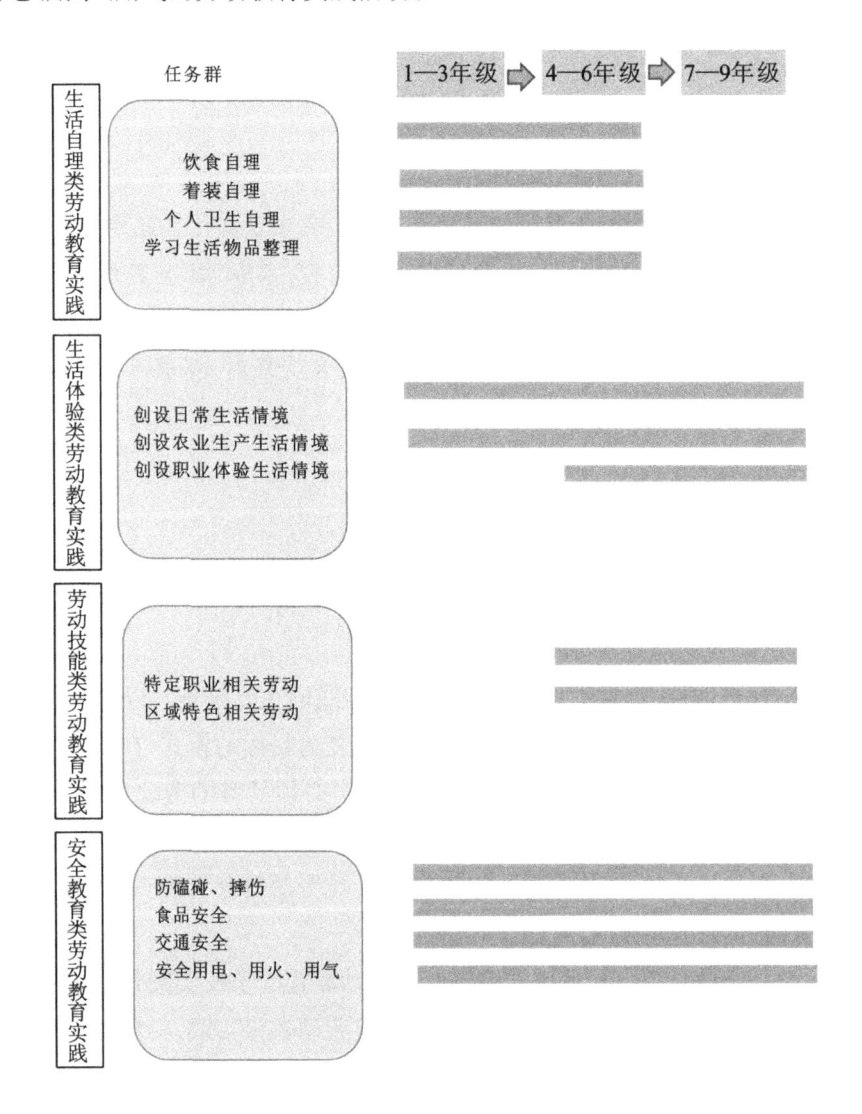

图6-1-1 智力与发展性障碍学生劳动教育的学校实践类型图

一、生活自理类劳动教育实践

(一)生活自理能力概述

生活自理能力是指人们为独立生活而必须反复进行的、最基本的、具有共性的身体劳动群,亦可称为自我照顾或自我服务能力。① 生活自理能力,是个人必须具备的最基本的生活技能。培养智力与发展性障碍学生的生活自理能力,有助于帮助他们建立自尊心和自信心,树立责任感,提升其问题解决的能力,提高自身的生活质量,减轻家庭与社会的负担,为他们将来能够有尊严地生活和融入社会打下坚实的基础。对智力与发展性障碍学生进行生活自理能力的培养不仅是社会的必然要求,同时也是其自身生存和发展的需要。

(二)生活自理类劳动教育实践的内容

以学校为平台开设和进行的专门劳动教育课堂教学是培养智力与发展性障碍学生生活自理能力的主要渠道。对智力与发展性障碍学生生活自理能力的劳动教育实践活动要求从学生生活自理能力的起点出发,制订实践活动计划,使学生能树立自理的生活意识,加强情景化、实用化的练习,以项目式推进的方式提高劳动教育的效果。

不同年龄阶段的学生具备不同的学习和发展特点,学校需要依据学生的障碍类型和特点开展适合的学校劳动教育实践。低年级是智力与发展性障碍学生智力和适应行为发展的关键时期,也是生活自理能力培养的关键时期,对于他们今后的成长具有重大的意义。低年级智力与发展性障碍学生学校劳动教育的目标就在于帮助学生具备个人生活所必需的自理能力,初步形成良好的饮食和卫生习惯。低年级智力与发展性障碍学生的生活自理类劳动教育实践内容主要包括饮食自理、着装自理、个人卫生自理、学习生活物品整理等活动。

1. 饮食自理

在饮食方面,包括引导学生正确地使用餐具,自主独立进餐、喝水等,养成科学健康的饮食习惯和卫生习惯。例如,在餐前教师可以带领学生对食堂或餐厅的食物进行认知学习,鼓励学生饮食多样化,注意荤素搭配,避免挑食;在用餐时,注意用餐礼仪和秩序,合理控制用餐时间;在用餐结束后,注意餐具的清洁和收纳。

2. 着装自理

在着装方面,包括穿脱衣裤、穿脱鞋袜、叠衣,帽子、手套等配饰的使用等。例如,教师可以结合天气和当下学生穿衣的实际情况在学生午睡后或户外活动等时间段,抓住契机,开展着装自理劳动教育活动,让学生在真实的问题情境下学会穿脱衣物的技巧,以及掌握根据不同天气和季节穿搭衣物的技巧,甚至可以在着装自理劳动教育实践中,对学生进行颜色、款式搭配等相关美育的引导,帮助学生提高审美能力。

3. 个人卫生自理

在个人卫生方面,包括如厕、洗手、洗脸、口腔清洁、洗澡等。就当前现实情况来看,智力与发展性障碍学生个人卫生习惯的养成是一项长期且艰苦的工作,而该项工作对智

---

① 张文京.特殊儿童生活教育[M].南京:南京师范大学出版社,2015:19.

力与发展性障碍学生日后的生存和发展有着重要意义。尤其对于农村智力与发展性障碍学生开展个人卫生自理更显迫切,由于这些学生的家长文化程度普遍较低,卫生观念淡薄,对孩子个人卫生习惯方面的指导存在不足与欠缺。因此,特殊教育学校可以在劳动教育中开展个人卫生劳动实践活动。例如,开展如厕训练,教师可以采用分步骤教学指导的方式,教学生怎样脱裤子,如厕之后怎样整理裤子等,通过边教边练的形式,配合语言提示,鼓励学生反复地练习,强化学生对如厕方法的掌握,进而达到如厕自理。

4. 学习生活物品整理

在学习生活物品整理方面,包括课前准备物品、整理书包、整理课桌等。教师可以根据学生的能力特点,开展某一特定主题的生活自理能力的劳动实践活动。例如,开展"整理书包"的生活自理主题劳动教育实践活动,让学生树立"自己的事情自己做"的自主意识,培养智力与发展性障碍学生热爱劳动的情感,感受劳动的乐趣,提高劳动的本领。学校还可以根据学生的年龄特点和发展水平,设置低年级组、中年级组、高年级组,每个组分设不同的生活自理能力竞赛项目,以赛促学,以赛促练,不仅能够帮助智力与发展性障碍学生掌握更多的生活技能,还有助于促进学生身体动作的协调、灵活发展。

由于智力与发展性障碍学生的个体差异较大,家庭教育背景不同,生活自理能力的水平存在差异,因此学校和教师在开展生活自理类劳动教育实践活动时,应根据学生的特点和需求,有目的、有计划地进行。低年级学生的劳动教育实践活动重在基本的生活自理意识和能力的养成。高年级智力与发展性障碍学生,需要更加熟练地掌握生活自理方面的劳动技能,养成并能够保持规律良好的生活和作息习惯,能够从个人清洁和整理拓展至学校、家庭等其他场域的事务劳动上,尝试简单的生活和劳动生产。

二、生活体验类劳动教育实践

(一)生活体验概述

劳动教育本身就是一种体验和实践活动,无论是意在丰盈自身还是创造价值的劳动教育,都需要学生在生活体验中亲身经历和着手实践。学生作为劳动教育的主体,经历着与自身相关的生活体验,这种生活体验的实质通常以课程标准的形式表述出来。[1]《培智学校义务教育课程标准(2016年版)》强调,要紧密联系培智学校学生的生活情境,从他们已有生活经验出发,让他们亲身经历(体验)生活实际问题,并能进行解释和应用。[2]

根据培智学校课程标准要求,生活体验式教学是针对智力与发展性障碍学生身心特点、发展水平以及实际生活需要,通过教师有目的地创设特定的生活情境,引导智力与发展性障碍学生积极参与和亲身体验生活实践,在体验中感知、理解、验证源于日常生活中

---

[1] 王明娣,景艳.生活体验视角下劳动教育课程价值的思考[J].教育理论与实践,2021,41(16):15-19.

[2] 教育部.培智学校义务教育课程标准(2016年版)[M].北京:人民教育出版社,2018:83-86.

的基本知识与技能,从而帮助学生了解基本的生活常识,掌握简单的生活技巧,提高社会适应和参与能力的一种教学活动。因此,将生活体验式教学活动融入智力与发展性障碍学生的劳动教育当中,作为劳动教育实践活动的一个重要的组成部分,具有重要的意义。

(二)生活体验类劳动教育实践的内容

在智力与发展性障碍学生的生活体验类劳动教育实践过程中,应注意突出学生的主体地位,注重多感官体验、真情境体验和全过程体验。以学校为主要平台开展智力与发展性障碍学生生活体验类劳动教育实践内容主要包括创设日常生活场景、创设农业生产生活情境、创设职业体验生活情境等活动。

1. 创设日常生活场景

日常生活技能是智力与发展性障碍学生生活适应和社会适应的重要内容。日常基本生活技能的掌握对智力与发展性障碍学生的生活质量和社会参与程度有着极大的影响。以学校为平台组织智力与发展性障碍学生的日常生活场景的劳动教育,可以模拟例如公交车站、银行、快餐店、医院等公共场景,进行劳动教育实践活动。进而扩展到校外真实的场景中去应用和学习,帮助学生将学校劳动教育中习得的知识和技能迁移到真实的社会生活场景中,获得真实情景中的体验,训练学生参与社会生活的基本能力。

2. 创设农业生产生活情境

农村智力与发展性障碍学生的生活体验类劳动教育可以同与农村生活密切相关的元素相结合,创设与传统农耕文化和农业文明相关的情境,使智力与发展性障碍学生在优秀的农业文化和丰富教育价值的生活场景中获得相应的体验。充分利用农耕特色,在校内开辟小块的农场种植基地。一方面,学生可以在农耕式体验式学习中,通过真实的种植、培育、挖掘农作物活动,获得直接真实的农业劳动经验,掌握农业劳动的基本常识,体会粮食的来之不易,养成勤劳朴素的优良品质。另一方面,在农耕式体验式学习中,学生通过亲自观察、记录、分析、分享农作物的生长,培养实事求是的科学精神和创造能力。

3. 创设职业体验生活情境

劳动教育和职业体验关系密切,劳动教育为职业体验提供了途径和渠道,职业体验有助于学生更好地理解劳动的意义和价值。职业体验劳动教育实践活动可以帮助智力与发展性障碍学生体验不同职业的工作内容、工作要求和工作态度,感受不同职业带来的乐趣和成就感,丰富学生生活阅历和经验,为学生职业生涯的开展打下坚实的基础。以学校为平台组织智力与发展性障碍学生的职业体验劳动教育,可以依托相关职业课程平台,让学生通过角色扮演的方式来体验不同的职业,建立职业体验活动长效机制。眉县特殊教育学校依托糕点烘焙体验课程,教师让学生参与完成从发面、样式设计、制作、烘焙及上街销售等环节,为学生以后走上社会打下基础。眉县特殊教育学校还创设超市的生活场景,学生扮演超市里不同人员的角色,如售货员、理货员、收银员、客人等,不仅可以帮助智力与发展性障碍学生掌握和应用简单的加减法,丰富对日常生活物品的认知,还可以掌握基本的待人接物的礼仪,逐渐形成基本的职业素养。

三、劳动技能类劳动教育实践

(一)劳动技能概述

劳动技能教育属于劳动教育中的重要内容和要素。劳动技能是指个体基于自身所掌握的知识和积累的经验,完成创造性任务的能力,属于实践性的技能。以特殊教育学校为主体,对智力与发展性障碍学生开展劳动技能教育主要通过开设劳动技能必修课程的方式进行,旨在帮助他们树立正确的劳动意识,养成良好的劳动习惯,逐步掌握一定的劳动知识和技能,提高生活适应能力,增强独立生活能力,为他们融入家庭、参与社会和实现就业打下基础。智力与发展性障碍学生个体差异大,感知觉发展速度缓慢,逻辑能力差,思维具体直观,注意记忆范围狭窄,因此,依据智力与发展性障碍学生的发展特点和实际需求,开展适当的劳动技能实践活动至关重要。

(二)劳动技能类劳动教育实践的内容

智力与发展性障碍学生开展劳动技能类的劳动教育实践的内容主要包括特定职业相关劳动、区域特色相关劳动等活动。

1. 特定职业相关劳动

以学校为平台的劳动技能类劳动教育实践活动是在现实或预设的与特定职业相关的环境中开展。眉县特殊教育学校在一般的生活自理、生活体验等劳动实践活动开展的基础上,在高年级相继开展了烘焙、家政、陶艺、洗车、种植等与职业相关的劳动技能实践课程,创设了相应的劳动室,供学生使用。以烘焙室的创建和使用为例,眉县特殊教育学校烘焙室建筑面积25平方米,设备齐全,有发酵箱、食品烤箱、冷藏柜、消毒柜、搅拌机、烤盘、电子秤、操作台、展示柜、制作工具等,并聘请一名烘焙师傅教授学生。以粮油、糖、蛋等为基础原料,通过和面、成型、焙烤等工序制成口味多样、营养丰富的食品。学校每天都开设烘焙课程实践活动。由八、九年级学生六人一组进行糕点制作,目前学生们会做的糕点种类主要有手撕面包、蛋糕、桃酥、泡芙、曲奇等。每周教师和学生一起走进社区进行四次蛋糕售卖活动,让学生既掌握了烘焙技能,又能走进社会、融入社会,为学生就业奠定基础。随着学生年级的升高,眉县特殊教育学校不断充实劳动技能类实践活动的内容,满足学生全面发展和可持续性发展的需要,为将来的职业生涯做准备。

2. 区域特色相关劳动

学校除了当前进行的与职业相关的劳动技能实践活动外,还根据市场需要并且结合本地区特色不断丰富与改革劳动技能实践活动内容。眉县特殊教育学校依托区域农业种植特点和优势,在学校建设农业种植园,开设猕猴桃作物劳动实践课程与活动,智力与发展性障碍学生在专业教师的指导下认识猕猴桃的生长特点,学习猕猴桃的种植技巧。此外,教师还带领学生定时对种植箱内的土地进行翻耕,去除杂物,进行种子、秧苗种植和水肥的按时供给,如有需要则根据情况进行病害的防治等。通过上述劳动实践活动,学生在劳动的同时了解了猕猴桃的生长规律,掌握种植基本要领,为学生今后在地区内猕猴桃产业领域就业打下了基础。

四、安全教育类劳动教育实践

(一)劳动安全概述

安全是个体进行和参与各项活动和发展的基础条件。随着社会的快速发展,人们的生活环境越来越复杂和多样化,影响人类自身生命安全的因素无处不在。劳动安全是指劳动者在劳动过程中人身安全获得保障,免受中毒、触电、火灾、车祸、机械外伤等危及人身安全的事故。智力与发展性障碍学生由于自身的缺陷,在日常生活和参与社会生活时面临着更多的安全风险。[①] 只有在保证智力与发展性障碍学生安全的前提下才能保障劳动教育实践活动的有序开展。在对智力与发展性障碍学生开展劳动教育的过程中,学校不仅要关注学生的劳动观念和品质的养成、劳动知识和技能的掌握,还应在劳动实践活动的过程中,帮助学生了解劳动过程中的安全隐患,形成安全劳动的意识和行为习惯,掌握科学应对和处理问题的办法。安全教育应与劳动教育有机融合,同步进行,学校依据学生不同的学段和劳动项目,开展相应的劳动安全教育实践活动。

(二)安全教育类劳动教育实践的内容

以学校为平台开展智力与发展性障碍学生的安全教育劳动教育实践主要包括日常生活劳动中防磕碰、摔伤,食品安全,交通安全,安全用电、用火、用气等内容。

1. 防磕碰、摔伤

智力与发展性障碍学生由于大脑的损伤,其感知觉和动作发展速度较同龄健全儿童迟缓,身体协调和平衡能力水平较低。因此,特殊学校在开展智力与发展性障碍学生实践劳动过程当中要格外注意预防学生的磕碰、摔伤等安全事故,加强学生的安全意识,同时在劳动教育实践过程中锻炼学生的动作协调和平衡能力。

2. 食品安全

食品安全关乎个人生存和健康,为进一步促进智力与发展性障碍学生形成科学安全的饮食习惯,特殊教育学校可以在劳动教育实践活动中渗透食品安全教育内容。例如,教师可以在学生职业体验活动中,借助超市购物环境,帮助学生了解食品包装上的关键信息,包括食物的生产日期、保质期、食品生产许可证、生产厂家等,掌握判断食物变质腐烂的基本方法,告诉学生食用过期或变质食物的危害。教师还可以在饮食自理劳动教育实践当中让学生知道不喝生水,瓜果要洗干净,不随便吃野菜、野果,在进食过程中如发

---

① 曹丽花,杨屿航,马金晶.培智学校低年级段生活适应新教材中安全教育内容解读与教学建议[J].现代特殊教育,2023(7):22-25.

现感官性状异常的食品,应立即停止进食。

3. 交通安全

智力与发展性障碍学生由于认知、注意力等各方面能力普遍低于健全儿童,他们的自我控制能力和对周围环境的感知能力较差。因此,加强对智力与发展性障碍学生交通安全的教育不可忽视。掌握一定的交通安全知识,是智力与发展性障碍学生走出校园、家庭,参与社会生活,实现独立自主的基础条件和安全保障。教师可以通过校内课堂模拟和带领学生在校外真实情境中实践,帮助学生认识常见的交通符号、指示灯、指示牌,掌握交通安全规则。教师还通过案例帮助学生掌握简单的安全事故的处理方法,提高学生的自我保护能力。

4. 安全用电、用火、用气

在高年级学段和职业教育阶段,智力与发展性障碍学生不可避免地会在劳动教育活动和职业教育活动中接触到各类机器或设备,为保证学生的生命安全,安全科学用电、用火、用气教育显得极为重要。例如,在面包店烘焙制作的劳动教育实践中,教师可以将与烘焙相关的安全要素融入劳动教育实践的全过程。在这一实践活动中教师需要对用到的设备和器皿向学生进行讲解和指导,帮助学生掌握使用和保养烤箱、灶台等设备和器皿的知识,教师还应时刻注意向学生强调安全科学用电、用火等,教授突发情况下的应对策略。眉县特殊教育学校特别注重消防安全知识教育与实践,教师根据智力与发展性障碍学生的认知特点,首先,观看多媒体视频、图片制作成的消防安全警示教育片;其次,介绍简单易懂的基本防火知识,有针对性地向学生讲述安全消防知识和逃生方法,教会学生灭火器的使用方法。最后,通过消防演练活动,帮助学生掌握正确的自救和逃生技能。上述举措强化了学生在校内外的劳动教育实践开展时的安全意识,并使他们形成相应的自我保护能力。

第二节 智力与发展性障碍学生劳动教育的家庭实践

有效开展智力与发展性障碍学生的劳动教育,需要家庭、学校、社会多方力量的协同推进。其中,家庭是劳动教育实践的重要场所,家庭与学生的生活实际紧密相连,是开展劳动教育实践的基础阵地。通过家庭这一场域能够实现劳动教育生活化,让孩子在家庭生活中将劳动常态化,是实现劳动教育经常性和连续性的重要途径。[①] 家庭还是个人与社会,幼年与成年连接的纽带,学生在家庭劳动教育实践中养成的劳动意识、道德品质、

---

① 邵献平,徐小丰. 新时代劳动教育的家庭复归:基于苏霍姆林斯基教育思想的视角[J]. 集美大学学报,2022,23(1):47-58.

秩序规范等,有助于迁移到成年后的社会生活中,是今后融入社会、实现独立生活的基础。家庭劳动教育实践能够整合多方劳动教育资源,巩固和强化育人效果。因此,应当充分发挥家庭在智力与发展性障碍学生劳动教育实践当中的基础性作用。作为基石的家庭劳动教育实践活动应当按照学生年龄的发展顺序和特点,主要从自我服务类劳动教育实践、家庭服务类劳动教育实践、社区服务类劳动教育实践三方面开展(见图6-2-1)。

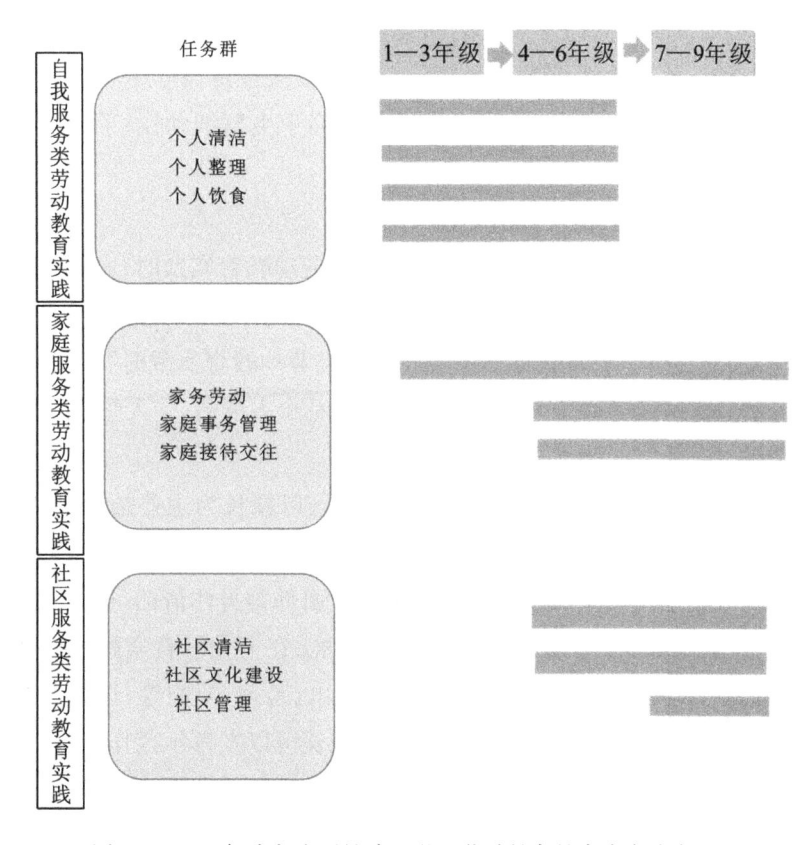

图 6-2-1　智力与发展性障碍学生劳动教育的家庭实践类型图

由图6-2-1可知,智力与发展性障碍学生劳动教育的家庭实践包括自我服务类劳动实践、家庭服务类劳动教育实践和社区服务类劳动教育实践。其中,自我服务类劳动教育实践主要包括个人清洁、个人整理和个人饮食;家庭服务类劳动教育实践主要包括家务劳动、家庭事务管理和家庭接待交往;社区服务类劳动教育实践主要包括社区清洁、社区文化建设和社区管理。

从年级角度来看,在自我服务类劳动教育实践中,1—6年级可进行个人清洁、个人整理和个人饮食活动;在家庭服务类劳动教育实践中,1—9年级可进行家务劳动活动,4—9年级可进行家庭事务管理和家庭接待交往活动;在社区服务类劳动教育实践中,4—9年级可进行社区清洁和社区文化建设活动,7—9年级可进行社区管理活动。

一、自我服务类劳动教育实践

(一)自我服务概念

劳动教育通常都从自我服务劳动开始,自我服务劳动是最简单的一种日常劳动,是今后从事生产劳动的基础。[1] 自我服务劳动教育是低年龄阶段学生劳动教育的主要内容,主要是指智力与发展性障碍学生作为劳动主体,能够完成自主独立进食、盥洗、穿衣以及整理、收纳、清洁自己生活用品等活动。智力与发展性障碍学生在家长的指导和帮助下参与自我服务类劳动教育实践活动,有助于提高学生精细动作、手脑协调和生活自理等能力。

(二)自我服务类劳动教育实践的内容

家庭在开展智力与发展性障碍学生自我服务类劳动教育实践时,家长应根据孩子的年龄特点和兴趣爱好,从指导完成简单的家务劳动入手,并在开展劳动实践时注意劳动形式的多元化、游戏化。家长在开展孩子自我服务类劳动教育实践时要注意劳动资源的开发与利用。自我服务类劳动教育实践内容主要包括个人清洁、个人整理、个人饮食等。

1. 个人清洁

家庭是智力与发展性障碍学生生活的主要场所,以家长为主要指导者,在家庭环境中开展学生个人清洁劳动对智力与发展性障碍学生的生活自理能力提升具有重要作用。家庭环境中的个人清洁劳动实践主要包括手、牙齿、面部等身体清洁,袜子、手帕、内衣等简单个人衣物清洁,地面、桌椅等个人生活区域清洁。在劳动教育实践中注意劳动物质资源的选择和提供,低年龄阶段孩子平时使用的毛巾、脸盆、牙刷等,选择孩子喜欢的颜色和图案,以提高其劳动兴趣、主动性和效能感。家长可以发挥示范作用,借助洗衣服的时机,给孩子讲解洗衣服的步骤和动作,让孩子也拿出小盆清洗自己的袜子,这样做不仅可以培养孩子的劳动意识和能力,还能促进亲子交流。

2. 个人整理

家庭环境中的个人整理劳动实践主要包括书本、纸笔、书包等个人学习用品的整理,外套、裤子、袜子、鞋等个人衣物的整理,积木、串珠等个人玩具用品的整理,书桌、椅子、床铺等个人生活区域的整理。在劳动中家长同样需要注意劳动物质资源要符合低龄儿童的喜好,玩具、衣服等收纳箱的设计要美观简单,且富有童趣。家长需要以身作则,给孩子树立良好的榜样,在要求和指导孩子做好自我服务劳动的同时,家长也要做好个人服务等相关事务,起到示范、引导和启发作用,营造良好的家庭劳动氛围。[2] 例如,家长在整理书桌时,孩子从旁观察和协助,家长可以通过口头或行为示范指导孩子对桌面上的

---

[1] 李育球. 劳动教育家庭资源及其开发与利用[J]. 北京教育学院学报,2021,35(5):43-48.
[2] 魏俊倩. "五育融合"视角下家庭劳动教育的实践路径[J]. 新智慧,2022(30):59-61.

物品进行整理和摆放。全家可以一起制订家庭劳动计划和家规,这样做不仅有助于激发孩子的劳动热情,还有助于培养孩子的劳动规则意识和责任感。

3. 个人饮食

家庭环境中的个人饮食劳动实践包括规律性的进餐、饮水、水果加餐等。在日常生活中,家长借助吃饭的时机,开展相应饮食劳动教育,帮助孩子形成自主独立就餐的能力,养成健康良好的饮食习惯、饮食卫生意识和餐桌礼仪。家长可以根据孩子的认知发展水平和视觉偏好,在餐厅张贴饮食相关的提示图片或符号,营造良好丰盈的饮食文化氛围。除此之外,家长还可以增加家庭外出就餐的机会,帮助孩子了解不同环境中就餐形式和文化的差异,提高智力与发展性障碍学生的社会适应能力。

二、家庭服务类劳动教育实践

(一)家庭服务概念

随着学生年龄的增长,劳动活动内容也需要不断丰富,劳动活动的范围也应不断扩大,劳动的知识和技术含量也应逐渐提高。以家庭为平台开展的高年级学段智力与发展性障碍学生的实践劳动应从日常自我服务类劳动教育实践向家庭服务类劳动教育实践转移。家庭服务是指智力与发展性障碍学生作为家庭劳动参与者,参与家庭中的清洁与卫生、整理与收纳、简易种植与饲养等家务劳动,参与家庭事务管理、家庭接待交往等活动。家庭服务类劳动不仅能让孩子感受到自己在家庭中的价值与意义,提升孩子的责任感和劳动道德情感,还能通过与父母或家庭其他成员的分工与合作,促进沟通与社交能力的提升,培养孩子的责任意识和劳动道德情感。

(二)家庭服务类劳动教育实践的内容

由于高年级学段学生的劳动教育更趋向于结构化和专业性,因此家长需要优化自身的劳动教育知识和能力结构,避免家庭劳动教育表层化,以利于促进孩子自由全面发展。相较于低年级学段的劳动实践内容简单具体,劳动实践方式侧重于示范指导为主,注重劳动形式的游戏化和趣味性,高年级学段的劳动实践内容应逐渐加大难度,劳动实践方式转向以项目化和任务性活动为主,要求学生能够主动完成力所能及的家务劳动,强调分工协作,具备一定的统筹和规划能力。家庭服务类劳动实践的内容主要包括家务劳动、家庭事务管理、家庭接待交往等活动。

1. 家务劳动

家庭场域劳动实践的内容不仅包括学生个人以及个人生活区域的清洁整理,还包括家庭其他区域的清洁与卫生、整理与收纳,厨房劳动,家庭内部的简易种植与饲养,等等。在智力与发展性障碍学生具备个人服务能力的基础上,家长应将孩子的家庭劳动实践范围扩展至家庭其他成员和区域上,使孩子成为家庭劳动的得力助手,有助于进一步巩固强化家庭劳动教育效果,培养孩子合作劳动精神和家庭责任意识,促进家庭和谐。在开展家务劳动实践时,家长可以充分利用家庭物质空间的功能。如在阳台上可以添置一些盆栽,让孩子负责照看,在厨房添置一些适合孩子使用的烹饪工具,开展"我是厨房小帮手""我是整理小能手"等活动,帮助孩子在家庭生活中体会到劳动的乐趣,积累劳动技能,增强孩子对家庭的责任感。

2. 家庭事务管理

家庭作为孩子启蒙的第一站,父母给予智力与发展性障碍孩子更多参与家庭事务管理的机会,赋予孩子家庭事务管理发言权、决策权和管理权,支持孩子参与家庭事务和决策,鼓励孩子充分发表自己的意见,不仅能够让孩子切身体会到自己作为家庭重要成员的地位和责任,提高孩子自身的价值感和归属感,让孩子学会关爱家人、关爱家庭以及经营家庭,提高生活品质,还有助于增强孩子的语言表达能力及主动思考和解决问题的能力。例如,通过让孩子参与家庭经济管理,一方面帮助孩子提高对金钱、数字的认知,另一方面帮助孩子了解家庭经济状况,懂得珍惜劳动成果,学会合理分配财、物,养成勤俭节约的好习惯。家长还可以在周末、节假日与孩子共同安排出行方案,提高孩子自我决定能力。

3. 家庭接待交往

社会是由一个个家庭组建而成的,家庭并不是独立的个体。血缘关系、邻里关系、同学关系、职场关系等社会关系将一个个家庭联系起来,形成了一张社会关系网。因此,家庭接待与交往活动是家庭活动中的常见内容之一。家长可以利用"家庭聚会日"等主题活动,让孩子通过帮助父母接待客人,习得待客礼貌用语和基本礼仪,促进孩子社会化能力的提高。家长还可以利用中国传统文化节日,结合当地风俗习惯,带领孩子参与家庭聚会活动,这样做不仅帮助孩子了解传统文化,体验风俗民情,还有助于孩子的家庭融合和社会融入。

三、社区服务类劳动教育实践

(一)社区服务概念

社区服务指的是让智力与发展性障碍学生作为实践者参与到不同形式的社区劳动服务当中,通过参与社区服务劳动增强劳动情感。当前社区服务是我国社区治理的重要环节,相较于城市社区服务体系而言,农村社区服务体系建设有待进一步加快步伐,缩小城乡差距。当前新农村社区服务逐渐呈现服务主体多元化、服务范围扩大、服务需求多样化等特点。在此背景下,以家庭为主体,鼓励和支持农村智力与发展性障碍学生参与到新农村社区服务建设中,不仅为新农村社区服务建设注入新鲜的活力,还能丰富智力与发展性学生劳动的内容与形式。

(二)社区服务类劳动教育实践的内容

多维的劳动教育实践活动有助于进一步提升智力与发展性障碍学生劳动教育的价

值和成效。以家庭为主体,协同社区,让智力与发展性障碍学生从自我服务劳动、家庭服务劳动逐渐走向社区服务劳动,扩大服务劳动的范围,向社会展示劳动风貌和成果,有助于增强学生的劳动效能感和社会沟通交往能力。以家庭为主体,智力与发展性障碍学生参与社区服务类劳动实践的内容主要包括社区清洁、社区文化建设、社区管理等。

1. 社区清洁

为进一步改善社区居民的居住环境,当前多数城市和农村社区都会定期或不定期开展社区清洁活动。智力与发展性障碍学生家庭作为社区的成员,有共同维护社区卫生和环境的义务和责任。因此,家长应从自身做起,鼓励孩子一起加入社区清洁志愿活动中,通过清理街道垃圾、杂物、卫生死角,美化街道和村庄环境,激发智力与发展性障碍学生及家庭的社区"主人翁"意识,增强通过劳动维护和建设美丽家园的幸福感和责任感,培养孩子热爱劳动、爱护环境的优秀品质。

2. 社区文化建设

当前社区为加强社区活力和特色,常常利用节日或根据地方特色举办社区文化活动,以营造丰富多元的社区文化氛围,增强社区成员间的凝聚力。智力与发展性障碍学生家庭应当积极走出家门,广泛参与社区文化活动和建设,丰富业余生活。家庭还可以联合社区,开展"亲子家庭携手,共治社区活动",积极参与社区文明家庭评选活动,将家庭文化融入社区文化建设当中,增强亲子关系、集体凝聚力和责任感。

3. 社区管理

为适应新农村社区服务建设,当前社区需要人力资源的补给和多方力量的支持,鼓励社区居民参与社区管理。智力与发展性障碍学生家庭可以在其中发挥自身作用,家长引导孩子共同投身和参与到社区管理当中,一方面,既提升了家庭在社区参与感和归属感,又提高了孩子的交流能力和解决问题的能力,增强社会责任感和社会适应能力。另一方面,家庭也为基层治理贡献了力量,补给了人力资源,不仅锻炼了孩子的人际交往能力,提升了孩子的社会适应能力,也拓宽了自身的就业渠道,为以后参与社区工作提供可能和打下基础。

第三节 智力与发展性障碍学生劳动教育的社会实践

校外社会劳动实践增强了劳动教育与真实社会的关联性,有利于学生在真实的环境中合作探究,理解和体验劳动的意义。学校应根据学生特点,结合劳动教育目标、内容等,充分挖掘社会多方资源,与校外企业、机构、单位等合作,建设校外劳动教育实践基地,为学生校外劳动实践提供丰富的场所和渠道。充分发挥社会在智力与发展性障碍学生劳动教育中的支持和桥梁作用。作为桥梁的社会劳动教育实践活动主要从生产类劳动教育实践、社会服务类劳动教育实践、文化类劳动教育实践三方面开展(见图6-3-1)。

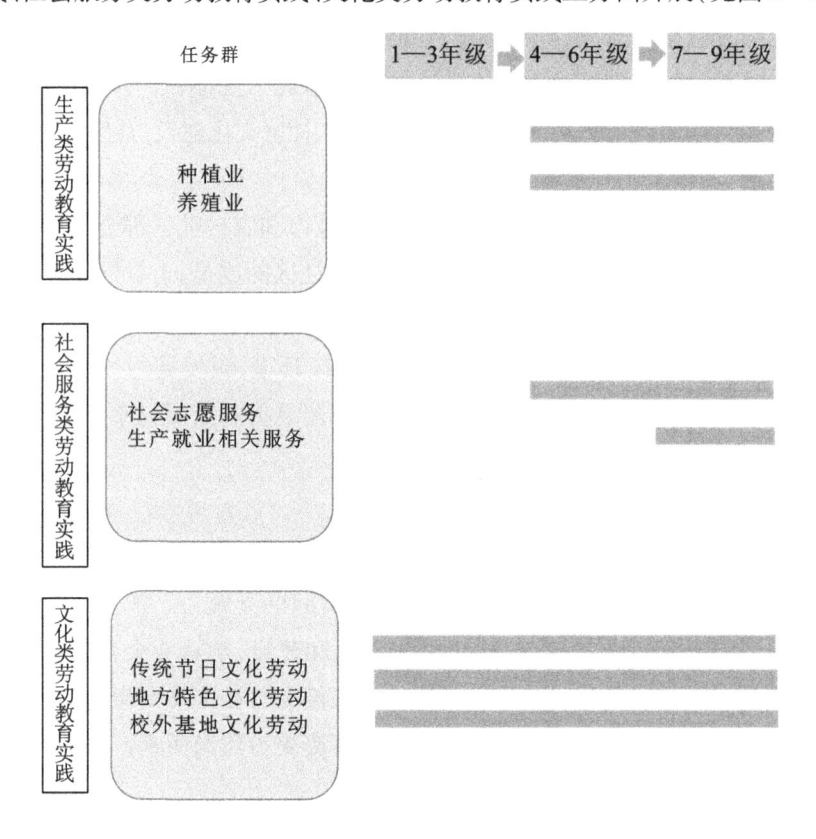

图6-3-1 智力与发展性障碍学生劳动教育的社会实践类型图

由图6-3-1可知,智力与发展性障碍学生劳动教育的社会实践包括生产类劳动教育实践、社会服务类劳动教育实践、文化类劳动教育实践三种类型。其中,生产类劳动教育实践主要包括种植业和养殖业;社会服务类劳动教育实践主要包括社会志愿服务和生产就业相关服务;文化类劳动教育实践主要包括传统节日文化劳动、地方特色文化劳动和校外基地文化劳动。

从年级角度来看,在生产类劳动教育实践中,4—9年级可进行与种植业和养殖业有关的活动;在社会服务类劳动教育实践中,4—9年级可进行社会志愿服务,7—9年级可进行生产就业相关服务;在文化类劳动教育实践中,1—9年级可进行传统节日文化劳动、地方特色文化劳动和校外基地文化劳动。

一、生产类劳动教育实践

(一)生产劳动概念

党的十九大,习近平总书记首次就我国农村建设提出了乡村振兴发展战略。农耕文化是乡村的主要特色,农业生产与乡村振兴密切相关。对农村智力与发展性障碍学生进行劳动教育,利用社会丰富资源开展生产实践活动,他们也能成为未来乡村振兴的力量之一。本节所指的生产类劳动教育实践是与农业相关的生产劳动实践。农业生产是指以生产初级农产品加工为目的的一系列农事活动。①

(二)生产类劳动教育实践的内容

对农村智力与发展性障碍学生进行生产类劳动教育,传统的课堂教学难以满足学生的需求,需要充分挖掘和利用社会力量。利用社会平台开展智力与发展性障碍学生的生产类劳动教育实践主要是通过建立校外劳动实践基地来实现。农田为农村学校劳动教育提供了广阔的实践活动场所,在农村开展生产类劳动教育实践的主要内容包括种植业(谷物种植、蔬菜种植、果树种植等)、养殖业(养殖生猪、绵羊、驴、牛、水产等)。

1. 种植业

学校可依托地域产业特点和优势,与当地农场、工厂合作,对学生进行农业生产知识科普,组织学生参观农务劳作,让学生深入实地实践施肥、翻地、平地、播种等日常田间管理活动。种植业劳动教育实践一方面帮助学生领悟农业生产的魅力,感受到劳动的乐趣,激发学生对劳动的热情,培养学生良好的劳动品质。另一方面帮助学生掌握农业生产的基础知识和技能,提高学生的生产劳动技术水平,鼓励学生扎根农村,服务乡村振兴。眉县特殊教育学校结合区域主导产业,不仅在校园内建设种植园,还依托县职业教育中心现代农业产业示范园等,给智力与发展性障碍学生讲解猕猴桃、葡萄、樱桃等县域内特色果种的种植历史,科普现代农业和智能大棚种植知识,组织学生参观、感知、体验树木栽植、苗木栽植、土地整理、植物营养液配置等农业生产劳动过程,让学生感受智慧农业成果。此外,学校还建设了"希望农场",帮助智力与发展性障碍学生学习农产品标准化种植技术。

2. 养殖业

学校可充分利用当地养殖业资源优势,充分挖掘社会资源,与农产、企业等建立稳定长效的体验、培训、实习和就业等合作机制。学校也可以积极寻求政府支持,开辟校外农学实践基地。例如,学校与当地水产养殖基地合作,给智力与发展性障碍学生讲解科普水产养殖的技巧和原则,带领学生参观基地,了解不同鱼类的生长环境和需求,告诉学生要想提高鱼的品质和养殖效益,需要长期定质定量地进行投喂饲料,清理水质和检查鱼群的健康状况等。学校还可以让学生充当"小小饲养员",在基地专业人员的指导下,学习如何料理鱼群,培养智力与发展性障碍学生的动手能力和责任感,同时也让他们感受渔业的重要性和发展前景,增强就业意愿和兴趣。

---

① 王洪贵,黄宝霖.对学校农业生产劳动教育的认识和思考[J].江苏教育,2022(87):51-53.

二、社会服务类劳动教育实践

(一)社会服务劳动概念

劳动教育源于生活,还应该回归和服务于生活本身。从个体能力来说,基于劳动的结果不同,社会服务类劳动教育领域可分为生活能力领域和生产能力领域。前者是指例如作为志愿者参与的社会生活相关活动,后者是指与生产劳动、就业产出相关的服务劳动。

(二)社会服务类劳动教育实践的内容

社会实践基地是智力与发展性障碍学生开展劳动教育的重要平台。学校依托社会这一广阔的阵地开展的社会服务类劳动教育实践主要包括两大类,一是针对社会治理或社会公益的社会志愿服务,二是与生产就业相关的服务。

1. 社会志愿服务

社会志愿服务劳动教育实践是落实劳动教育的重要载体。社会志愿服务对于维护社会稳定,增进民生福祉和促进和谐社会精神文明建设有着重要作用。劳动教育是智力与发展性障碍学生德智体美劳全面发展的重要内容,通过劳动教育,培养学生热爱劳动、尊重劳动、珍惜劳动成果等优良的劳动品质。劳动教育与社会志愿服务二者相互依托、相辅相成。社会志愿服务劳动教育实践作为劳动教育的一种方式和载体,能够有效提升智力与发展性障碍学生的劳动素养,在一定程度上能够对劳动教育的实现起到支撑作用,是劳动教育实践活动的重要组成部分。同时智力与发展性障碍学生在社会志愿服务中劳动情感和劳动品质的提升也能够为社会志愿服务的顺利、有效开展提供更坚实的保证。

社会志愿服务可以成为智力与发展性障碍学生劳动教育实践的重要活动类型,但只有规范的、形式多样的社会志愿服务才能真正推动智力与发展性障碍学生劳动教育的落实。为了更好地发挥社会志愿服务劳动教育实践作为劳动教育载体的作用,充分整合校外资源,可以利用重要的时间节点、纪念日或自身的优势,开展丰富的校外社会志愿服务,开阔学生视野,加深劳动体验。例如,学校利用每年的3月12日的植树节,组成学生志愿者团队,开展清除校外周边杂草等社会志愿服务活动,增强学生社会责任感。眉县特殊教育学校师生带亲手制作的安心蛋糕、面包、酥饼等,在街道、社区开展爱心义卖活动,让学生在活动中体会到协调合作的快乐,既锻炼了学生生活生存能力,增强了适应社会的自信心,同时又增加了学生与健全人沟通交往的机会,向社会展示了智力与发展性障碍学生的劳动风貌,有助于促进社会理解和接纳,加快智力与发展性障碍学生社会融合的步伐。

2. 生产就业相关服务

当前大多数特殊教育学校中针对智力与发展性障碍学生开展的与劳动职业相关的

课程种类丰富,但是鉴于学校的场地和设备有限,且环境单一,难以完全满足学生职业发展的需求,因此应充分借助社会企业、单位、机构等其他力量,建设校外劳动职业训练实践基地,将劳动教育与职业教育有机结合,巩固和提高劳动职业教育的效果。因此,与生产就业相关的社会服务类劳动教育实践是以就业为导向,充分发挥校外职业基地的实践和指导作用,重在增加智力与发展性障碍学生与就业密切相关的劳动知识和技能,养成良好的劳动习惯,提高职业素养,为实现其就业打下基础。生产就业相关的劳动教育实践要在评估的基础上,依据智力与发展性障碍学生的就业愿望和就业能力开展,给学生提供丰富的职业选择,例如种植、茶艺、洗车、烘焙、客房服务等,让学生自主选择职业领域进行实践训练,充分发挥实训基地的对外服务作用,让学生在真实的就业环境中,丰富职业体验和经验,提高就业能力。

三、文化类劳动教育实践

(一)文化劳动教育概念

文化劳动教育实践是一种重要的文化实践,它通过体力劳动教育和脑力劳动教育相结合,以人的和谐、自由全面发展的文化价值为旨归,满足人的物质文化与精神文化需求[①]。中华民族文化历史悠久,文明积淀深厚,优秀传统文化为劳动教育的开展提供了丰厚的文化滋养。文化类劳动教育实践是指将蕴藏在我国优秀传统文化当中的重视劳动、鼓励劳动、热爱劳动、尊重劳动等丰富的劳动精神和优秀的品质贯穿于劳动教育实践当中,使智力与发展性障碍学生继承并发展中华民族优秀传统文化,提升劳动自觉和认同,推动劳动育人的稳步开展,弘扬新时代劳动精神。开展文化类劳动教育实践在增强个体对劳动知识和技能的掌握的同时,提升个体文化精神境界,使个体在劳动中教化自我,成为文化性的存在。[②]

(二)文化类劳动教育实践的内容

文化类劳动教育实践不仅能够丰富学生的课余生活,提高他们的文化素养,还有助于培养学生的社会责任感和集体荣誉感。通过这些活动,学生可以在实践中学习和传承传统文化,促进文化的传承和发展。文化类劳动教育实践的内容包括如下六个主要方面:

1. 传统手工艺制作

学生通过学习剪纸、泥塑、木雕、刺绣、编织等传统手工艺,不仅能够掌握一定的技能,还能深入了解与其相关的文化背景和历史。

[①] 肖绍明.劳动教育的文化研究[J].华东师范大学学报(教育科学版),2022,40(2):17-28.
[②] 位涛,孙振东.论劳动教育的文化之维:劳动何以促成个体之成人[J].当代教育论坛,2022(1):109-116.

2. 民俗文化体验

通过参与节日庆典、民俗游戏、传统礼仪等活动,帮助学生更直观地感受和体验传统文化的魅力。

3. 非物质文化遗产保护

通过参与到地方戏曲、民间音乐、舞蹈、传统医药等非物质文化遗产的传承和保护工作,可以帮助学生了解非物质文化遗产的价值并学习相关知识。

4. 文化遗址和博物馆参观学习

通过实地参观文化遗址和博物馆,可以帮助学生更深入地了解历史和文化,培养对文化遗产的尊重和保护意识。

5. 文艺创作

通过绘画、书法、摄影、写作等活动,可以培养学生的艺术修养和创造力,同时让他们在创作过程中体验劳动的乐趣和价值。

6. 社区文化服务

可以通过为社区提供文化讲座、展览、演出等文化服务,既锻炼学生的组织能力和服务意识,又传播和弘扬优秀文化。

课后练习

1. 你如何看待智力与发展性障碍学生的劳动教育实践?
2. 智力与发展性障碍学生学校劳动教育实践活动包括哪些方面?
3. 智力与发展性障碍学生自我服务类劳动教育实践的内容有哪些?
4. 走访周边的特殊教育学校,对就读的智力与发展性障碍学生展开调查,随机抽取一名学生,为其设计合理的劳动教育实践活动。

第七章

智力与发展性障碍学生劳动教育资源的开发与利用

学习目标

1. 了解智力与发展性障碍学生的学校、家庭和社会劳动教育资源的内涵与特点。
2. 熟悉并掌握学校、家庭和社会劳动教育资源的分类、利用方式与学段要求。

知识导图

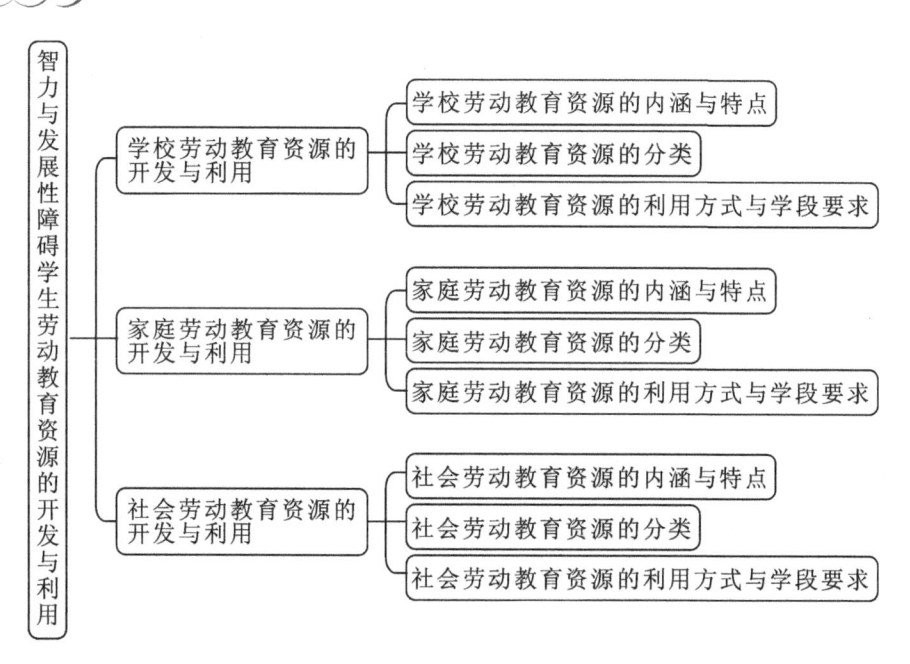

- 智力与发展性障碍学生劳动教育资源的开发与利用
  - 学校劳动教育资源的开发与利用
    - 学校劳动教育资源的内涵与特点
    - 学校劳动教育资源的分类
    - 学校劳动教育资源的利用方式与学段要求
  - 家庭劳动教育资源的开发与利用
    - 家庭劳动教育资源的内涵与特点
    - 家庭劳动教育资源的分类
    - 家庭劳动教育资源的利用方式与学段要求
  - 社会劳动教育资源的开发与利用
    - 社会劳动教育资源的内涵与特点
    - 社会劳动教育资源的分类
    - 社会劳动教育资源的利用方式与学段要求

导读

　　劳动是人类社会生存和发展的基础,只有付出劳动才能有所收获。劳动有多种表现形式,包含体力性质的和脑力性质的,例如,打扫卫生是劳动,洗衣做饭是劳动,开荒种地是劳动,思辨创新是劳动,发明创造是劳动……同样,劳动教育资源也是丰富多彩的,家庭、学校、社区等都能成为劳动场所,都具有丰富的劳动教育资源。积极开发与利用适宜的劳动教育资源是对学生进行劳动教育的基础和前提。与健全学生一样,智力与发展性障碍学生也具有劳动潜能,同样应该接受劳动教育。然而,智力与发展性障碍学生在身心发展的某些方面异于健全学生,他们有自己独特的发展特征。教育倡导面向学生,尊重学生的个性和差异,劳动教育亦应如此。因此,基于智力与发展性障碍学生的特点,合理开发和利用劳动教育资源对其进行教育是不可或缺的。

思考

1. 智力与发展性障碍学生劳动教育资源有哪些?
2. 智力与发展性障碍学生的劳动教育资源应当如何开发与利用?

　　智力与发展性障碍学生感知觉速度缓慢、注意范围狭窄、思维直观具体[①],决定了这一群体所接受的劳动技能教育不能与健全学生一概而论,因此,根据其发展特点,开展适宜的劳动技能教育至关重要。对于智力与发展性障碍学生这一特殊群体来说,学校、家庭和社会三方在其人生发展过程中都应该发挥出应有的教育功能。要提高智力与发展性障碍学生的专业技能水平和劳动水平,就需要学校、家庭以及社会三方共同的努力,创设一个全面健康的劳动技能教育体系。[②] 当这些主体都有效发挥好自己的作用时,便能较大程度改善智力与发展性障碍学生在劳动技能教育中的现实困境,帮助他们在适宜的环境中学习和实践各种劳动技能,利于培养智力与发展性障碍学生优良的劳动价值理念和习惯,促使他们更好地融入社会。

第一节　学校劳动教育资源的开发与利用

一、学校劳动教育资源的内涵与特点

(一)学校劳动教育资源的内涵

　　学校劳动教育资源主要指在学校范围内可供开发与利用的一切劳动教育的人力、物

---

　　① 肖非,王雁. 智力落后教育通论[M]. 北京:华夏出版社,2000:156 - 168.
　　② 郝志军,哈斯朝勒. 家庭、学校、社会协同是推进劳动教育的根本渠道和途径[J]. 人民教育,2020(8):23 - 26.

力以及自然资源的总和,是最方便获取、最适于规划的教育资源,是培养学生劳动价值观和劳动品质的主阵地与重要来源。①

(二)学校劳动教育资源的特点

学校劳动教育资源具有特色性、系统性和专业性。

1. 特色性

特色性是指学校依据地方及学校特色,拟定劳动人才培养目标,培养学生相应的劳动素养。眉县特殊教育学校把当地的猕猴桃种植作为特色劳动技能训练课程,开发种植劳动的相关资源。

2. 系统性

系统性是指学校根据劳动教育目标,全面开发并充分利用劳动教育资源,进而完整培养人的某方面的劳动技能与劳动品质。如烹饪课程的开设,就需要全面了解烹饪所需的各种工具及原料,教给学生烹饪过程中工具的使用原理,从而让学生运用这些原理去制作各种食物。

3. 专业性

专业性是指学校劳动教育应注重学生职业生涯发展规划,培养学生职业方面的知识与技能,为学生日后的职业生涯奠定一定的基础。②

二、学校劳动教育资源的分类

学校劳动教育资源可以分为卫生劳动教育资源、种植养殖劳动教育资源、手工艺劳动教育资源。

(一)卫生劳动教育资源

新时代的劳动教育既要注重创新,又要继承传统。打扫卫生的劳动制度由来已久,是学校劳动教育的重要组成部分,然而由于安全教育的加强、劳动观念的变化、家庭结构的改变,校园内学生卫生活动在减少减弱。③ 但是卫生劳动是中华民族的优良传统,能促进学生身心全面健康发展,在新时代的今天依然重要。卫生劳动教育资源指对包括教室、食堂、宿舍、操场、图书馆等在内的所有校园场所开展的清洁收纳、垃圾分类等劳动教育资源。这类劳动教育能让学生出力流汗,为校园的整洁奉献自己的力量,从而形成热爱学校、维护整洁的环境意识,培养乐于从事必要的简单劳动习惯,其成果主要取决于肢体动作的质量和效率。

---

① 黄济.关于劳动教育的认识和建议[J].江苏教育学院学报(社会科学版),2004(5):17-22.
② 李臣之,黄春青.新时代劳动教育课程设计与实施[M].广东:广东教育出版社,2022:183-184.
③ 王飞,徐继存.大中小学劳动教育实施现状的调查研究[J].课程.教材.教法,2020,40(2):12-19.

(二)种植养殖劳动教育资源

学校可根据季节特点,在校内外的种植基地开展系列特色劳动教育实践活动,如种植一些多年生植物,或种植一些季节性植物,还可根据地方气候特点,在不同的节气带领智力与发展性障碍学生种下相应的蔬菜瓜果。眉县特殊教育学校的师生,清明前后,一起种植黄瓜、茄子;在立夏时节,一起种植番茄、辣椒;在立秋时节,一起栽种萝卜、白菜……在农作物成熟的时节,教师带领学生收获蔬菜,开展美食制作等体验活动,学生在种植、收获、清洗、烹饪的过程中,学会了技能,提高了劳动能力。学生也可以选择饲养一些鱼、鸭子、兔子、小鸡等小动物进行养殖劳动,在学习照顾小动物的知识与技能的同时,形成热爱动物、热爱自然的品质。有条件的学校还可以饲养一些经济类动物,如羊、猪、牛、马等,教会学生饲养的技术,为他们以后的职业生涯奠定基础。

(三)手工艺劳动教育资源

手工艺劳动,指双手运用工具对相关材料进行设计与加工,以制成一个用品,材料通常是木、竹、石、泥巴、布、纸、纤维、铁、铜等,通过此类劳动增强学生的体力、智力与创造力。学校可以结合当地特色工艺进行选择。特色工艺与传统工艺,如广州的"三雕一绣一彩"等;纸艺,如纸花、剪纸、纸本、纸质玩具、纸质模型等;竹工,如竹制玩具、模型、文具、家具、竹器、藤器等;纺织,如运用各种材质的线、绳、布料、纤维制作玩具、文具、衣服、家居用品等。手工艺劳动的种类选择可结合地方与学校的实际情况,手工艺劳动对指导教师提出了较高的专业要求,教师要有一定的实践操作能力与经验才能胜任。[①] 劳动教育教师必须接受过手工艺劳动的基本训练,同时学校还可以邀请美术专业的教师、具有手工艺特长的教师或是民间手艺人来授课。[②]

三、学校劳动教育资源的利用方式与学段要求

(一)学校劳动教育资源的利用方式

学校劳动教育资源的利用方式主要有卫生劳动教育资源的利用、种植养殖劳动教育资源的利用和手工艺劳动教育资源的利用。

1. 卫生劳动教育资源的利用

卫生劳动教育资源的利用主要以班级活动或小组活动的形式进行,通常采用实践体验的方式开展。卫生劳动主要利用每天预留的劳动时间、放学时间、课间,每周的课外活动时间,劳动周等进行,不需要开设单独的课程。另外,卫生劳动也可以采用校本课程的形式进行,每个年级都开设,每周安排少量课时。学校可根据自身特色和学生特点,开设

[①] 彭红艳.基于学校劳动教育的手工艺类"非遗"课程开发与实施:以上海市清华中学"上海灯彩"课程为例[J].非遗传承研究,2022(3):55-60.

[②] 张丽云,李武英,薛晶.以民间传统手工艺为载体开展幼儿劳动教育[J].山西教育(幼教),2022(3):5-7.

卫生劳动教育方面的课程,以学校公共卫生及学生个人卫生作为主要内容,以活动的方式开展,要注意活动开始时的引导,过程中的实施和结束时的反思。卫生劳动开始前,教师向学生说明简单体力劳动的重要性,让学生懂得卫生劳动的意义和价值,掌握卫生劳动实践操作的程序、规则和正确使用工具的方法、技术。① 卫生劳动结束时,教师让学生总结交流,反思卫生劳动的收获与不足,体会环境整洁带来的快乐,使学生在劳动中获得成长。②

2. 种植养殖劳动教育资源的利用

种植养殖劳动教育资源的利用主要以小组活动的形式进行,通常采用实践体验方式开展。种植养殖劳动可以在学校的劳动技能课、兴趣小组、社团活动、节日、常规活动时间或是在放学后进行。种植养殖劳动开始前,教师让学生了解劳动的具体内容和价值意义,以及劳动实践操作中要注意的事项,学生要学会保证自己的安全,学习科学的种植养殖方法和技术,因为种植养殖劳动需要长久持续进行,当进行到一个阶段如期中或期末时,让学生进行总结交流,反思劳动中的经验与不足,体会劳动带来的生命喜悦和快乐。

3. **手工艺劳动教育资源的利用**

手工艺劳动教育资源的利用主要采用班级授课的形式,面向全体学生,可将理论讲解与实践体验相结合,也可以以兴趣小组选修课的方式开设多样的手工艺劳动课程。教师在授课过程中要有一定的理论讲解与实践操作,课程结束后要求学生将材料整理好,有序收回。作品完成后教师需要对学生的作品进行展览与评价,让学生进行经验总结与交流,体会手工艺劳动带来的成就感与幸福感。

(二)学校劳动教育资源的学段要求

劳动教育的实施和劳动教育资源的利用,立足于学生的生活需求和对学生个体差异的尊重,所以教师在教学资源选择时,可以根据学生的学段将其分为学前教育阶段、义务教育阶段和职高阶段展开教学,逐级递进并根据学段的实际情况适当调整教学内容。③

1. 学前教育阶段的劳动教育资源

学前教育阶段的卫生劳动主要以热爱劳动观念的养成为主,劳动的时间和任务相较义务教育阶段和职高阶段而言较少,教师应根据学生的能力创设合适的劳动任务。如让学前教育阶段的幼儿在就餐后将自己的餐具放置在固定的位置,课堂上在教师的引导下阅读劳动相关的绘本,潜移默化地让幼儿养成热爱劳动的好习惯。在种植养殖劳动教育资源方面,种植的种类宜少且易养活,教师主要让学生体验参与劳动的过程,如让学前幼儿撒种子、浇水或者给养殖的动物投喂食物等。手工艺劳动则以简单组装、上色和串珠

---

① 鲍忠良.青少年学生劳动教育现状的实证研究[J].教育探索,2013(8):91-93.
② 胡君进,檀传宝.马克思主义的劳动价值观与劳动教育观:经典文献的研析[J].教育研究,2018,39(5):9-26.
③ 洪丽萍.培智义务教育劳动技能校本课程建设的实践研究[J].现代特殊教育,2016(15):72-74.

等活动为主,可以强化学前幼儿的手眼协调能力,劳动量小的劳动教育实践活动更容易让低龄学生参与其中。

2. 义务教育阶段的劳动教育资源

同样的卫生劳动,义务教育阶段可以在学前教育阶段劳动教育基础上逐步提升劳动的"难度"和"强度",教师除了要求学生完成各自班级内卫生劳动外,还可以让学生承担一些力所能及的校园卫生劳动或者帮助学前教育阶段幼儿打扫班级卫生等。在种植养殖劳动方面,教师可以扩充种植种类,让学生种花、种菜、种树,也可以尝试放手让能力较好的学生分小组去管理一块种植地。以学生为主体,引导学生自主计划,适当开展一些种植养殖活动。在手工艺劳动方面,教师可根据学校特色和学生具体情况选择性开展劳动教育活动,这样既帮助学生掌握了某项劳动技能又突出学校的劳动教育特色。

3. 职高阶段的劳动教育资源

职高学生的劳动侧重于职业性,卫生劳动以承接卫生清洁订单的形式展开,例如承接校园各功能室、办公室、餐厅等的卫生清洁订单,学校予以学生一定的报酬,让职高学生逐渐感受自我劳动的现实价值。在种植养殖上根据学校需要,结合专业开设和学科需要开展一些种植养殖活动。如教师每年要求学生定期参与树木种植与维护,养殖一些经济类牲畜。在手工艺劳动上,教师可以鼓励职高学生尝试维修一些简单的家用电器、家具等。

需要注意的是,劳动教育不做性别的区分,应面向全体学生。[1] 卫生劳动一般要求全体学生参与,这是所有学段的学生共同的劳动,也是学校进行的最简单、最基本的劳动。在各个学段进行劳动教育时,教师应制订班级安全管理机制,向学生讲解潜在的校园安全问题,帮助学生建立劳动教育安全意识和掌握相关知识。[2]

第二节 家庭劳动教育资源的开发与利用

一、家庭劳动教育资源的内涵与特点

(一)家庭劳动教育资源的内涵

家庭劳动教育资源指蕴含在家庭中,对劳动教育有价值的、可供开发与利用的资源。[3] 大致可分为物质资源、人力资源、心理资源、文化资源和活动资源。物质资源指对家庭劳动教育具有价值的、可供开发与利用的物品与空间,主要指起居生活物品与寓所

---

[1] 龚春燕,魏文锋,程艳霞. 劳动素养:新时代人才必备素养[J]. 中小学管理,2020(4):9-11.
[2] 陈林,卢德生. 小学劳动教育的路径及保障[J]. 教学与管理,2019(17):11-13.
[3] 班建武."新"劳动教育的内涵特征与实践路径[J]. 教育研究,2019,40(1):21-26.

空间。人力资源指能充当家庭劳动教育者的家庭成员,主要指家长。心理资源主要指家庭成员对劳动与劳动教育的认识、情感与态度等。文化资源主要指对家庭劳动教育有价值的精神与文化存在。活动资源主要指家务劳动。家庭是劳动教育的重要场域,它蕴含着丰富的劳动教育资源。[①]

(二)家庭劳动教育资源的特点

家庭劳动教育资源具有天然丰富性、日常生活性和相对密集性。

1. 天然丰富性

家庭是日常生活的主要场所,家庭劳动教育资源的天然丰富性不仅表现为家庭是培养劳动情感的温床,更表现为家庭是养成日常劳动习惯的最佳场所。父母是孩子最亲近的人,也是孩子的启蒙老师。父母在家庭中的劳动态度、劳动行为、劳动习惯会潜移默化地影响孩子。家庭形成的日常劳动文化也是劳动教育的重要资源。[②]

2. 日常生活性

日常生活性是家庭最重要的特点,也是家庭劳动教育资源的基本特点。家庭的日常生活性体现为日复一日、年复一年的重复性,体现为家庭日常生活中形成的自然态度、养成的生活习惯。

3. 相对密集性

相对于学校与社会,家庭的空间比较小。家庭空间虽小,但其蕴含的劳动教育资源却十分丰富,具有密集性的特点。[③] 密集性不仅体现在空间上的高密度性,如厨房、客厅、卧室、书房、阳台等都可以成为劳动教育场所,也体现在时间上的频繁性,如每天都需要进行家务劳动。

二、家庭劳动教育资源的分类

家庭劳动教育资源可以分为家庭劳动教育物质资源、家庭劳动教育人力资源、家庭劳动教育心理资源、家庭劳动教育文化资源和家庭劳动教育活动资源。

(一)家庭劳动教育物质资源

家庭是日常生活的寓所,学生每天与家里的物品打交道,与物品形成了熟悉且亲密的关系。家庭劳动教育物质资源,是有温度、有情感、有丰富具身体验的日常用品和生活空间。根据家庭物质空间的属性和功能,可以把家庭物质空间分为卧室、客厅、厨房、书房、浴室与阳台等。这些空间都可以开发成劳动教育空间。开发与利用这些空间,就是要赋予这些空间以劳动教育的属性,就是要将它们打造成劳动教育的场所。卧室能成为

---

① 何云峰.论家庭在劳动教育中的基础作用[J].劳动教育评论,2020(2):30-41.
② 胡睿.在家庭教育中有机融入劳动教育[J].中国教育学刊,2019(1):107.
③ 刘军豪.陈鹤琴家庭劳动教育思想的内涵、原则与路径[J].陕西学前师范学院学报,2020,36(8):42-46.

日常生活性劳动场所,客厅能成为服务性劳动场所,厨房能成为烹饪劳动场所,书房能成为学习劳动场所,阳台能成为盆景种植等劳动场所,浴室能成为清洁劳动场所。家庭劳动教育物质资源开发与利用的目标,是为家庭劳动教育提供充足的、有效的、高质量的物质环境、劳动工具和劳动材料等资源。[1]

(二)家庭劳动教育人力资源

家庭劳动教育人力资源的开发与利用,则是为家庭劳动教育提供优质的师资力量。学校教师虽然能为家庭劳动教育提供指导和建议,但具体的家庭劳动教育实践主要依靠家长。家庭是人生的第一所学校,家长是孩子的第一任老师,要给孩子讲好"人生第一课",帮助孩子扣好人生第一粒扣子。从家庭劳动教育来说,家长要帮孩子系好劳动人生、幸福人生的第一粒扣子。劳动教育者型家长,是家庭劳动教育人力资源开发与利用的目标,该类家长具备对孩子进行劳动教育的观念、能力和技能,能发挥其劳动教育力量,促进孩子的劳动素养提升和自由全面发展。[2] 家长的一言一行都在潜移默化地影响着孩子,首先,要把劳动教育从家长的教育观中凸显出来,让家长意识到家庭劳动教育不仅是必要的,而且是重要的。[3] 其次,要确立家长作为劳动教育者的身份与角色,要注重家长劳动者形象的开发和利用,让孩子真真切切地感受家长的辛勤劳动。[4] 最后,家长要丰富劳动教育方法。家庭劳动教育不是空洞的劳动说教,而是要营造浓厚的劳动氛围,家长在孩子面前树立爱劳动的好榜样。苏霍姆林斯基说:"树立榜样是劳动教育的一种方法。"[5]丰富家长的劳动教育观,可以采用多种方式,如采取家长培训、家校共学共研、家长自我学习、家庭劳动教育人力资源提炼等。家庭劳动教育人力资源提炼,指提炼家长的劳动教育经验,形成个体性劳动教育精神。

(三)家庭劳动教育心理资源

"家庭是我们社会的基本细胞,它体现在经济、道德、精神心理学、审美等方面的诸多人际关系,当然,还包括教育方面的关系。只有父母抱着崇高的目的,在孩子心目中他们因这个目的变得崇高并为之奋斗时,家庭才能成为一种高尚的教育力量。"[6]从某种意义上说,教育是人与人之间心理关系的力量。家庭心理,主要指家庭成员之间的心理关系。家庭心理既是影响家庭劳动教育的重要因素,也是家庭劳动教育的重要资源。家庭劳动教育心理资源分布容易出现不平衡问题,有的家庭侧重劳动认知,不少家长喜欢用说教

---

[1] 朱桃英.对家庭劳动教育中存在问题的调查及思考[J].当代教育科学,2003(17):42-43.
[2] 刘向兵,闻效仪.通过新时代劳动教育引领和推动人力资源开发建议[J].教育经济评论,2019(1):3-10.
[3] 朱桃英.对家庭劳动教育中存在问题的调查及思考[J].当代教育科学,2003(17):42-43.
[4] 牛世莲,赵艳丽.家校合作发挥劳动教育育人功能的实践策略[J].当代家庭教育,2021(32):3-4.
[5] 常蓉.试论苏霍姆林斯基的劳动教育思想[J].湖南人文科技学院学报,2013(2):83-86.
[6] 教育部关心下一代工作委员会《新时期家庭教育的特点、理念、方法研究》课题组.我国家庭教育的现状、问题和政策建议[J].人民教育,2012(1):6-11.

的方式告诉孩子劳动的价值以及如何劳动。但"纸上得来终觉浅,绝知此事要躬行",说教再多,也不如与孩子一起深入地体验劳动。有的家庭侧重劳动情感,通过趣味化、游戏化的劳动让孩子在家庭中充分体验劳动的乐趣,这对培养孩子的劳动乐趣、情感十分有益。但随着孩子年龄的增长,拥有的劳动知识的丰富和技术含量的提高,仅有简单的劳动乐趣还不够,孩子还需要在劳动中体验理性的魅力和劳动技能创新的乐趣。[①] 有的家庭侧重劳动意志力的训练,给孩子布置了不少具有挑战性的家庭劳动任务,甚至有的任务可能超出了孩子的能力范围。劳动意志力是劳动心理的重要组成部分,但如果劳动意志力训练过于频繁,难度过大,可能适得其反。因此,需要反思和优化家庭劳动教育心理资源,让知、情、意、行达成动态的平衡与有机的统一。[②] 从孩子纵向劳动心理发展历程看,学前教育阶段更多应注重激发幼儿的劳动兴趣,体验劳动情感,养成劳动行为习惯;义务教育阶段和职高阶段,应在养成劳动情感和劳动习惯的坚实基础上适当注重劳动的创意性与创造性。

(四)家庭劳动教育文化资源

每个家庭都有自身的文化,劳动教育要在家庭中生根发芽、蓬勃发展,就需要深入家庭文化内核,深度开发与利用家庭文化资源。一般而言,现代家庭文化具有三个基本向度:家庭传统文化、家庭现代文化与家庭主流文化。家庭传统文化体现了历史性,家庭现代文化彰显了时代性,家庭主流文化凸显了意识形态性。中国特色社会主义新时代的家庭文化的开发和建设既要扎根于中华民族优秀的家庭文化传统,又要彰显家庭文化的现代性,社会主义价值取向。[③] 中华民族是热爱劳动的民族,家务劳动是古人劳动的重要内容。中国先民早就知晓了洒扫对于生活的重要性。洒扫不仅是重要的日常生活劳动,也是立德树人的重要方式。如今,大多数家庭逐渐注重培养孩子的独立自主能力,具有"自己的事自己做"的家庭劳动教育文化。丰富的家庭劳动教育文化能为家庭劳动教育提供丰富、有效的课程资源。[④] 为了更好地利用家庭劳动教育文化资源,促进家庭劳动教育实践,可以从两个层面对家庭劳动教育文化资源进行提炼,一个是精神层面的提炼,另一个是符号层面的提炼。[⑤] 精神层面的提炼主要是劳动文化之魂,然后再以这种劳动文化之魂去指导和统摄劳动文化符号的提炼。家庭劳动文化符号的提炼,旨在提炼出一种最能体现家庭劳动文化理念的符号系统,这种符号可以是语言文字,可以是音乐图画,可以是

---

① 邢若琳.小学劳动教育实施现状调查研究:以石家庄市四所小学为例[D].石家庄:河北师范大学,2020.

② 韩震.劳动教育在构建教育体系中的基础性全局性地位[J].中国高等教育,2018(24):1.

③ 林克松,熊晴.走向跨界融合:新时代劳动教育课程建设的价值、认识与实践[J].湖南师范大学教育科学学报,2020,19(2):57-63.

④ 徐继存,段兆兵,陈琼.论课程资源及其开发与利用[J].学科教育,2002(2):1-5.

⑤ 葛敏,缪建东.家庭教育实践的方法论阐释:基于场域的视角[J].首都师范大学学报(社会科学版),2018(4):175-183.

故事,也可以是实物表征。家庭劳动教育文化资源的提炼,要依据孩子的学段和发展阶段进行适宜性的选取。① 不论是何种形式的家庭劳动文化符号,都可以在内涵上拓展为三个基本维度:历史传统的深度、社会主义的高度与国际视野的宽度。这些承载着丰富家庭劳动文化理念的符号,需要巧妙地融合于日常生活之中。

(五)家庭劳动教育活动资源

家庭劳动教育需要丰富的家庭劳动活动来支撑。家庭劳动活动大致可分为以下七类:清洁类、整理类、饮食类、维修类、家庭服务类、家庭管理类和美化类(见图7-2-1)。

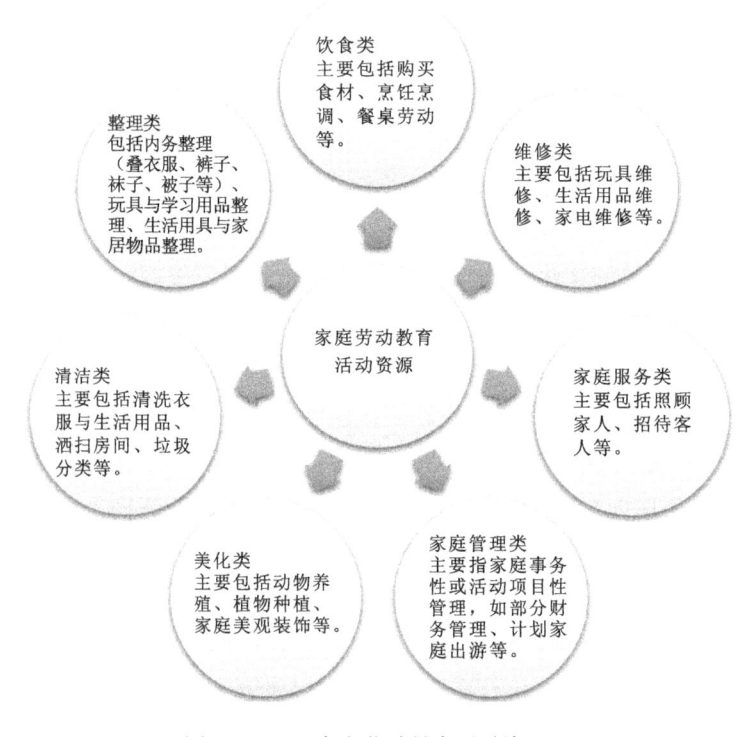

图7-2-1 家庭劳动教育活动资源图

从劳动内容、形式、方法三个方面丰富家庭劳动教育活动资源。以个人生活起居为主要的家庭劳动活动内容,例如,清洁类劳动,自己洗漱,清扫房间,进行简单的垃圾分类;整理类劳动,叠衣服、被子,整理自己的穿着、玩具和学习用品;饮食类劳动,清洗蔬菜瓜果,择菜等。开展家庭劳动活动时,家长要耐心指导,确保安全,做好示范,循循善诱,培养孩子的劳动安全意识,激发孩子的劳动兴趣。此外,劳动活动形式应灵活化、多样化、游戏化,劳动活动设计应体现出童心、童真、童趣,让孩子充分感受和体验家庭劳动的

---

① 姚芳.学校与家庭形成劳动教育合力的实践策略:基于班主任工作的视角[J].教育科学论坛,2020(20):62-64.

乐趣。① 家庭劳动活动方法方面，在安全的前提下，家长要鼓励孩子勇于尝试，自己探索。义务教育阶段和职高阶段应在学前教育阶段的基础上，拓展以下家庭劳动活动内容：清洁类劳动，不仅会洗自己的衣服，还要学会分类清洗衣服；整理类劳动，不仅会内务整理，还要学会整理生活用品和家居用品，学会合理分类；饮食类劳动，不仅会清洗蔬菜瓜果，还会购买食材，进行简单的食物加工（如制作水果沙拉、拼盘、凉拌菜等），会初步制作简单的家常餐；家庭服务类劳动，饭前在餐桌上摆放碗筷，给长辈们端水倒茶，帮家长招待客人。职高阶段的家庭劳动活动形式方面，应适当从简单的劳动逐渐走向复杂一些的劳动。家庭劳动活动方法方面，应从以示范指导为主逐渐转向以分工协作为主。家庭劳动活动形式应更多元与开放，劳动活动主题越明确、越清晰，劳动活动的教育效果往往越好。② 主题的提炼可以配合家庭劳动文化符号的提炼一起进行。劳动活动方法的提炼，需要反思方法的成效与存在的问题，可逐渐从具体的劳动活动方法中提炼出一套适切的、有价值的家庭劳动活动方法论体系。

三、家庭劳动教育资源的利用方式与学段要求

（一）家庭劳动教育资源的利用方式

家庭劳动教育资源的利用方式主要有家庭劳动教育物质资源的利用、家庭劳动教育心理资源的利用、家庭劳动教育文化资源的利用和家庭劳动教育活动资源的利用。

1. 家庭劳动教育物质资源的利用

从学生发展的立场和劳动教育的价值取向层面丰富家庭劳动教育物质资源。苏霍姆林斯基认为："劳动教育的成功，要靠以适当的方式配备物质基础。"③家庭劳动教育，需要在家为学生提供丰富的、有效的、合适的物质基础和工具设施，以便学生在家劳动。同时也要优化家庭劳动教育物质资源的结构。在优化物质资源的时候，既需要充分发挥每一种资源自身的特点和优势，又需要注意各种物质资源的有机关联，从而实现家庭劳动教育物质资源功能的整合化和最大化。④ 家长在教育孩子的过程中会积累不少经验，这些经验中包含着劳动教育经验。首先，家长要学会在实践中反思自己的劳动教育经验。例如，家长可以通过反思日记的形式，把自己的具体劳动教育案例、经验和反思记录下来。其次，打造劳动教育学习共同体，为家长成为家庭劳动教育者提供支持。例如，建构

---

① 王丽蓉.幼儿家庭劳动教育的问题及对策研究：以寿光市S幼儿园为例[J].教育观察，2022，11(9)：24-27.
② 杨红梅.浅谈幼儿家庭劳动教育[J].佳木斯职业学院学报，2016(5)：269-271.
③ 常蓉.试论苏霍姆林斯基的劳动教育思想[J].湖南人文科技学院学报，2013(2)：83-86.
④ 纪世元，韩嵩.中小学劳动活动课程化：内涵、意义与实施路径[J].教育探索，2020(3)：13-17.

家—校—社区劳动教育学习共同体,交流和学习如何实施家庭劳动教育。① 最后,劳动教育研究者和学校教师需要支持和帮助家长提炼劳动教育经验。家长在提炼自身劳动教育经验的过程中,要凝练出自己的劳动教育理念。一般而言,家长既需要打通劳动教育理论知识和自身劳动教育经验之间的壁垒,使之共生共融共长,也需要转"识"成"智",把劳动教育知识转化成劳动教育智慧。

2. 家庭劳动教育心理资源的利用

丰富家庭劳动教育心理资源,需要在亲子关系上下功夫。第一,家长与孩子共同参与家庭劳动,在家庭劳动的分工、合作、交流中建立和谐的亲子关系。马克思主义认为劳动创造人,人在劳动中结成人与人之间的关系,即社会性关系。② 在共同的家庭劳动中建立的和谐亲子关系,为家庭劳动教育奠定了"师生关系"基础。在共同的家庭劳动中,孩子切身感受到家长热爱劳动这一优良品质,家长则从孩子劳动素养的点滴进步中,提升作为家庭劳动教育者的效能感。第二,家长倾听孩子的劳动感受和感想,与孩子交流劳动心得。家庭劳动教育不仅是行为的教育,更是心理的教育,要让孩子树立正确的劳动意识和崇高的劳动精神。③ 家长要注意倾听孩子的劳动感受和想法,拉近彼此之间的心理距离,实现劳动心理的同频共振。在共同的家庭劳动中,家长与孩子形成了丰富的心理资源。心理资源的构成,不仅建立在家长倾听孩子真切劳动感受的基础上,还在于家长帮助孩子树立正确的劳动价值观。④ 在自由与充满爱意的家庭环境中,在家长与孩子共同参与家庭劳动中,在家长与孩子的劳动交流中,在帮助孩子梳理和提炼自己劳动感受、体验与观点中,孩子与家长结成亲密的劳动型亲子关系。⑤ 劳动心理的知、情、意三位一体和劳动心理与劳动行为习惯一体化是家庭劳动教育心理资源的优化目标。

3. 家庭劳动教育文化资源的利用

家庭劳动教育文化资源的利用可从以下两方面着手:一是整合好现实的家庭劳动教育文化资源。城市家庭的劳动教育文化可能更多是一种现代化的家庭劳动文化,更多地从家庭劳动权利和义务的角度阐释家庭劳动教育文化;农村家庭的劳动教育文化可能更多是一种传统的家庭劳动教育文化,更多地通过劳动故事和劳动记忆来传承家庭劳动教育文化传统。新时代中国特色社会主义的家庭劳动教育文化,需要真正有机

---

① 徐东,程轻霞,彭晶.幼儿园、家庭、社区协同推进幼儿劳动教育的意义与路径[J].豫章师范学院学报,2021,36(6):50-55.
② 杨兆山,陈煌.马克思主义教育同生产劳动相结合思想的几个基本问题[J].社会科学战线,2021(1):218-229.
③ 赵荣辉.劳动教育:儿童确证自我的媒介[J].教育学术月刊,2011(10):6-9.
④ 檀传宝.劳动教育的本质在于培养劳动价值观[J].人民教育,2017(9):45-48.
⑤ 何云峰.论家庭在劳动教育中的基础作用[J].劳动教育评论,2020(2):30-41.

融合家庭劳动教育传统文化与现代文化。① 二是对家庭劳动教育文化符号的呈现进行时空优化。空间优化是从家庭劳动教育文化符号呈现的空间设置进行,可以根据家庭区域功能来优化劳动教育文化符号。例如,在厨房烹饪区,适合设置与张贴一些烹饪劳动的文化符号;在低龄小孩卧室区适宜设置和张贴一些自我起居服务性的文化符号。时间优化是从家庭劳动教育文化符号呈现的时间段与时间周期来进行优化。具体可以从孩子的学段、季节、节假日与劳动主题活动时间等方面来优化家庭劳动教育文化符号的时间呈现。

4. 家庭劳动教育活动资源的利用

可从劳动活动时间、动机、情境、方法、评价五个方面去优化。第一,优化家庭劳动活动时间,使家庭劳动保持经常性和持续性。家庭劳动活动越是在时间上有规律,越容易使孩子养成良好的家庭劳动习惯和品质。第二,优化家庭劳动活动动机,激活孩子劳动的内驱力,具体可以从劳动活动赋权、劳动创造性挑战、劳动意义感体验等方面着手。② 家长可以通过对话与沟通的方式,跟孩子协商好家务安排、家务劳动规则与事项,形成家规,让大家自觉遵守执行。此外,可适当提升家庭劳动活动的趣味性和挑战性,提升孩子劳动的意义感和成就感,要让孩子感受到,通过自我服务的劳动,能使生活变得更美好,能使自己变得更快乐、更可爱。第三,优化家庭劳动活动情境,需要巧妙利用"天时地利人和",创设劳动活动情境。③ 例如,趁端午节家人齐聚时,在家举行包粽子大赛。第四,优化家庭劳动活动方法,可灵活采用多种方法,如探究法、项目活动法、比赛法、游戏法、角色扮演法等。苏霍姆林斯基认为,劳动教育的成功要"靠给孩子们恰当地确定劳动项目,同时也要靠教育上合理的教育工作的形式和方法"④。第五,优化家庭劳动活动评价,可以将孩子自评和家长评价有机结合,以正面鼓励和赞扬为主,及时肯定孩子的家庭劳动表现。

(二)家庭劳动教育资源的学段要求

1. 学前教育阶段的劳动教育资源

从学段来看,学前教育阶段主要需要丰富自我服务性的物质资源,旨在培养智力与发展性障碍学生的生活自理能力和简单家务劳动能力。"自我服务,这是最简单的一种日常劳动,劳动教育一般都从自我服务开始,而且不管每个人日后从事何种生产劳动,自

---

① 胡君进,檀传宝.马克思主义的劳动价值观与劳动教育观:经典文献的研析[J].教育研究,2018,39(5):9-26.

② 李群,郝志华,张萍萍.中小学劳动教育的实践观照与理性回归[J].中小学管理,2019(5):8-10.

③ 郭志明,成建丽.劳动教育:人全面发展的重要场域:卢梭自然主义劳动教育思想评析[J].天津师范大学学报(社会科学版),2021(2):54-59.

④ 常蓉.试论苏霍姆林斯基的劳动教育思想[J].湖南人文科技学院学报,2013(2):83-86.

我服务都将成为他的义务和习惯……只有当一个人从童年起,就养成厌恶肮脏邋遢的自然习惯时,只有当这种习惯变成看待周围环境的、带有情感的审美感时,才有可能产生对待劳动,即对待自我服务的自觉态度。"①例如,在日常生活中,家长可以在保证安全的前提下适当放手,根据学前幼儿的能力大小附加一些额外的劳动,增强其劳动的适应性,促进其劳动技能的发展。当幼儿出现劳动困难时,家长要抓住教育契机,通过诸如家庭互动游戏、讲故事等方式来鼓励幼儿"自己来""自己做",以此激发幼儿参与劳动的欲望,让幼儿树立"我会""我可以"的自信心,使其收获劳动所带来的自我效能感。同时,学前段幼儿的日用品要设计得更美观,更有童趣,玩具收纳箱要设计得简单有趣,以提高他们的劳动兴趣和劳动效能感。

2. 义务教育阶段的劳动教育资源

义务教育阶段的家庭劳动要素包括学洗手、学洗脸、学洗袜子、学洗水果、整理玩具、收纳书本等内容。此外,家庭劳动教育物质资源的丰富要体现简单性和趣味性。低年段要侧重自我服务性劳动的感性认识,在劳动感受和体验交流中,家长要注重情感性、故事性和兴趣引导性②。例如,在阳台,根据学生的兴趣,添置一些观赏性的盆景,让学生负责浇水、修剪等;在厨房,根据学生的学段和身心特点,添置一些烹饪劳动工具;在书房添置一些收纳箱和书柜,让学生自己整理书籍和玩具;在客厅添置一些方便洒扫的工具;在卧室里添置方便整理衣服的衣柜;等等。

3. 职高阶段的劳动教育资源

职高阶段学生丰富家庭劳动教育物质资源的重心应从日常自我服务性劳动向家庭服务性劳动转移。家长需要根据孩子的学段特点和心理特点,丰富家庭劳动教育心理资源。如给学生设置任务清单,使用洗衣机清洁衣物并完成晾晒和收纳整理、为家人做简单的饭菜、去社区超市完成简单采购、完成常规的家庭清洁任务等,使他们成为家人的好帮手。

在家庭劳动教育过程中,家长要遵循智力与发展性障碍学生身心发展规律,从学生的日常生活入手,结合学生的能力水平安排合适的劳动内容并予以调整,采取灵活且具有针对性的教学策略,让学生在操作和体验中习得劳动技能。③

---

① 王泉泉,刘霞,陈子循,等.核心素养视域下劳动素养的内涵与结构[J].北京师范大学学报(社会科学版),2021(2):37-42.
② 张丽萍.浅析家庭教育中幼儿劳动习惯的培养[J].基础教育论坛,2019(22):63-64.
③ 黄献林.浅谈特殊教育学校实施劳动教育的路径:以安徽省马鞍山市特殊教育学校为例[J].现代特殊教育,2022(11):60-61.

第三节　社会劳动教育资源的开发与利用

一、社会劳动教育资源的内涵与特点

(一)社会劳动教育资源的内涵

社会劳动教育资源是指在社会范围内一切可供利用的劳动资源,是在劳动教育中、在现有教育条件下,能够被劳动教育主体开发或利用的各种社会物质要素和精神要素的总和,同时是必须有利于劳动教育目标实现的各种社会资源要素。它可以弥补学校劳动教育资源的不足。每个人都是社会成员之一,在社会这个大集体中,在享受社会给予个体权利的同时又要为社会做贡献,个体要掌握一定的生产劳动知识和树立一定的服务意识。因此,在开发社会劳动教育资源时,要立足于个体掌握的生产劳动知识和树立的服务意识。[1]

(二)社会劳动教育资源的特点

社会劳动教育资源具有时代生成性、社会开放性和形态多样性的特点。

1. 时代生成性

随着社会经济的发展和社会劳动形态的变化,社会劳动教育资源是随着人类历史的轨迹而不断变化和发展的。其不仅以具有时代性的物质形态为载体,如具有时代感的建筑物、生产工具等,同时也以一定的社会历史阶段形成的精神形态为载体,如不同年代所形成的劳动精神和劳动文化等。此外,社会劳动教育资源是需要通过对具有时代生成性的社会劳动教育资源(包括物质形态和精神形态等)的主体性的开发来发挥其教育价值,使劳动教育资源变得丰富多彩。[2]

2. 社会开放性

一方面,社会劳动教育资源的来源具有开放性。社会劳动教育资源广泛存在于社会的生产生活中,由人类的生产生活实践所创造,体现着人类实践活动的印记。另一方面,社会劳动教育资源的受众具有开放性,集中表现在社会公众的共享共用等方面,处于一定社会劳动教育资源影响下的个体或群体,都可以享用社会劳动教育资源或者受其影响。

3. 形态多样性

一方面,社会劳动教育资源的内容具有多样性。社会劳动教育资源不仅包含展现一定时代或时期劳动生产状况的物质形态的劳动教育内容,还包含体现劳动价值观、体现

---

[1] 周云祥,王凡.帕夫雷什中学劳动教育特色探析:一个农村中小学实施劳动教育的范本[J].外国教育研究,2005(4):56-63.

[2] 孟献军.家庭·学校·社会劳动教育内容体系的构建[J].中国现代教育装备,2021(2):51-53.

劳动者的劳动精神、展现一定社会劳动文化的精神形态的劳动教育内容。① 社会劳动教育资源的内容往往隐藏在相关教育资源中,需要教育主体进行挖掘。另一方面,社会劳动教育资源的载体具有多样性。从其属性来看,有政治资源载体、经济资源载体和文化资源载体等;从其存在方式来看,有物质形态的资源载体,如实物形态的劳动成果等,也有精神形态的资源载体,如在生产实践中形成的劳动精神或劳动文化等;从其空间分布来看,有地域性的资源载体和非地域性的资源载体;从其时间存在来看,有历史性的资源载体和时代性的资源载体等。②

二、社会劳动教育资源的分类

社会劳动教育资源可以分为劳动实践基地资源、乡土劳动教育资源、社区劳动教育资源和城镇职业体验资源。

(一)劳动实践基地资源

劳动实践基地资源主要包含特意建设的、以培养学生劳动素养为基础、以提高学生劳动能力为目标的场所,让学生能够走出家庭和学校到专门的劳动实践基地进行的有组织、有计划的劳动实践行为。③ 在实践基地对学生进行劳动教育的关键在于,为学生构建一个开放的学习环境,为学生提供获取知识的渠道,并让学生将学到的知识加以综合运用。

劳动实践基地资源大致可以分为两类:一类是由学校开发的劳动实践基地,供本校学生体验劳动活动,培养正确的劳动价值观。学校在校园内通过开设属于每个班级的"开心农场"等实践基地,给学生提供良好的劳动教育,有效地拓宽培养学生创新精神和实践能力的途径,也给教师、学生提供自主管理的平台,使师生们更深刻地理解劳动教育的内涵。另一类是学校附近的工厂、农场、企事业单位、商业场所、生态园、农业种植园等劳动实践场所,学校可与这些场所合作,打造中小学生校外体验馆和劳动实践活动基地。④ 校外劳动实践基地从无到有,呈现良好发展趋势,这一过程中所遇到的困难也是巨大的,但建设校外劳动实践基地有利于学生劳动教育,势在必行。⑤

(二)乡土劳动教育资源

陶行知先生曾提出"生活即教育""社会即学校""教学做合一"的思想,积极倡导生活教育活动。⑥ 劳动教育应植根于生活,接地气,接近学生实际,而乡土资源就是进行体

---

① 陈辉.新时代社会劳动教育资源的育人价值及其利用探析[J].劳动哲学研究,2022:169-177.
② 李臣之,黄春青.新时代劳动教育课程设计与实施[M].广州:广东教育出版社,2022:198.
③ 吴学峰.新时代劳动教育:时代意涵·发展目的与路径选择[J].当代职业教育,2021(2):62-67.
④ 郭丽.综合实践活动视阈中的劳动教育[J].现代教育科学,2014(6):143-144.
⑤ 罗长河,张映雄.校外劳动教育实践基地建设的价值与行动[J].四川教育,2021(18):8-9.
⑥ 赵伟.陶行知"教学做合一"思想对新时代劳动教育的启示[J].东北师大学报(哲学社会科学版),2021(5):157-164.

力劳动最合适的资源。乡土资源是一个具有巨大发展潜力的课程资源库,超越了教材和校内资源的范围限制,为学生的劳动教育提供了更多更全面的素材。学生长期居住的地方往往对学生的发展具有优先、深厚、全面的影响,比如当地气候等自然环境因素对学生自然意识的养成具有重要影响,是学生发展和教育不可忽视的重要资源。由此可见,乡土资源除具有潜在性、多质性、广泛性等各类课程资源的共性外,还具有审美性、地域性、风土人文性、民俗性等特征。我们可以根据地域文化的不同,以贴近本地生活的项目为载体开发乡土劳动教育资源。

乡土劳动教育资源是对自然存在于当地的农林牧副渔等产业,根据劳动教育的需要进行有目的的开发和利用,以培养学生劳动知识、劳动技术与劳动精神的资源,这种资源主要集中在农村或是城郊。乡土劳动教育资源是适合学生实际需要的、处于自然分散状态下的地方劳动教育资源,是教材资源的一个重要补充,特点是就近、便捷、有特色。[①] 农村学校可以利用地处农村的优势,以田园课程实施为契机,有效探索学生劳动教育新内容和新机制,如开展种植活动、养殖活动、泥巴课堂、农耕文化体验活动等。在这样的活动中,学生既可以体验"锄禾日当午,汗滴禾下土"的辛苦,又能够懂得"谁知盘中餐,粒粒皆辛苦",感受劳动成果的来之不易;既培养了创造精神和热爱生活的品质,又在合作探究中学习了其他相关学科知识。

(三)社区劳动教育资源

社区劳动教育资源是指城镇居民生活居住区内一切蕴含劳动知识技能与劳动精神的资源,主要集中于城市居民生活区。[②] 这里的社区主要是指自工业革命以来,人类社会都市化进程下形成的城镇社区与城市社区。社区劳动是指学生在教师的指导下走出教室,参与社区活动,以自己的劳动满足社会组织或他人的需要。[③] 社区劳动教育旨在增强公共服务意识和担当精神,体现服务性劳动的属性。

社区劳动教育资源包括社区劳动实践、社区劳动模范事迹、社区公益活动、社区志愿服务、社区治安巡逻等。对这些资源的合理开发与利用有利于学生树立正确的劳动价值观,有利于促进学生对相关劳动技能的掌握,提升学生的劳动实践能力,使学生成为履职尽责、敢于担当的人。教师可以定期带领学生进入社区,用实际行动维护社区环境,助力"文明社区"的创建,这样可以让学生热情高涨,干劲十足,积极投入到志愿服务活动中。在社区环境的整治中,学生可以做到分工明确,有条不紊。由此教育学生要从自我做起,从小事做起,自觉维护社区环境,提高自身文明素质,为"文明社区"工作贡献自己应有的力量。

---

① 欧阳修俊,谭天美.乡村学校劳动教育课程变革的挑战与方向[J].中国教育学刊,2019(8):56-60.

② 高宛玉.回归与进化:劳动教育再发展与社区教育治理体系构建的互动逻辑[J].现代远距离教育,2019(5):21-25.

③ 单艳芬.构建学校、社会、家庭三方协同劳动教育实践探讨[J].新课程,2021(46):14.

(四)城镇职业体验资源

城镇地区相比农村地区有完整的职业就业体系,职业门类齐全,要立足城镇职业类别进行劳动体验教育,让学生在理论与实践的基础上进行职业体验。重视职业体验教育,进行职业体验课程规划与实施,密切关注学生与社会的联系,目的是要引导学生树立正确的职业观、劳动观和人生观,培养其生涯规划、实践创新的意识和能力,激发和培养学生对职业的认识。城镇职业体验是指学生以从事相应的城镇职业来认识周围事物的过程,它体现了服务性劳动的属性。学生在教师的指导下,走出教室,参与社会活动,以自己的劳动满足社会组织或者他人的需要。[①] 学生在职业体验中,获得了自身的发展,促进了相关知识技能的学习,成为履职尽责、敢于担当的人。开发职业体验课程资源,帮助学生根据自身的受教育程度、性格特点、学习能力、身体条件等因素,围绕人生理想、愿景以及价值观取向,进行准确的自我定位,思考人生及职业规划。

城镇职业体验资源的分类包括医生、厨师、服务员、园艺师、警察、消防员等职业。在职业体验的基础上开发劳动教育课程资源,引导学生将理论知识与实际工作相结合,可以更好地帮助学生发现自己的特长,培养职业兴趣,提高生涯规划能力。学校也可将职业体验的具体情况和相关佐证材料记入学生的综合素质评价档案,作为其升学、评优的重要参考。社会上几乎所有的职业都与劳动息息相关,不论是脑力劳动还是体力劳动,参与职业体验都能让学生树立正确的职业观念,为以后的职业生涯打下良好的基础。新时代劳动教育要求学生对社会负责,学会感恩,学校应积极开发城镇职业体验资源,让学生走进相关场所,体验各种职业劳动,引导学生在不同的职业体验中发现自我潜能。懂得不管是体力劳动还是脑力劳动,都能创造幸福生活的道理。

三、社会劳动教育资源的利用方式与学段要求

(一)社会劳动教育资源的利用方式

社会劳动教育资源的利用方式主要有劳动实践基地资源的利用、乡土劳动教育资源的利用、社区劳动教育资源的利用和城镇职业体验资源的利用。

1. 劳动实践基地资源的利用

主要以实际操作的方式进行,注重学生劳动能力的培养。[②] 学校可以聘请基地管理员,负责基地的日常管理和维护。学生在基地活动时,基地管理员要做好配合工作,对学生进行知识传授和劳动示范,在学生实践过程中进行技术指导。学生在基地参加劳动活动时要注意安全,教师和家长也要对学生进行安全知识教育。学校、教师组织不同年级的学生参加与其身心发展相适应的劳动实践活动,充分发挥实践基地的劳动实践教育功

[①] 胡君进,檀传宝.劳动、劳动集体与劳动教育:重思马卡连柯、苏霍姆林斯基劳动教育思想的内容与特点[J].国家教育行政学院学报,2018(12):40-45.

[②] 纪世元,韩嵩.中小学劳动活动课程化:内涵、意义与实施路径[J].教育探索,2020(3):13-17.

能,活动中师生共同参加,注重对学生劳动习惯和创新精神的培养。①

2. 乡土劳动教育资源的利用

主要以参加实际活动为主,生活在城镇的学生与生活在乡村的学生互换生活环境,让城镇的学生体验劳动的艰辛、生存的不易,让乡村的学生感受科技的进步。学校和有关教育部门可开发农业、非物质文化遗产等具有地方特色的劳动教育资源,聘请非物质文化遗产专家到学校讲解非物质文化遗产的产生过程及蕴含的价值等。本着共享教育的理念,城市的学生可以将城市的特色产品回馈社会,或是寄给山村的贫困小学,促进共享共建、互惠发展。在这个过程中,还可以渗透"感恩教育"的理念。②

3. 社区劳动教育资源的利用

主要以教师、学生和家长共同参与活动为主,学生接触信息的手段日益全面和多样,这对社区劳动教育资源的开发提出了新要求。新的社区资源既要立足社区实际,也要充分考虑学生的兴趣和接受能力。③ 为了进一步体现社区资源在劳动教育中的作用,促进学生健康全面发展,学校可以开展"劳动进社区"系列活动,通过学校与社区的结合带给学生全新的体验,促进学校与社区之间更深入、有效的沟通与交流,促进学生健康成长。在开展活动时,应由教师带领学生走进社区,共同参加,让学生体验劳动的不易。学校要充分利用社区劳动教育资源,帮助学生拓宽视野,增长知识。④ 同时,学生走进社区,融入社区,零距离、全方位地了解社区的文化,树立正确的劳动价值观。

4. 城镇职业体验资源的利用

主要以校企合作的方式进行,学校可以借助研学基地或专业开展职业体验活动的企业,为各个年级的职业体验设置岗位。岗位应根据职业体验内容、学生能力目标的达成来设置,呈现阶段式递进,活动由简单走向复杂。⑤ 还可以组织学生参加相关的生活体验式课程,包括家政、餐饮服务、银行、车站、商场等,通过体验式学习提高智力与发展性障碍学生的劳动能力。眉县特殊教育学校,在"我是采购员"这一职业体验中,教师先教学生分清蔬菜种类,掌握看购物单和买菜付钱的技能,然后带领学生到菜市场挑选食材,让学生根据已习得的步骤,尝试自己完成采购过程。学生在参与职业体验劳动中,了解市场对人才的需求,为日后确立就业目标打下基础。

---

① 冀晓萍.加强中小学劳动教育 创新高素质人才培养路径:教育部基础教育一司就《关于加强中小学劳动教育的意见》答本刊记者问[J].人民教育,2015(17):27-29.

② 蔡其勇,张会欣.利用社区资源培养小学生劳动价值观的探索与实践[J].重庆教育学院学报,2005(6):100-103.

③ 陈海涛.区域中小学社会劳动教育体系的构建与实施:以上海市金山区青少年实践活动中心为例[J].现代教学,2022(10):9-12.

④ 陈辉.新时代社会劳动教育资源的育人价值及其利用探析[J].劳动哲学研究,2022(2):169-177.

⑤ 曹黎明.基于社会实践的高中劳动教育分析[J].教育界,2021(25):71-72.

(二)社会劳动教育资源的学段要求

1.学前教育阶段的劳动教育资源

学前教育阶段主要培养学生乡土情怀,了解自己所在地区的特色。教师在确保学前幼儿安全的前提下,带领幼儿参与社会劳动,如与社区联系,带领幼儿到环卫工人的工作环境中参与劳动,也可以带领幼儿到工厂参观工人工作的过程。学前教育阶段学生年龄尚小,其社区劳动主要以培养劳动意识、感知劳动乐趣为主,如爱护社区的花草树木,学会清洁、整理社区的草坪,学会制作简单的宣传标语,学会分发社区活动宣传单,等等。①

2.义务教育阶段的劳动教育资源

义务教育阶段学生可以学习一些农业生产技术,如收玉米、挖红薯土豆、摘猕猴桃等,由教师带领参与特色的田间活动或乡土特色活动。同时,义务教育阶段学生可以适当参加社区环保、公共卫生等力所能及的公益活动,增强社会服务意识;定期参加社区组织的活动,体会劳动创造美好生活,养成认真负责、吃苦耐劳的劳动品质和安全意识,增强公共服务意识和担当精神,初步形成社区负责人的态度和社会公德意识,如在社区开展家庭消防安全知识宣传活动,协助社区工作人员向居民分发消防知识宣传册,等等。

3.职高阶段的劳动教育资源

职高阶段学生要积极参加大型赛事、社区建设、环境保护、志愿服务等公益活动,强化社会责任意识和奉献精神。② 职高阶段学生主要学习职业的劳动精神,培养职业兴趣。比如,在体验采购员时,要学会合理消费,货比三家,学会找换零钱,通过采购合适的物品,锻炼胆量,开阔眼界。学生更要了解不同职业的工作内容,走进劳动者的工作岗位,参与学校组织的职业体验活动,体验劳动的艰辛,感受劳动之美。学生要在学习体验中清楚地认识到劳动没有贵贱之分,任何一种职业都很光荣,各种职业的劳动人民都一样,学会尊重和理解各种职业的劳动人员。③

各学段学生均可参与劳动实践基地的实践活动。实践活动的内容应针对不同学段分别设置。要依据学生的认知特点,做到难度螺旋上升,适合各学段的学习要求。④ 对于以上四种社会劳动教育资源,学校可因地制宜,实现资源利用的便利性、经济性、有效性,同时也需要考虑城乡学生的差异,进行适当互补选择,让乡村学生有机会体验城镇的社会劳动教育资源,让城镇学生有机会体验乡村的社会劳动教育资源,培养不同地区的学

---

① 胥兴春,姜晓.社区参与:幼儿劳动教育的协同共育[J].聊城大学学报(社会科学版),2020(2):107-113.

② 陆小平.小学劳动教育与素质培养初探[J].教育探索,2000(4):17-18.

③ 冯建军.构建德智体美劳全面培养的教育体系:理据与策略[J].西北师大学报(社会科学版),2020,57(3):5-14.

④ 王治东,张荆京,苏长恒等.智能化社会劳动教育的演进理路[J].现代基础教育研究,2021,43(3):83-89.

生必需的劳动知识技能与劳动精神,为未来的职业规划奠定一个相对完整的基础。

课后练习

1. 你如何看待健全学生和智力与发展性障碍学生的劳动教育差异?
2. 智力与发展性障碍学生的劳动教育资源开发可以从哪些方面入手?
3. 走访周边培智学校,就劳动教育资源的开发与利用情况展开调查,撰写一份调研报告。
4. 如何创新智力与发展性障碍学生家庭劳动教育资源的开发与利用方式?

第八章

智力与发展性障碍学生劳动教育的条件保障

学习目标

1. 了解智力与发展性障碍儿童劳动教育的条件保障。
2. 熟悉并掌握智力与发展性障碍儿童劳动教育安全保障的措施。

知识导图

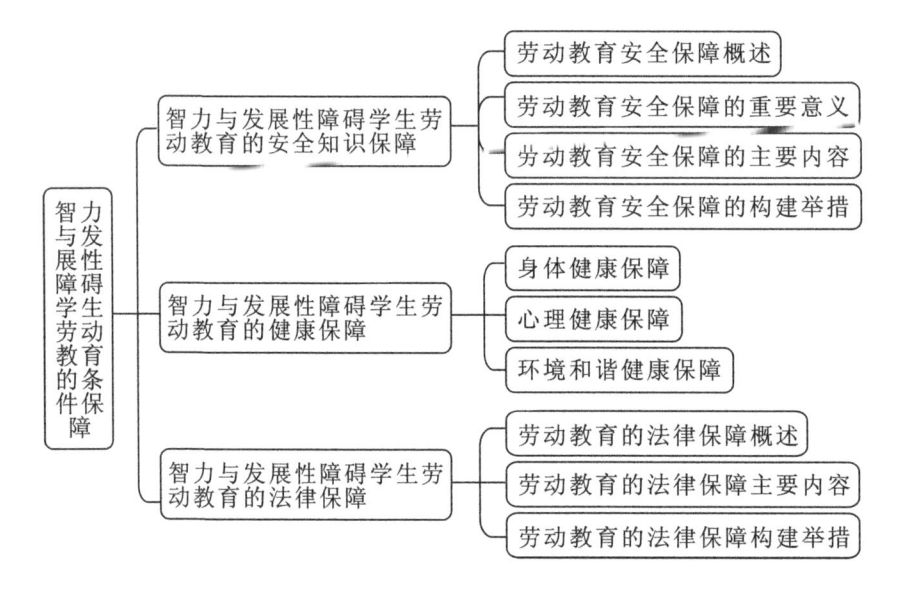

```
                            ┌─ 劳动教育安全保障概述
          ┌─ 智力与发展性障碍学生劳   ├─ 劳动教育安全保障的重要意义
          │  动教育的安全知识保障    ├─ 劳动教育安全保障的主要内容
          │                        └─ 劳动教育安全保障的构建举措
智力与发  │
展性障碍  │                        ┌─ 身体健康保障
学生劳动  ├─ 智力与发展性障碍学生劳   ├─ 心理健康保障
教育的条  │  动教育的健康保障       └─ 环境和谐健康保障
件保障    │
          │                        ┌─ 劳动教育的法律保障概述
          └─ 智力与发展性障碍学生劳   ├─ 劳动教育的法律保障主要内容
             动教育的法律保障       └─ 劳动教育的法律保障构建举措
```

导读

逸晨(化名)是某市特殊教育职教班的一名学生,针对逸晨的身心发展特点,职教老师专门制定了个性化的职业教育方案。但是逸晨经常在劳动教育中受伤,为此,职教老师也很烦恼……智力与发展性障碍学生是社会中的一个特殊群体,他们在接受教育和融入社会过程中会面临众多困难和挑战。劳动教育是帮助智力与发展性障碍学生培养自理能力、增强自信心和融入社会的重要途径。在保障智力与发展性障碍学生劳动教育的过程中,我们需要关注和解决哪些问题?如何提供劳动教育的条件保障和支持,确保劳动教育的安全顺利开展?

思考

1. 你积累过哪些劳动教育安全方面的知识?
2. 你在日常生活过程中遇到过哪些智力与发展性障碍儿童劳动教育安全事件?
3. 如何避免智力与发展性障碍儿童在劳动教育中出现安全事故?

第一节 智力与发展性障碍学生劳动教育的安全知识保障

智力与发展性障碍学生劳动教育的安全知识保障是保证劳动教育顺利实施的重要举措,是劳动教育的重要开端,也是贯彻整个劳动教育的重要知识储备。学校对智力与发展性障碍学生不仅要进行安全知识方面的劳动教育,还要与家庭、实践单位"共学、共管、共用"。教师要充分认识到劳动教育安全对智力与发展性障碍学生的重要意义,多方面强化劳动教育安全知识,具体落实劳动安全要求,以集体劳动为主,劳动环节紧密结合个别化教育,提高智力与发展性障碍学生安全意识,进行突发情况预演,培养智力与发展性障碍学生安全劳动的能力。安全教育对智力与发展性障碍学生非常重要,在低龄段学生中开展安全教育,有利于他们丰富和熟练安全知识和技能。[①]

一、劳动教育安全保障概述

(一)劳动教育安全保障的内涵

劳动教育安全保障是智力与发展性障碍学生劳动教育中的一个重要的议题,特别是在全面加强新时代大中小学劳动教育的背景下。根据《中共中央 国务院关于全面加强新时代大中小学劳动教育的意见》,劳动教育安全保障体系应当涵盖多个方面,包括但不限于组织管理、人员素质、交通条件及环境条件。这些方面的安全保障不仅是为了确保

---

① COLLINS B C, WOLERY M, GAST D L. A national survey of safety concerns for students with special needs[J]. Journal of Developmental and Physical Disabilities, 1992, 4(3):263-276.

智力与发展性障碍学生劳动教育的顺利开展,而且对于帮助学生树立科学的劳动观念和"生命至上,安全第一"的理念至关重要。

(二)劳动教育中的安全风险

具体来说,智力与发展性障碍学生劳动教育中的安全风险可以分为几个主要类型:

第一,组织管理风险,包括缺乏明确的规章制度、应急预案不完善、应急救援能力不足等。

第二,人员素质风险,涉及学生、教管人员和社会人员的安全意识和应急能力。

第三,交通条件风险,包括交通工具、交通路线和司机素质等方面。

第四,环境条件风险,涵盖生活环境、人文环境和自然环境等多个方面。

为了应对这些风险,需要构建一个全面的劳动教育安全保障机制。

(三)劳动教育安全保障机制

劳动教育安全保障机制指为了应对上述劳动教育中的风险,由多元主体构建的一个全面的劳动教育安全管控机制。劳动教育安全管控机制包括加强政府、学校、家庭和社会的协同合作,以及建立劳动教育风险分散机制,如智力与发展性障碍学生劳动教育意外伤害保险制度等。

综上所述,劳动教育的安全保障是一个多方面、多层次的问题,需要政府、学校、家庭和社会共同努力,以确保智力与发展性障碍学生在参与劳动教育的过程中既能学到知识,又能保障安全。

二、劳动教育安全保障的重要意义

(一)保障安全生产

安全生产是为了使生产过程在符合物质条件和工作秩序下进行,防止发生人身伤亡和财产损失等生产事故,消除或控制危险、有害因素,保障人身安全与健康、器具免受损坏、环境免遭破坏的总称。安全知识能提供安全生产所需的认知前提,并在生产过程中进行自我和外部监控调节,以保证安全生产的顺利进行。

(二)保障学校稳定

生产所需的安全知识主要由学校提供并进行培训,国家要求智力与发展性障碍学生的劳动教育由学校组织开展,所以学校有责任和义务承担相应的责任。但对于一些突发和明显超出学校承担能力以外的风险应提前和家长协商签订协议明确彼此的责任和权利,以免事故发生后,影响学校的正常教学。

(三)保障社会和谐

社会发展离不开生产建设,其中安全是重中之重,安全知识又是安全生产的基础和保障。安全知识保护个人和家庭,让器具的使用和环境的发展和变化都合乎社会规则,促使人与人之间、人与器具之间、人与环境之间在和谐框架下运转。

劳动安全是劳动教育的开端、基础,也是劳动教育当下和未来顺利进行的保障。安全知识对于智力与发展性障碍学生所涉及的方面,超出健全学生劳动教育。学校发展劳动教育不仅立足当下,更为学生的未来考虑,因为智力与发展性障碍学生身心的差异性让劳动教育的安全保障变得更加复杂,学校和家长应当对教师在学生劳动教育中所担负的安全职责和付出予以充分的尊重和支持,才能够实现师生和谐、家校和谐、社会和谐。

三、劳动教育安全保障的主要内容

(一)安全教育与培训

在开展劳动教育之前,应对智力与发展性障碍学生进行安全意识教育和劳动技能培训,确保他们了解并遵守安全操作规程。对劳动教育活动中可能出现的风险进行识别、评估和控制,制定相应的预防措施和应急预案。眉县特殊教育学校在开展智力与发展性障碍学生的劳动教育中所涉及的安全教育与培训主要包括:首先,按照学生的能力和需求不同给每位学生安排不同的学习内容,如对能力高的学生模拟应对劳动活动中突发情况,对能力较低的学生安排对劳动外界环境的感知和辨别,在能力高的学生中开展劳动场所的自救和助人安全演练等。其次,由于城市学生对农器具陌生,学校集体教学之外还需要家长配合,协助学生巩固掌握农器具的安全使用规范。最后,在实际猕猴桃种植操作中培训学生安全佩戴手套,喷洒农药时安全穿好防护装备,了解作业中遇到天气变化时的正确处置方式,将劳动教育中的天气变化所引发的安全应对技能也延伸到劳动安全知识教育中。

(二)安全监督与检查

上级教育部门或者学校领导应当对学校劳动教育实施进行定期的安全检查和监督,确保安全措施得到有效执行,及时避免安全隐患。在劳动教育中应当建立应急响应机制,配备急救设施,留有紧急联络方式,制订严格并能够快速响应的应急处理流程。

(三)安全文化建设

在学校内部营造安全文化氛围,为学生、教师和工作人员树立起安全意识。首先,为参加劳动教育的智力与发展性障碍学生提供意外伤害保险,以减轻意外事故带来的经济负担。其次,确保劳动教育活动遵守相关的法律法规,保护学生的合法权益。再次,学校要加强与家庭、社会的沟通与合作,共同关注学生的劳动教育安全。最后,学校要根据劳动教育的实施情况,不断总结经验,改进安全措施,提高智力与发展性障碍学生劳动教育安全保障水平。

四、劳动教育安全保障的构建举措

眉县特殊教育学校经过长期劳动教育安全实践,不断对劳动教育安全知识进行整理、交流、应用和更新,构建出危机预防、危机应对和危机管理的有效机制(见图8-1-1)。危机预防包括安全知识整理、安全知识交流;危机应对包括安全知识应用;危机管理包括安全知识更新。

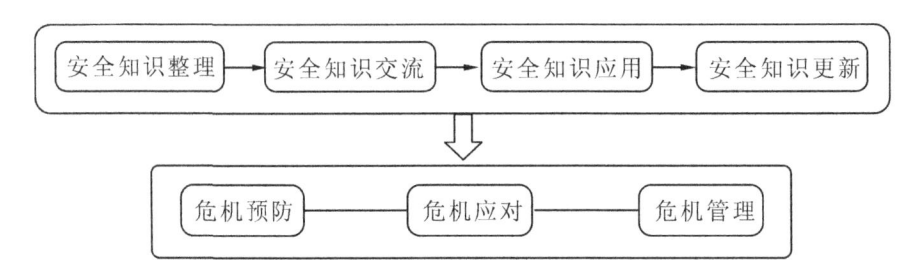

图8-1-1 智力与发展性障碍学生劳动教育安全保障的构建

(一)安全知识整理

安全知识整理是一个系统的过程,旨在识别、评估和控制潜在的安全风险。智力与发展性障碍学生的劳动教育安全知识整理的内容主要包括:

1. 风险评估和控制措施相关知识

识别分析劳动教育环境、劳动过程中可能出现的潜在危险因素。对识别出的危险进行评估,确定其可能造成的伤害程度和发生的可能性。根据风险评估结果,制定相应的控制措施来消除或降低该风险。

2. 安全规章制度相关知识

明确实施劳动教育的组织或机构的安全目标和承诺;为劳动教育活动制定具体的操作步骤和安全要求;为可能发生的紧急情况制定应对措施和疏散计划。展开劳动教育安全意识培训,提高学生对安全重要性的认识,教授学生正确使用安全设备和个人防护装备的技能,培训教师和学生如何在紧急情况下进行自我保护和救助他人。

3. 安全设施和设备相关知识

明确劳动教育场所安全防护设施,安装防护栏杆、警示标志、安全门等。提供个人防护装备,掌握安全帽、防护眼镜、耳塞、手套、安全鞋等物品的使用。识别急救设备,认识急救箱、灭火器等应急设备并能够初步使用。

(二)安全知识交流

劳动教育安全知识交流主要是通过学校内部或与县域其他兄弟学校之间进行的关于安全问题的信息共享和经验交流活动展开。这种交流有助于提高学校的安全管理水平,增强师生的安全意识,分享有效的安全措施和最佳实践。眉县特殊教育学校在智力与发展性障碍学生劳动教育安全知识交流方面常采取的方式有:

1. 安全会议

定期在全校召开安全工作会议,让学校管理层、教师、学生代表和安保人员共同参与,讨论学校劳动教育中存在的安全问题,提出改进措施。与家长会面,讨论学生劳动教育中的安全问题,提出可以通过家校合作开展的劳动教育安全活动。

2. 安全培训

组织安全培训课程,邀请专家进行劳动教育安全讲座,提高师生对安全问题的认识和应对能力。开展紧急情况下的自救与互救技能培训,如火灾逃生、急救技能等。定期进行紧急劳动教育安全演练,提高师生的应急反应能力。通过演练发现应急预案中的不足,及时进行调整和改进。

3. 安全资料共享

学校制作和分发安全手册、宣传册,内容包括安全规章制度、应急预案、安全小贴士等。利用学校网站、公告栏、社交媒体等平台发布劳动教育安全信息。组织县域校际间的劳动安全知识交流会议,分享各自在安全管理、安全教育、应急处理等方面的经验和做法。参加外部举办的安全教育研讨会和论坛,学习其他学校和机构的先进经验。

4. 校园安全文化建设

形成学校内部的安全文化,鼓励师生主动关注劳动教育安全问题,并提出改进建议。开展劳动教育安全知识竞赛、征文比赛等活动,激发师生学习劳动教育安全知识的兴趣。建立安全反馈渠道,鼓励师生报告劳动教育安全隐患和事故,学校对其要及时响应和处理。对劳动教育安全反馈进行分析,用于改进劳动教育安全措施和提高劳动教育安全管理水平。

(三)安全知识应用

安全知识的应用是指在劳动教育开展过程中,师生运用所掌握的安全知识来预防事故、减少伤害和保持健康。眉县特殊教育学校主要在智力与发展性障碍学生中开展如下几个方面的劳动安全知识应用:

1. 劳动防护装备的使用

学生能否根据劳动教育的性质和风险水平,正确选择和使用个人防护装备,如安全帽、防护眼镜、耳塞、手套、安全鞋等。确保个人防护装备处于良好的工作状态,并在使用前后进行检查。

2. 安全操作程序的遵循

学生了解并遵循劳动教育中的安全操作程序和指南。使用器械和设备时,严格按照操作手册或培训指导进行。搬运重物时,使用正确的姿势和方法,以避免身体受伤。劳动中保持适当的休息,避免过度疲劳。

3. 紧急情况应对

学生是否熟悉劳动教育场所的紧急出口、疏散路线和紧急联络方式。学习基本的急救技能，如心肺复苏（CPR）、止血、骨折处理等。

4. 劳动场所的安全检查

定期检查劳动环境，确保无安全隐患，如通道的通畅、斧头柄的安装是否牢固、电气设备安全等。及时报告潜在的安全问题，并采取措施予以解决。

5. 劳动工具的安全使用

了解劳动工具的危险性，并按照安全操作的要求使用和存储。在使用危险农业用具时，使用适当的个人防护装备。

（四）安全知识更新

劳动教育安全知识的更新是一个持续的过程，随着技术的发展、法律法规的变化以及新的安全挑战的出现，学校和教育工作者需要不断更新自己的安全知识库。以下是一些更新劳动教育安全知识的途径：

1. 参加专业培训

学校邀请专业机构定期为师生员工举办劳动安全教育培训，组织师生员工学习最新的安全操作规程，掌握急救技能和安全管理理念。

2. 劳动安全信息资源管理

首先，学校为师生员工订阅相关的安全杂志等，以获取最新的安全新闻、研究成果和实践案例。其次，关注政府发布的安全法规和指南的更新，确保劳动教育的安全管理工作与法律法规保持一致。再次，利用互联网资源，如在线课程、教育论坛以及博客等网络社交媒体，组织全校师生员工学习新的安全知识。参与在线研讨会和网络研讨会，与安全专家和其他教育工作者交流。眉县特殊教育学校还与县域内兄弟学校进行信息交流。积极与同行学校建立信息交流网络，分享各自的劳动安全经验和学习资源。参与县域校际间的安全知识交流活动。最后，听取学生和家长的反馈，了解他们对安全措施的看法和建议，根据他们的反馈调整学校的安全教育和管理工作。

3. 安全检查和评估

定期进行劳动教育场所的安全检查和风险评估，以发现潜在的安全隐患。根据检查结果，更新和完善安全措施。分析劳动教育中的安全事故案例，了解事故原因，完善预防措施。从事故中学习，更新安全操作规程和应急预案。

4. 新技术和新材料的适应

学校鼓励教师学习新技术和新材料在劳动教育中的应用，了解其潜在的安全风险。及时更新安全操作规程，以适应新技术和新材料在劳动教育中的使用。

通过上述举措，学校可以确保劳动安全知识与时俱进，让新的更有效的知识替代旧的低效的知识，从而更好地保障智力与发展性障碍学生的劳动教育安全。

第二节 智力与发展性障碍学生劳动教育的健康保障

2019年7月9日,健康中国行动推进委员会发布了《健康中国行动(2019—2030年)》,在其中指出健康中国行动需要多方参与、共同实现,呼吁个人、单位、政府均应该积极参与健康中国行动。智力与发展性障碍学生劳动教育的健康保障也涉及个人、家庭、学校、政府等多元主体,需要多方协力合作。眉县特殊教育学校在学生参与猕猴桃种植劳动中,逐渐形成了包含身体健康、心理健康和环境和谐健康的劳动健康保障体系(见图8-2-1)。

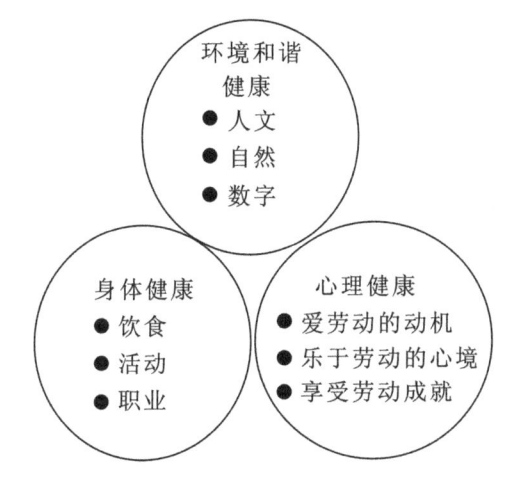

图 8-2-1 智力与发展性障碍学生劳动教育的健康保障

一、身体健康保障

(一)身体健康保障概述

身体健康是指一个人的身体状态良好,没有疾病或不适。保持身体健康是每个智力与发展性障碍学生都应该关注的重要问题,因为它直接影响到个体的劳动质量和劳动幸福感。

(二)身体健康保障的主要内容

1. 饮食健康

饮食健康是指通过合理搭配食物,摄取充足的营养素,以维持身体健康和预防疾病。饮食健康包括以下几个方面内容:(1)均衡膳食。饮食应包含五大类食物,即谷薯类、蔬菜水果类、动物性食物、豆奶类和坚果类。各类食物应该合理搭配,以确保摄入各种必需的营养素。(2)适量饮食。控制食物的摄入量,避免过量进食,特别是高热量、高脂肪和高糖的食物,以防止肥胖和其他慢性疾病。(3)多吃蔬菜和水果。蔬菜和水果富含维生素、矿物质和膳食纤维,应该作为饮食中重要的组成部分。每天至少摄入5—6份蔬菜和水果。(4)适量蛋白质。摄入适量的优质蛋白质,如瘦肉、鱼、鸡蛋、豆制品等,以支持身体的生长和修复。(5)健康脂肪。选择健康的脂肪来源,如橄榄油、鱼油、坚果和种子,减少饱和脂肪和反式脂肪的摄入。(6)控制盐和糖的摄入。减少食盐的摄入量,避免食用过多的加工食品,限制糖分摄入,特别是含糖饮料和甜食。(7)水分补充。保持充足的水分摄入,水是身体的重要组成部分,对于维持正常的生理功能至关重要。(8)避免不健康的饮食习惯。戒烟限酒,避免过度饮食和暴饮暴食,减少快餐和外卖的摄入。(9)定时定量。建立规律的饮食习惯,合理安排每餐的时间和内容,避免饥一顿饱一顿。(10)注意食品安全。确保食物的清洁和新鲜,避免食物中毒和营养不良。

2. 活动健康

活动健康是指通过适量的身体活动来维护和提升身体健康状态。适量的身体活动对每个人来说都是有益的,它可以带来多种健康益处,其主要包括:(1)提高心血管健康。规律的有氧运动有助于增强心脏功能,提高心血管系统的效率,降低高血压的风险。(2)增强肌肉和骨骼。力量训练和负重运动有助于增强肌肉力量和耐力,提高骨密度,预防骨质疏松症。(3)控制体重。适量的身体活动有助于燃烧卡路里,控制体重,防止肥胖。(4)改善心理健康。运动可以释放内啡肽等"快乐激素",有助于减轻压力、焦虑和抑郁情绪。(5)提高睡眠质量。规律的身体活动可以帮助提高睡眠质量,使人更容易入睡,睡眠更深沉。(6)增强免疫系统。适量的运动可以增强免疫系统,提高身体对疾病的抵抗力。(7)延缓衰老过程。持续的身体活动有助于延缓身体和大脑的衰老过程。(8)提高生活质量。规律的锻炼可以提高日常生活的质量,增加活力和自信心。

活动健康是维持整体健康的重要组成部分,通过适量的身体活动,可以享受更健康、更活力的生活方式。为了保持身体健康,成年人每周至少进行150分钟的中等强度有氧运动,或者75分钟的高强度有氧运动,再加上两天的肌肉强化活动。活动的形式可以根据个人喜好和身体状况来选择,如快走、跑步、游泳、骑自行车、瑜伽、力量训练等。首先,眉县特殊教育学校开展的户外种植活动,对预防青少年近视有一定效果。其次,户外种植由于涉及粗大动作和精细动作,不仅可以锻炼肌肉力量、精细动作,还可以起到增强肌肉力量、锻炼肌肉耐力的作用。最后,种植活动强度属于中低运动强度,对智力与发展性障碍学生而言较为合适。眉县特殊教育学校种植活动每周2—3次,每次半小时到一小时,加上每天的操课,符合《"健康中国2030"规划纲要》要求的青少年校内每天体育活动时间不少于1小时。①

3. 职业健康

职业健康是一个关键的社会概念,它涉及在工作中保护员工的健康和安全,预防职

---

① 新华社. 中共中央 国务院印发《"健康中国2030"规划纲要》[EB/OL]. (2016-10-25) [2023-08-03]. https://www.gov.cn/zhengce/2016-10/25/content_5124174.htm.

业病的发生,以及提高工作场所的整体福祉。国际劳工组织和世界卫生组织的联合职业委员会(1950年)认为,职业健康是指以促进并维持各行业职工的生理、心理及社交处在最好状态为目的;防止职工的健康受工作环境影响;保护职工不受健康危害因素伤害;将职工安排在适合他们的生理和心理的工作环境中。职业健康管理是为了确保员工在职业活动中不会受到有害因素的侵害,通过实施一系列法律、技术、设备、组织制度和教育措施来达到这一目的。在职业健康管理的框架内,有以下几个核心要素需要考虑:(1)职业卫生。这是关注职工在职业活动中健康免受有害因素侵害的工作领域。它涵盖了从法律到技术、设备、组织制度和教育等各个方面的措施。(2)职业健康监护。这是以预防为目的的一系列活动,包括定期或不定期的医学健康检查和健康资料的收集。这些活动旨在连续性地监测劳动者的健康状况,分析健康变化与职业病危害因素的关系,并及时向用人单位和劳动者本人报告,以便采取及时的干预措施。(3)职业健康监护种类。这通常分为五类,包括上岗前检查、在岗期间定期检查、离岗时检查、离岗后医学随访和应急健康检查。(4)观察对象。指表现出特定症状(如头痛、头晕等)的劳动者,他们可能需要被列为观察对象,以便进一步监测和关怀。(5)职业禁忌症。指某些劳动者因为健康原因不能从事特定工作的情况。例如,有心脏病史的人不宜从事高强度劳动。(6)职业健康管理制度。这涉及一系列规章制度,如职业危害防治责任制度、职业危害告知制度、职业危害申报制度等。这些制度旨在履行对接触职业危害的从业人员进行职业健康监护的法定职责,并规范相关工作。(7)职业健康操作规程。这是针对特定岗位的工作指导,如液氨岗位、涂装作业岗位等,它们详细说明如何在特定职业活动中维护个人健康和安全。(8)法律法规遵循。根据《中华人民共和国职业病防治法》等法律法规,用人单位有责任保障员工在工作中不受职业病危害因素的影响,预防职业病的发生,并保护员工的合法权益。

职业健康管理的实践涉及多个层面,包括对工作环境的评估、对员工的培训和教育、实施有效的安全协议和监督机制,以及确保所有活动都符合相关的法律法规要求。通过这些措施,可以有效地减少工作相关的健康风险,提高员工的满意度和生产力,同时为构建和谐的工作环境和促进社会的可持续发展做出贡献。

(三)身体健康保障的主要举措

1. 政府层面的政策支持与立法保障

(1)制定和实施公共卫生法规,如公共卫生法,强化公共卫生体系的建设和管理。

(2)提供健康教育,普及健康知识,提高智力与发展性障碍学生的健康意识。

(3)建立健全基本医疗卫生制度,确保基本医疗服务的公平性和可及性。

(4)加大疾病预防控制投入,提升疾病预防控制能力。

2. 学校工作场所的健康管理

(1)实施职业健康监护,定期进行职业健康检查,及时发现和治疗职业病。

(2)提供安全的工作环境,减少工作中的物理、化学和生物危害。

(3)加强工作场所的劳动保护,遵守劳动时间规定,确保智力与发展性障碍学生的休息时间。

(4)为智力与发展性障碍学生提供健康培训,教育学生如何在工作和生活中维护健康。

3.社会力量的参与

(1)鼓励社会团体和志愿者开展健康教育活动,提升智力与发展性障碍学生的健康素养。

(2)支持健康服务业的发展,如健身机构、健康咨询等,提供多样化的健康服务。

(3)加强药品和医疗设备的监管,确保药品和医疗设备的安全性和有效性。

4.个人的健康行为

(1)提倡健康的生活方式,如合理膳食、适量运动、戒烟限酒等。

(2)鼓励智力与发展性障碍学生定期进行健康检查,及时了解自己的身体健康状况。

(3)养成良好的卫生习惯,如勤洗手、合理垃圾分类等。

由于智力与发展性障碍学生的劳动教育指向未来职业,安全劳动对于智力与发展性障碍学生身体健康保障而言至关重要。智力与发展性障碍学生因为认知能力相对健全学生较为薄弱,尤其需要加强对其劳动教育中的身体健康保障安全教育。要强化学生对危险标志的辨别,遇到危险标志时能采取合适的方式应对和处理,组织对危险环境的应急演练。学生养成良好的职业安全习惯可以有效降低身体健康风险的发生概率,比如,学生要随时对自身身体状况和工作情况进行研判,当生病或者女性生理期期间,需要及时向教师汇报,采取调换或者休息方式予以应对。学校在劳动教育中需要对智力与发展性障碍学生的身体健康予以重视,既要确保劳动环境的安全,也要动态监测学生的身体健康状况,根据学生身体状况采取灵活的应对方案。

二、心理健康保障

(一)心理健康保障概述

智力与发展性障碍学生的心理健康保障是指在劳动教育环境中,为他们提供必要的支持和服务,以确保他们能够保持良好的心理状态,提高劳动绩效,并提升其整体福祉。这不仅是学生个人的需要,也是学校和社会发展的需要。

(二)心理健康保障的主要内容

1.爱劳动的动机

开展劳动教育的时候,教师应当帮助智力与发展性障碍学生树立正确的劳动观点,调动他们的劳动积极性,帮助他们全身心投入到劳动活动中。培养智力与发展性障碍学生爱劳动的动机时,需要注意:(1)保护学生劳动的积极性。进行劳动教育前,教师需要事先通过问卷调查法或者访谈法,了解每个智力与发展性障碍儿童的兴趣、能力和喜好,制订个性化的劳动计划,并且根据他们的特点,选择适合的劳动活动,提高他们参与劳动活动的积极性。(2)劳动教育的趣味性。教师需要注重劳动教育的趣味性,选择有趣且轻松的劳动任务,以免让学生感到过多压力。教师可以采用游戏的方式开展劳动教育,或者将学生分成劳动小组,开展劳动竞赛,让劳动变得有趣和愉悦。(3)劳动活动的渐进性。教师应当从简单、易完成的劳动任务开始,逐步提高难度。让学生在成功完成较简单的劳动任务后,逐渐增加自信和动力,愿意主动尝试参加到更复杂的劳动任务中。(4)鼓励性。教师要认真观察每位学生参与劳动时的表现,当发现学生在劳动教育中有亮点的时候,立即提供积极的反馈和赞扬。通过正向强化肯定学生的努力和成果,增强学生的自尊心和自信心,鼓励学生继续参与劳动活动。

2. 乐于劳动的心境

乐于劳动的心境是一种积极向上的生活态度,体现了智力与发展性障碍学生对劳动的高度热情和对自己能力的信心。勤劳是社会主义核心价值观中重要的品德特征。乐于劳动不仅仅是为了物质收获,更是精神层面的满足和对社会责任的担当。对于智力与发展性障碍学生来说,保持乐于劳动的心态有助于提高劳动效率,实现自我价值,同时也能促进身心健康。在集体中,乐于劳动的心境能够促进团队合作,增强集体的凝聚力和战斗力。在社会层面,这种心态有助于形成尊重劳动、崇尚创新的社会风尚,是推动社会进步和发展的重要动力。特殊教育学校在开展劳动教育的过程中可能随时会发生突发情况,致使学生遇到挫折和失败。教师应当培养学生劳动活动中的抗挫折能力,帮助学生更加乐于劳动,学会以忠诚的态度来从事劳动,树立社会责任感。教师可以耐心和有针对性地帮助学生保持乐于劳动的心境:(1)劳动活动实施前开展适当的指导和培训。在劳动教育正式开始之前,教师对智力与发展性障碍学生提供适当的指导和培训,让学生在参与劳动之前就掌握相关的劳动技能,可以有效帮助学生提升劳动教育过程中遇到问题的解决效率,进而增强学生继续劳动的信心。(2)设置小目标。教师在发布劳动任务的时候,应当根据任务难度和学生的具体情况,将劳动任务分解为多个小目标,让学生逐步完成劳动任务,并且在完成劳动任务的时候奖励学生一些小礼物,鼓励学生进行下一个劳动任务,增加学生劳动的成就感。(3)引导学生积极的自我评价。在可能的情况下,教师应当鼓励儿童独立完成劳动任务。独立完成任务有助于培养他们的自理能力和责任感。劳动任务完成后,教师引导学生开展积极的自我评价,让学生能够认识到自己通过努力获得的劳动成果,找寻到自身的闪光点,从而培养自我肯定感。(4)创设友好劳动环境。开展劳动教育的时候,教师应当创造一个支持、理解和友好的环境,让学生感到安全和舒适,愿意积极参与劳动。教师需要表达对学生的关心和爱护,让他们感受到支持和情感的温暖,增强他们参与劳动的积极情绪。在学生遇到挫折的时候,教师要提供积极的情感支持,帮助学生主动解决问题。

通过以上的办法,使学生学会劳动创造,引导学生理解自己参与劳动的责任,让他们明白自己的努力对于家庭、学校和社会的重要性。帮助智力与发展性障碍学生体验到劳动的乐趣,克服挫折,保持积极的态度,从而更愿意参与劳动。值得一提的是,劳动教育中教师要以理解和尊重的态度对待每个学生,关注他们的个性和需求,创造适合他们的学习和成长环境。

3. 享受劳动成就

享受劳动成就是一种劳动教育质量的体现,它意味着学生在劳动过程中获得的满足感和在劳动成果上感受到的喜悦。这种享受不仅仅是物质层面的,更多是精神层面的。在中国的社会主义建设中,享受劳动成就的理念得到了充分的提倡和重视。国家通过多种方式激励人们热爱劳动,享受劳动过程和劳动成果,如提高劳动者的待遇、改善工作环境、保障劳动者的合法权益等。享受劳动成就主要表现为:(1)实现自我价值。通过劳动,人们可以发挥自己的专长和才能,实现个人价值和社会价值的统一。(2)获得成就感。完成一项艰巨的任务或者创造一件优质的产品,会让人产生强烈的成就感。(3)精神愉悦。劳动可以锻炼人的意志,丰富人的精神世界,带来持久的心理愉悦。(4)社会认同。在社会中,劳动被看作是值得尊重的行为,劳动者享受自己的劳动成果,同时也得到社会的认同。

享受劳动成就是一种健康、积极的生活态度,对于个人和社会都有重要的意义。让智力与发展性障碍学生享受劳动成就,可以增强他们的自信心和自尊心,提高他们对劳动的积极性和投入度。教师可以通过以下三种主要方法提升智力与发展性障碍学生的享受劳动成就感:(1)劳动成果展示。在劳动活动后,教师在学校或者教室安排学生的相关劳动成果展示,如学生的手工艺品、收获的蔬果等。条件允许的情况下,可以组织家长参与到学生的劳动成果展示,让家长亲眼看到孩子努力所取得的劳动成果,既让家长了解到孩子劳动教育的成果,在家庭中重视孩子的劳动教育,也让孩子产生劳动的成就感,更乐于从事劳动活动。(2)劳动过程记录。整个劳动过程中,教师通过相机或者手机记录学生的劳动过程,如制作日志、拍摄照片等。劳动过程记录既可以帮助学生更清楚地看到自己的进步,也可以让学生更好地欣赏自己的劳动成果。劳动过程记录也可以发送给学生的家人、朋友,让他们一起分享学生的劳动成果。家人和朋友对学生劳动成果的认可和赞扬,可以进一步增加学生劳动的自豪感。(3)劳动进步认可。学生劳动进步的认可对于促进学生的劳动积极性非常重要。当学生在劳动中表现出积极态度或取得进步时,教师应及时给予肯定和鼓励,以增强学生劳动的自信心和劳动积极性。在学生参与劳动的过程中,可以通过评分或奖励的方式,将劳动表现纳入学生的综合评价体系,作为评价他们社会责任感、集体荣誉感和实践能力的重要依据。对于在劳动中表现出色的学生,教师可以为其颁发荣誉证书或奖状,这是对学生劳动成果的一种正式认可,也是对他们的一种鼓励和激励。通过这些方式,不仅能够认可学生的劳动进步,还能够激发他们在劳动中学习和成长的兴趣,培养他们良好的劳动习惯,树立社会主义劳动观。享受劳动成就对于学生的健康成长和未来的全面发展具有重要意义。

(三)心理健康保障的主要举措

1. 开展劳动心理健康教育与培训

通过开展劳动心理健康知识教育和培训,提高智力与发展性障碍学生的心理素质,增强学生应对劳动压力的能力。

2. 建立劳动心理健康服务体系

建立和完善智力与发展性障碍学生的劳动心理健康服务体系,提供专业的心理咨询和治疗,为学生提供及时的心理支持和服务。

3. 定期开展劳动健康检查

定期进行劳动健康检查,评估智力与发展性障碍学生的心理状态,及时发现和处理其心理问题。

4. 工作与休息平衡

合理安排工作时间和休息时间,确保智力与发展性障碍学生有足够的休息和放松时间,避免过度劳累。

5. 团体活动与社交支持

鼓励智力与发展性障碍学生参与团体活动,建立良好的社交关系,获得社会支持,增强心理韧性。

6. 正向激励机制

建立正向激励机制,通过奖励和表彰等方式,提升智力与发展性障碍学生的劳动活动满意度和成就感。

三、环境和谐健康保障

(一)环境和谐健康保障概述

环境和谐健康保障是指在社会经济发展的过程中,确保自然环境、社会环境和工作环境对人类健康的影响是积极的,从而保障人民群众在环境中的生存权和发展权。智力与发展性障碍学生的劳动教育与环境的和谐健康密切相关,创造一个适合学生劳动能力和需求的劳动教育环境,以及提供和谐健康的劳动环境,对于学生的劳动能力发展和生活质量提升都具有重要意义。智力与发展性障碍学生进行劳动教育时会面临很多潜在性问题,需要政府、社会、学校和家庭等主体通过多方面、多层次、多角度的协助,携手建设一个更和谐健康的社会环境,提升智力与发展性障碍学生劳动教育的质量,帮助其更高效地回归社会。

(二)环境和谐健康保障的主要内容

眉县特殊教育学校环境和谐健康保障主要得益于在和谐的人文环境、和谐的自然环境、和谐的数字环境三个方面的积极探寻。

1. 和谐的人文环境

和谐的人文环境是指在社会中,人与人之间、人与自然之间、人的内心世界之间达到一种和谐共生的状态。这种环境有利于个体的身心健康,有利于社会的稳定,也有利于经济的可持续发展。和谐的人文环境主要包括下列要素:(1)尊重与理解。人与人之间相互尊重,尊重他人的文化、信仰、习俗和权益,相互理解,包容差异。(2)公平正义。社会制度公平,给予每个人平等的机会和权利,保障社会公正,消除歧视和不平等现象。(3)和睦相处。师生之间、生生之间、不同群体之间和睦相处,建立良好的人际关系,共同维护学校和谐。(4)良好的教育。普及和谐教育,提高学生的素质和道德水平,培养其社会责任感和公民意识。(5)文化传承与创新。传承和弘扬优秀的传统文化,同时鼓励创新,推动文化的发展和进步。(6)丰富的文化生活。提供多样化的文化生活,如艺术展览、音乐会、戏剧表演等,满足师生的精神文化需求。(7)绿色与健康的生活。推广绿色生活方式,如低碳出行、节约资源、健康饮食等,保护环境,促进健康。(8)校园安全与稳定。维护校园安全,打击犯罪,保障师生的人身和财产安全,创造一个安定稳定的校园环境。(9)有效的学校治理。建立有效的校园治理体系,包括学校领导管理、班级治理、师生参与等,确保学校的有序运行。

特殊教育学校劳动教育和谐人文环境建设涉及校长、一线教师、家长、劳动单位等多方合作,以及需要相应的培训和教材的支持。第一,校长是学校和谐环境的倡导者和引领者。校长将劳动育人融入学校文化之中构建劳动教育的和谐环境,既有助于学生更好地感受劳动创造的魅力,又可以帮助教师更好地理解如何在劳动教育中融入和谐人文环境的理念,提升教师的和谐人文环境实践能力。第二,和谐人文环境理念的实践转化离不开一线教师。一线教师是劳动教育的实践者,教师通过劳动教育实践让学生感受到社会责任感,树立团队合作意识,帮助学生形成积极的价值观,潜移默化地培养学生为社会做贡献的意识。第三,家庭和学校的共同参与是智力与发展性障碍学生劳动教育环境和谐的重大推力。家庭与学校需要通过密切的合作,共同为学生制订适合个体身心特征的个别化的劳动教育计划。通过家校的深度合作,为学生提供及时的情感支持,有效地提升学生参与劳动教育的积极性。第四,第三方的培训也是创设劳动教育环境和谐的重要一环,培训课程可以涵盖智力与发展性障碍学生劳动教育和谐人文环境的理念、方法等,帮助家长更好地了解如何进行有益的协助,并且编写有特色、实用性的校本教材,实现文本知识与实践知识的结合,从而让学生享受有质量且公平的教育,实现个别化发展、特色发展。第五,劳动单位是和谐环境的承载体。劳动单位既可以是在学校内设立的劳动教育基地,也可以是设立在校外的试验田或者是与农民合作的农田。学生可以在教师的指导下,通过劳动单位实践了解农业生产的复杂性,关注农产品质量和食品安全,将劳动教育与种植技术、生态平衡、土壤保护等知识有机结合起来。

2. 和谐的自然环境

和谐自然环境是指人类社会与自然生态系统之间达到一种平衡、协调的状态,其中人类的活动不仅满足自身的发展需求,而且不损害自然环境的可持续性。这种和谐状态体现在人类尊重自然规律,合理利用自然资源,保持生态平衡,以及积极参与环境保护和修复工作。和谐的自然环境主要包括:(1)生态平衡的维护。和谐的自然环境是维持地球生态平衡的基础,这直接关系到物种的生存和繁衍、生物多样性的保持及自然生态系统的稳定。(2)人类福祉的保障。自然环境为人类提供食物、水资源、空气、药物等生存和发展所需的基本资源。和谐的环境有助于保障人类的健康和福祉。(3)经济社会的可持续发展。保护自然环境、实现和谐共生,是实现经济社会可持续发展的必要条件。环境的破坏会导致资源枯竭、灾害频发,进而影响经济的稳定增长。(4)文化与道德的体现:和谐自然环境体现了人类对自然界的敬畏和尊重,是社会主义核心价值观中天人合一理念的现代体现,对于提升全社会的道德水平和文明程度具有重要意义。(5)国际责任的担当。在全球环境问题日益严峻的背景下,维护和谐自然环境是中国作为负责任大国的表现,有利于提升国家的国际形象,促进全球环境治理。总之,和谐自然环境的实现是一个系统工程,需要政府、企业和个人共同努力,长期坚持,从而有效地促进人与自然环境的和谐共生,为子孙后代留下一个绿色、美丽的家园。

智力与发展性障碍学生的劳动教育与和谐自然环境相结合,可以为他们创造更有益、积极和全面的学习体验。这种结合可以促进学生对自然环境的理解,培养他们的环保意识、可持续发展观念以及对当地乡土文化的认识,同时也有助于他们融入社会并获得成就感。首先,教师在实施劳动教育时根据智力与发展性障碍学生的能力水平,设计个别化的农作物种植技术、土壤保护、有机农业等课程,引导学生亲身参与劳动教育。通过具体的劳动教育使学生切实感受生态平衡、文化与道德、可持续发展等内容,提升学生对和谐的自然环境的感悟。其次,学校可以组织公益售卖活动,将售卖所得用于环保项目、植树造林等公益事业。学校还可以与当地的非营利组织、社会机构等建立合作关系,获取专业指导和资源支持,使公益售卖活动更有实际意义,让学生亲身体验劳动的价值,同时感受到为社会做贡献的快乐。最后,教师在实施劳动教育实践过程中,让学生更多地感受到自然与劳动的关系。教师可以组织学生前往当地的农村、小镇等地,亲身感受当地的自然环境、文化和风土人情,引导学生形成尊重和保护自然,绿色种植的理念。

3. 和谐的数字环境

构建和谐的数字环境是当今社会的一项重要任务。在数字时代,网络空间已经成为人们生活的重要组成部分,信息的传播速度和范围空前扩大,这对社会经济发展、文化繁荣以及公民素质的提升都产生了深远影响。营造一个健康、文明、和谐的网络环境,需要从以下几个方面着手:(1)加强法律法规建设。完善的法律法规是构建和谐数字环境的基础。我国政府已经颁布了《中华人民共和国网络安全法》《中华人民共和国电子商务法》《中华人民共和国数据安全法》和《中华人民共和国个人信息保护法》等一系列法律法规,为数字环境的建设提供了法律保障。这些法律法规不仅规范了网络行为,还明确了网络空间的治理原则,为网络环境的和谐提供了法治基础。(2)提升公民网络素养。公民的网络素养是维护网络环境和谐的关键。通过教育引导,提高公民的网络安全意识、信息鉴别能力和网络道德水平,使每个人都成为维护网络环境和谐的一分子。(3)强化网络平台责任。网络平台作为信息传播的主要渠道,应承担起社会责任,加强对违法和不良信息的监管,建立健全的信息审核机制,保障网络信息的真实性、合法性和健康性。(4)推动数字技术创新。数字技术的创新是推动社会进步的动力,也是构建和谐数字环境的重要条件。通过推动大数据、云计算、人工智能等前沿技术的发展,可以更好地服务于社会,促进数字经济的发展,为构建和谐数字环境提供技术支持。(5)优化数字服务。数字服务的优化能够直接提升公民的数字生活质量,进而影响整个数字环境的和谐程度。政府及相关部门应不断推进"数字政府"建设,提升政务服务效能,简化办事流程,提供更为便捷、高效、透明的公共服务。(6)加强国际数字化合作。数字环境的建设是全球性的挑战,需要各国共同合作。通过加强国际交流与合作,共同打击网络犯罪,保护用户信息安全,共同营造一个清朗的网络空间。

在数字化的背景下,开展智力与发展性障碍学生的劳动教育,首先,需要采用线上互动课、虚拟技术等手段来促进学生的劳动教育,从而为学生创造一个全面发展的教育环境,实现远距离教学和安全教学。设置线上互动课程,在线上平台开设一系列的学习课程,包括相关理论知识、实际技能操作、案例分析等。劳动技能的培养虽然更加倾向于实践性和生活化,但其本质依然是一项教育活动①,因此,需要确保劳动课程内容既有足够的理论基础,又能够在虚拟环境中实际操作,让学生在线上模拟不同类型的劳动活动,如种植、制作等,以增强他们的实际体验感。课程设置上可以创建虚拟的工作场景,让学生能够在数字环境中体验真实的劳动情境,提升他们的真实参与感,帮助其以后更容易参与到工作中。其次,教师将劳动教育与和谐数字环境相结合,使学生在劳动实践中获得技能的同时,也能够在数字环境中获得有益的经验和知识。为学生提供一个安全、健康、有益的数字化劳动教育环境,不仅需要技术的支持,也需要学校、家长和社会共同合作。再次,教师利用 VR 和 AR 技术,将虚拟的劳动任务与环保概念结合,引导学生在虚拟环境中体验环保措施的重要性。再次,教师在使用数字化开展劳动教育的同时需要注重培养学生的数字素养。学生数字素养的提升既需要家长的辅助参与,更需要学校对学生开设相关的数字安全教育。家长和教师要教导学生安全使用互联网、判断信息真伪,避免个人信息的泄漏。学校要着重强调学生个人隐私的保护,教导他们如何设置密码、避免

---

① 薛红. 如何加强特殊教育学校对学生劳动技能的培养[J]. 教育界(教师培训),2019(9):39-40.

泄漏个人信息等。最后,要注意防范网络欺凌。网络欺凌是现实存在的欺凌在网络空间的一种延伸,是通过互联网媒介故意对他人实施的攻击性行为。① 数字化的发展为劳动教育带来了更多可能性的同时,也为网络欺凌提供了生存的土壤,教师在实施数字化劳动的同时,一定要注意防范网络欺凌的发生。

(三)环境和谐健康保障的主要举措

1. 提高学生的环保意识

通过各种渠道和方式,如环保宣传教育、世界环境日等活动,提高学生对环保的认识和重视,引导学生形成绿色生活方式,积极参与环保工作。

2. 推动绿色发展和可持续发展

在学生中积极宣传和推动绿色发展和可持续发展,如发展清洁能源、推广绿色建筑、鼓励循环经济等,以实现经济、社会和环境的协调发展。

3. 加强疾病预防和控制

加强学生常见疾病的预防和控制工作,如加强疫苗接种、开展慢性病防治、提高公共卫生服务等,以保障学生健康。

4. 加强校园食品安全监管

学校要加强对食品安全的严格监管,如加强食品安全风险监测、严厉打击食品安全违法行为、提高食品安全标准等,以保障学生饮食安全。

5. 推进健康校园建设

积极推进健康校园建设,如改善校园生态环境、提高校园公共设施建设水平、加强校园治理等,为广大学生创造良好的学习和生活环境。

通过上述举措,眉县特殊教育学校在环境和谐健康保障方面取得了一定的成效,但仍需不断地加强和改善。眉县特殊教育学校应积极响应国家政策,不断努力,为构建美丽中国、实现人与自然和谐共生贡献力量。

第三节 智力与发展性障碍学生劳动教育的法律保障

一、劳动教育的法律保障概述

国家和地方政府不仅提供指导建议还应发挥监管职能,各相关单位的设施和制度也应该为智力与发展性障碍学生提供平等就业的机会,保障其劳动相关合法权益。学校作为提供劳动教育的主体,也肩负着保障残障智力与发展性障碍学生安全和健康的责任,

---

① PHILIP DAVIES. What is evidence-based education[J]. British Journal of Educational Studies,1999(6-7):108-121.

如《中华人民共和国民法典》(以下简称《民法典》)规定"限制民事行为能力人在学校或者其他教育机构学习、生活期间受到人身损害,学校或者其他教育机构未尽到教育、管理职责的,应当承担侵权责任"。教育部的《学生伤害事故处理办法》要求学校"对学生进行安全教育、管理和保护,应当针对学生年龄、认知能力和法律行为能力的不同,采用相应的内容和预防措施"。由于智力与发展性障碍学生劳动教育不可预见性更多,可以参考《学生伤害事故处理办法》建议"学校有条件的,应当依据保险法的有关规定,参加学校责任保险。教育行政部门可以根据实际情况,鼓励中小学参加学校责任保险。提倡学生自愿参加意外伤害保险。在尊重学生意愿的前提下,学校可以为学生参加意外伤害保险创造便利条件,但不得从中收取任何费用"。通过法律保障智力与发展性障碍学生参与劳动教育的机会平等,过程平等和报酬平等等合法权益。

二、劳动教育的法律保障主要内容

1. 保障劳动者基本权益

《中华人民共和国劳动法》(以下简称《劳动法》)提出"劳动者享有平等就业和选择职业的权利、取得劳动报酬的权利、休息休假的权利、获得劳动安全卫生保护的权利、接受职业技能培训的权利、享受社会保险和福利的权利、提请劳动争议处理的权利以及法律规定的其他劳动权利"。

2. 对政府的监管职能要求非常明确

《劳动法》明确要求,总体上"县级以上各级人民政府劳动行政部门依法对用人单位遵守劳动法律、法规的情况进行监督检查,对违反劳动法律、法规的行为有权制止,并责令改正"。执行过程中"有权进入用人单位了解执行劳动法律、法规的情况,查阅必要的资料,并对劳动场所进行检查"。并由国务院劳动行政部门到地方政府对劳动合同进行监管。

3. 对劳动行政部门以及相关部门不当行为予以处分

《劳动法》明确规定,劳动行政部门或者相关部门的工作人员如"滥用职权、玩忽职守、徇私舞弊,构成犯罪的,依法追究刑事责任;不构成犯罪的,给予行政处分"。考虑到部分残疾人自身劣势,《劳动法》明确提出要对此做出相应处罚,如"用人单位有下列行为之一,由公安机关对责任人员处以十五日以下拘留、罚款或者警告;构成犯罪的,对责任人员依法追究刑事责任:(一)以暴力、威胁或者非法限制人身自由的手段强迫劳动的;(二)侮辱、体罚、殴打、非法搜查和拘禁劳动者的"。

4. 对劳动者工作时间、假期、报酬和保险等做出了具体规定

劳动合同法对劳动者的具体工作时间、休息休假、劳动报酬、保险和社保等提出具体要求,以此保障了参与劳动用人单位和劳动者双方的权益。《中华人民共和国残疾人保障法》(以下简称《残疾人保障法》)主要对残疾职工和用人单位提出更为具体的劳动保

障要求,其中比较有代表性的有:"在职工的招用、转正、晋级、职称评定、劳动报酬、生活福利、休息休假、社会保险等方面,不得歧视残疾人。残疾职工所在单位应当根据残疾职工的特点,提供适当的劳动条件和劳动保护,并根据实际需要对劳动场所、劳动设备和生活设施进行改造。"我国已陆续发布了一系列关于智力与发展性障碍劳动者保障的政策法规,如《中华人民共和国残疾人保障法》《中华人民共和国劳动法》《中华人民共和国职业病防治法》等,明确了智力与发展性障碍者的权利和保障措施。目前我国设立了残疾人就业服务机构,为智力与发展性障碍者提供职业培训、就业指导和就业支持。政府还鼓励企业雇佣残疾人,为雇主提供一定的激励政策。我国建立了残疾人社会保障制度,为智力与发展性障碍者提供医疗保障、养老保障和失业保障等。此外,国内的一些慈善机构和志愿者组织也积极参与智力与发展性障碍者的就业帮扶工作,为他们提供培训、就业机会和职业指导。这些保障措施有助于提高智力与发展性障碍者的生活质量和自主能力。

虽然我国在智力障碍劳动方面已经有了一些法律保障和政策支持,但仍然存在一些问题,如智力与发展性障碍者的就业机会相对较少,开展劳动教育风险高,雇主的歧视现象等不利因素仍未得到有效解决。因此,我国还需要进一步完善相关法律法规,加大对智力障碍者的就业保障力度,促进他们的社会融合和发展。

三、劳动教育的法律保障构建举措

(一)完善法律法规

(1)建立以宪法为核心,以《劳动法》《残疾人保障法》等多部法律法规为补充的智力与发展性障碍者劳动法律保障框架,确保其法律权益得到充分保障。对现行的法律法规进行梳理和完善,消除对智力与发展性障碍者歧视性条款,确保智力与发展性障碍者与其他人享有平等的权利。

(2)明确智力与发展性障碍者的劳动权利,包括平等就业和选择职业的权利、获得劳动报酬的权利、休假的权利、获得劳动安全卫生保障的权利、接受职业技术培训的权利、享受社会保险和福利的权利等。这些法律应包括禁止歧视、保障平等参与劳动教育的权益、建立劳动教育的基本标准等。

(3)国家和地方教育部门应制定劳动教育政策,明确劳动教育在特殊教育中的重要性和地位。政策应包括推动劳动教育的发展、资源分配、师资培训等方面的支持措施。相关教育部门应发布指导性文件,对智力与发展性障碍学生的劳动教育进行规范和指导。

(二)制定优惠政策

1. 税收优惠政策

首先,对安置智力与发展性障碍者的企业,可以在计算应纳税所得额时按照支付给残疾职工工资的100%加计扣除。其次,对智力与发展性障碍者个人提供劳动的,可以免收营业税。再次,对智力与发展性障碍者从事个体事业的,可以减半收取登记费、会费等。最后,对企业、公司等单位按比例安排一定智力与发展性障碍者就业的,可以减免个人所得税。

2. 社会保障政策

鼓励和帮助智力与发展性障碍者参加社会保险,确保其基本生活保障。对智力与发展性障碍者失业、养老、医疗等方面提供社会保障补贴。

3. 创业支持政策

首先,优先为智力与发展性障碍者办理登记注册手续,酌情减免个体工商户注册登记费、市场管理费和个体工商户管理费。其次,提供小额贷款贴息、经营场所扶持等支持措施。最后,对智力与发展性障碍者自主创业的,提供一定的资金扶持和经营指导。

4. 就业援助政策

首先,政府开发的适合智力与发展性障碍者就业的公益性岗位,应优先安排其就业。其次,对未达到规定比例安排智力与发展性障碍者就业的单位,要求其缴纳残疾人就业保障金,用以支持和帮助智力与发展性障碍者就业。最后,对超比例安排残疾人就业的单位,给予一定的奖励和税收减免。

5. 教育培训政策

提供职业培训补贴,帮助智力与发展性障碍者提高职业技能和就业竞争力。对智力与发展性障碍者教育给予特殊关注,提高其受教育机会和质量。

6. 福利企业政策

鼓励和支持社会各类投资主体设立福利企业,集中安排残疾人就业。

上述政策的制定和实施,旨在为智力与发展性障碍者创造更加平等、有利的就业环境,提高残疾人就业率,提高他们的自立能力和生活质量,实现社会的整体进步与和谐。需要注意的是,具体的政策细节和实施范围可能会因地区和时间而有所不同,智力与发展性障碍者及其就业单位应咨询当地的相关部门以获取准确信息。

(三)政府参与执法监管

1. 政府应当加大执法监管力度

增加监管部门的人力、物力投入,提高对智力与发展性障碍者劳动教育的监督检查频率和力度。政府应当建立健全的执法机制,确保监管措施有效执行。建立定期检查制度,对企业和公众遵守劳动教育法规情况进行监督和检查。对发现的违法行为,及时采取行政处罚或其他必要的措施,确保法规得到有效执行和遵守。

2. 建立评估机制

建立科学的评估机制,对监管部门的执法和监督工作进行评估和考核,及时发现问题和不足之处,优化监管工作流程和策略。

3. 提升执法人员的专业水平

加强对执法人员的培训和教育,提高他们的专业能力以及对智力与发展性障碍者劳动教育的了解程度;提高执法人员素质,培训和提升执法人员的专业知识水平和执法能力,确保他们对劳动教育法规的理解和掌握;建立专门的智力与发展性障碍者劳动教育执法人员队伍,并建立专门的法律与政策咨询机构,为执法人员提供咨询和支持。

4. 加强信息化建设

通过建立信息化平台,实现对企业和公众的信息收集、分析和监测,及时发现违法行为和问题,并进行精确的定性和定量分析。

除此之外,政府还可以建立有效的群众监督渠道,鼓励群众、学生及其家长举报企业的违法行为。监管部门应及时、有效地受理和处理举报和投诉,对举报行为给予必要的保护,及时处理投诉和纠正违规行为,并根据实际情况给予合理的回应和处置。

(四)提高社会意识

1. 普及法律教育

政府通过各种渠道普及智力与发展性障碍者的劳动法律知识,例如在中小学、大学以及职业培训课程中加入相关内容,提高公众对智力与发展性障碍者权益保护法律的认识。

2. 媒体宣传

利用广播、电视、网络、社交媒体等多种媒体形式,开展针对性的宣传活动,发布智力与发展性障碍者就业的正面信息和成功案例,改变社会对智力与发展性障碍者的固有印象。

3. 举办公益活动

支持和鼓励举办智力与发展性障碍者就业相关的公益活动,如智力与发展性障碍者职业技能竞赛、创业故事分享会等,提升社会对智力与发展性障碍者劳动能力的认可。

4. 强化法律执行

通过严格执法,确保残疾人劳动法律法规得到切实执行,对违反法律法规的行为进行处罚,保护智力与发展性障碍者的合法权益。

5. 推动针对智力与发展性障碍者法律制度完善

完善残疾人就业保障金制度,促使企业遵守残疾人就业规定,同时引导企业合理利用法律制度促进智力与发展性障碍者就业。

6. 推动融合发展

鼓励和支持智力与发展性障碍者和健全人一起工作,促进智力与发展性障碍者融入社会,实现融合发展。

政府提高民众对智力与发展性障碍者劳动法律的社会意识是一个多维度的长期过程,旨在消除对残疾人的偏见和歧视,促进残疾人平等、全面地参与社会生活,实现自身价值。

(五)建立健全智力与发展性障碍者法律服务支持体系

1. 建立专门的法律援助机构

设立专门为智力与发展性障碍者提供法律服务的机构,为残疾人提供法律咨询、代理诉讼等服务。这些机构可以由政府设立,也可以由社会组织创办,但要确保其专业性和权威性。

2. 提供专业的法律服务人员

为智力与发展性障碍者提供专业、热情、耐心的法律服务,帮助其解决法律问题。对智力与发展性障碍者法律服务机构的工作人员进行专业培训,提高他们的业务水平和服务质量。

3. 加强法律宣传和教育

通过各种渠道,加大对智力与发展性障碍者的法律宣传和教育力度,提高他们的法律意识和自我保护能力。可以利用电视、广播、网络等媒体,以及通过举办公开课、讲座等形式,让智力与发展性障碍者了解自己的权益和获得法律救济的途径。

4. 建立多元化的法律援助渠道

除了传统的法律咨询服务外,还可以利用网络、电话等现代通信技术,为智力与发展性障碍者提供方便快捷的法律服务。同时,鼓励志愿者和社会团体参与智力与发展性障碍者法律援助工作,形成多元化的法律援助体系。

5. 保障智力与发展性障碍者参与法律事务的权利

尊重智力与发展性障碍者的意愿和选择,确保他们在法律事务中充分发挥主体作用。对智力与发展性障碍者提供必要的辅助和支持,如提供手语翻译、盲文资料等,帮助他们更好地参与法律事务。

通过以上措施,可以逐步健全智力与发展性障碍者法律服务支持体系,切实保障智力与发展性障碍者的合法权益,促进社会公平正义。

课后练习

1. 走访一所特殊教育学校,观察教师针对智力与发展性障碍学生开展的一节劳动教育课程,撰写一份劳动教育安全保障观察报告。

2. 智力与发展性障碍学生劳动教育的健康保障措施有哪些?

3. 收集劳动法中有关保障的相关内容,结合智力与发展性障碍者具体情况谈谈相关条款应当如何修改更具适合性。

参考文献

[1] 陈云英. 智力落后心理教育康复[M]. 北京:高等教育出版社,2015.

[2] 李臣之,黄春青. 新时代劳动教育课程设计与实施[M]. 广东:广东教育出版社,2022.

[3] 张文京. 特殊儿童生活教育[M]. 南京:南京师范大学出版社,2015.

[4] 肖非,王雁. 智力落后教育通论[M]. 北京:华夏出版社,2000.

[5] 黄济. 关于劳动教育的认识和建议[J]. 江苏教育学院学报(社会科学版),2004(5):17-22.

[6] 檀传宝. 劳动教育的概念理解:如何认识劳动教育概念的基本内涵与基本特征[J]. 中国教育学刊,2019(2):82-84.

[7] 赵伟. 试论劳动、劳动教育和职业教育的关系[J]. 中国高教研究,2019(11):103-108.

[8] 魏英杰.《培智学校义务教育劳动技能课程标准》解读[J]. 现代特殊教育,2018(11):34-36.

[9] 方亮. 劳动教育的历史变迁与时代内涵[J]. 清华大学教育研究,2022,43(5):114-120.

[10] 梁大伟,茹亚辉. 新时代加强劳动教育的根本遵循、目标导向与价值旨归[J]. 现代教育管理,2022(6):20-26.

[11] 李珂,曲霞. 1949年以来劳动教育在党的教育方针中的历史演变与省思[J]. 教育学报,2018,14(5):63-72.

[12] 宋乃庆,王晓杰. 新中国成立以来我国劳动教育政策发展:回眸与展望[J]. 思想理论教育导刊,2020(2):76-80.

[13] 盛志财,熊和平. 回归劳动本真:特殊教育学校的劳动教育启示[J]. 教育评论,2020(05):36-42.

[14] 宋以国,李长伟. 劳动教育何以融通五育:一种解释性的理论互关框架[J]. 教育理论与实践,2023,43(16):3-10.

[15] 曾令斌,彭泽平. 新时代劳动教育的理论内涵、创新意蕴与实践要义[J]. 学校党

建与思想教育,2023(13):56-60.

[16]俞林亚.加强新时代劳动教育,积极构建培智学校劳动育人新体系[J].现代特殊教育,2022(7):56-58.

[17]张策华.新时代劳动教育的价值追求和实践进路[J].江苏社会科学,2022(3):166-173.

[18]张琛,李珂.论黄炎培劳动教育思想的丰富内涵与当代启示[J].教育与职业,2019(2):93-97.

[19]刘向兵,杨阳,曲霞.习近平总书记关于劳动教育重要论述的理论渊源与价值意蕴[J].中国人民大学教育学刊,2023(4):1-14,181.

[20]方弟丽.中学劳动教育资源开发与利用的实践路径[J].宁波教育学院学报,2019(6):92-95.

[21]杨霞.特教学校劳动教育校本课程建设与实施[J].华夏教育,2023(14):26.

[22]郭文斌,王雁.我国残疾人职业教育标准体系建设的进展、问题与完善对策[J].现代特殊教育,2022(24):29.

[23]孙会,张金福.政策过程视域下我国残疾人职业教育支持服务体系的建构、困境与优化[J].职业技术教育,2020(19):46-51.

[24]朱悦,孙承毅.现实与突围:中小学劳动教育教师队伍建设的实践困境与路径优化[J].吉林省教育学院学报,2022,38(10):169-174.

[25]赵小红.城市智力残疾学生初级职业教育培训现状调查报告[J].中国特殊教育,2011(1):25-32.

[26]黄献林.浅谈特殊教育学校实施劳动教育的路径:以安徽省马鞍山市特殊教育学校为例[J].现代特殊教育,2022(11):60-61.

[27]赵小红,王雁.智力残疾学生职业高中教育支持体系研究[J].教育研究,2018(11):105-113.

[28]刘佳芬,陆雪萍,田芳.培智学校社区课堂教学模式的构建与探索[J]中国特殊教育,2018(6):24-27.

[29]张轩瑜,杜学元.关于特殊教育学校劳动教育的几点思考[J].绥化学院学报,2022,42(4):9-12.

[30]殷世东.中小学劳动教育课程评价体系的建构与运行:基于CIPP课程评价模式[J].中国教育学刊,2021(10):85-88,98.

[31]霍力岩.幼儿劳动教育:内涵、原则与路径[J].福建教育,2018(47):16-19.

[32]黄爱珍.生活:幼儿劳动的"沃土"——幼儿园生活活动中的劳动教育[J].基础教育论坛,2022(25):87-88.

[33]林克松,熊晴.走向跨界融合:新时代劳动教育课程建设的价值、认识与实践

[J].湖南师范大学教育科学学报,2020,19(2):57-63.

[34]王雄飞,庄重.融合劳动教育的学校综合实践活动课程开发案例[J].基础教育课程,2020(13):17-21.

[35]朱雪林.加强学校劳动教育课程建设推动劳动教育落地[J].教育科学论坛,2020(20):32-34.

[36]张婷,申仁洪.特殊教育学校劳动教育课程的价值意义与构建实施[J].现代特殊教育,2021(13):6.

[37]方仪,许巧仙.发达国家残疾人职业教育的发展经验及对我国的启示[J].中国职业技术教育,2018(24):69-73.

[38]朱健刚,严国威.从庇护性就业到支持性就业:对广东省残疾人工作整合型社会企业的多个案研究[J].残疾人研究,2019(1):48-57.

[39]孟献军.家庭、学校、社会劳动教育内容体系的构建[J].中国现代教育装备,2021(2):51-53.

[40]王明娣,景艳.生活体验视角下劳动教育课程价值的思考[J].教育理论与实践,2021,41(16):15-19.

[41]王洪贵,黄宝霖.对学校农业生产劳动教育的认识和思考[J].江苏教育,2022(87):1-53.

[42]肖绍明.劳动教育的文化研究[J].华东师范大学学报(教育科学版),2022,40(2):17-28.

[43]位涛,孙振东.论劳动教育的文化之维:劳动何以促成个体之成人[J].当代教育论坛,2022(1):109-116.

[44]吴学峰.新时代劳动教育:时代意涵、发展目的与路径选择[J].当代职业教育,2021(2):62-67.

[45]王泉泉,刘霞,陈子循等.核心素养视域下劳动素养的内涵与结构[J].北京师范大学学报(社会科学版),2021(2):37-42.

[46]王飞,徐继存.大中小学劳动教育实施现状的调查研究[J].课程.教材.教法,2020,40(2):12-19.

[47]欧阳修俊,谭天美.乡村学校劳动教育课程变革的挑战与方向[J].中国教育学刊,2019(8):56-60.

[48]罗长河,张映雄.校外劳动教育实践基地建设的价值与行动[J].四川教育,2021(18):8-9.

[49]纪世元,韩嵩.中小学劳动活动课程化:内涵、意义与实施路径[J].教育探索,2020(3):13-17.

[50]班建武."新"劳动教育的内涵特征与实践路径[J].教育研究,2019,40(1):21-26.

附　　录

附录1　培智学校义务教育劳动技能课程标准(2016年版)

第一部分　前言

劳动技能课程是培智学校义务教育阶段的一般性课程。本课程以培养培智学校学生(以下简称"学生")简单的劳动技能为主,对学生进行职前劳动的知识和技能教育,通过劳动技能的训练,培养学生的劳动意识,形成热爱劳动的情感,掌握一定的劳动知识与技能,养成良好的劳动习惯。

一、课程性质

劳动技能课程是以学生获得积极的劳动体验,形成良好的劳动意识和劳动习惯,掌握生活必备的劳动技能,提高社会适应能力为目标,且以实践学习为特征的必修课程。课程具有以下性质。

(一)实践性

实践性是劳动技能课程区别于其他课程的最大特点,它要求学生通过亲身实践的直接经验获得劳动技能和劳动体验。本课程基于"做中学"和"学中做",强调知行统一、手脑并用,注重学生在操作、体验、探究和解决问题的过程中获得直接经验,改善身心功能,提高知识和技能的运用能力,形成良好的道德品质,促进身心发展。

(二)生活性

生活性是指劳动技能课程实施过程中学生在教师指导下体验生活、参与生活、适应生活。本课程以学生的生活环境为依据,课程的资源来源于生活,以当地的经济、社会和文化环境为背景,选择生活中必备且对学生发展有益的劳动技能作为核心教育资源,组织和设计活动。在学习过程中指导学生把所学知识与技能应用于生活,提高生活能力,以正确的价值观引导学生在生活中成长和发展。

(三)综合性

综合性是指劳动技能课程具有多学科交叉融合的特性。本课程与生活适应课程内容结合紧密,与生活语文、生活数学、绘画手工和康复训练等课程有一定联系。劳动技能的学习需要学生综合运用语文、数学等相关学科知识和认知、运动、沟通等多种能力,通过手脑并用的操作活动改善身心功能,实现知识的内化和技能的掌握。

(四)开放性

开放性是指劳动技能课程的内容、教学方法等具有开放的特点。本课程既要立足学生现实生活,又要关注未来发展的需要;既要考虑课程的普适性,又要考虑学生生活环境的特殊性;既要适应当今社会的生活需求,又要体现未来发展趋势。教学的设计与安排要富有弹性和开放性,体现多样性和选择性。

二、课程基本理念

劳动技能课程要坚持育人为本,培养学生劳动技能,提高劳动素养,锻炼意志品质,促进身心康复,增强生活能力。本课程的建设遵循以下理念。

(一)关注学生生活需求

学生的生活能力源于对周边生活的认识、体验和感悟,生活环境和生活经历对学生成长具有重要意义,满足学生生活需求是本课程的出发点和归宿。本课程学习的知识和技能要为学生参与社会生活服务,课程实施要成为学生体验生活、习得技能、改善功能和提高生活能力的过程。

(二)尊重学生个体差异

培智学校学生残疾程度不一,类型多样。本课程强调从学生发展现状和可行性出发,面向全体,关注个体差异,根据学生的能力水平和特殊需要制定课程目标,确定课程内容和方法,开展教学。

(三)突出学生实践体验

本课程要以学生家庭生活、学校生活、社区生活和社会生活为背景,以劳动项目为载体,充分利用有效资源,通过多种途径引导学生体验和实践,获得服务自我、服务他人、适应社会的劳动知识和基本的劳动技能。

(四)提高学生劳动素养

本课程要注重学生劳动素养的养成,在掌握基本劳动技能的同时,获得成功的劳动体验,增强劳动意识,养成劳动习惯,学会沟通与合作,形成良好品德和健康的心态,获得劳动技能的综合运用能力。

(五)促进学生综合康复

本课程要着眼于学生的潜能开发和功能改善,借鉴现代医学和康复技术的新成果,使学生在劳动过程中动手动脑,提高感觉动作水平,发展认知能力和沟通交往能力,形成自信乐观的生活态度,促进身心康复。

三、课程设计思路

劳动技能课程是培智学校义务教育阶段的一般性课程,依据课程性质和基本理念,课程要遵循特殊教育规律,满足学生的发展需求,体现学科特点。课程设计思路如下。

(一)按照三个学段进行课程设计

遵照学生身心发展的阶段性特征,本课程划分三个学段:低年级(1—3年级)、中年级(4—6年级)、高年级(7—9年级),并按照三个学段分别制定课程目标、设计课程内容,从而形成依次递进、前后衔接的课程结构。

(二)依从三个维度制定课程目标

本课程依据学生身心发展规律和课程设置目的制定总目标和学段目标,从知识与技能、过程与方法、情感态度与价值观三个维度进行表述。

(三)根据课程目标设置课程内容

本课程在每个学段设置自我服务劳动技能、家务劳动技能、公益劳动技能和简单生产劳动技能四个类别的内容。低年级自我服务劳动技能内容的选择上避免与生活适应课程内容出现重叠交叉现象,强调技术在生活中的应用,突出劳动知识的普及、基本劳动技能的训练和生活适应能力的培养。内容选择的原则如下。

生活性原则——本课程内容来源于生活,要选取学生现实生活所需、对未来发展有益的资源进行加工与改造,突出直观性和可操作性。课程内容的安排要以学生个体为中心,将劳动技能学习的范围由学生自身逐步扩大到家庭、学校、社区和社会。

整合性原则——本课程强调与其他课程相互配合,在保持基础性、通用性和渐进性的基础上,弱化学科界限,注重课程内容的综合性和学习材料呈现方式的多样性,加强与相关学科的联系,加强本学科内各项目、各内容之间的整合,体现劳动技能训练与教育康复相结合。

系统性原则——本课程遵循儿童动作和认知的发展规律,结合劳动技能学科的特性、课程内容从低年级到高年级技能的精细度逐步提高,由易到难、由简到繁,构建本课程的内容体系。

多样性原则——本课程内容体现地方特色,结合学生的生活背景和能力水平,既面向全体又兼顾差异;内容体现与时俱进,在习得劳动技能的基础上,注重现代科技在生活中的应用,拓宽学生视野,提升活动效能。课程内容分为基础性内容和拓展性内容两部分,基础性内容是学生生活必须掌握的内容,拓展性内容是为部分学生提升能力而提供的学习内容,有条件的地区或学校可根据学生实际能力水平选择实施。

实践性原则——本课程是一门实践性较强的学科,课程内容不仅来源于生活,还要求学生亲自动手操作和进行实际应用。课程内容应兼顾知识学习和技能学习,并以技能学习为主,坚持知识讲解与生活实践相结合。

第二部分 课程目标

一、总目标

学生通过自我服务劳动、家务劳动、公益劳动和简单生产劳动技能的学习,形成独立或半独立的生活能力,为平等参与社会生活和就业打基础。

(一)知识与技能目标

掌握自我服务劳动、家务劳动和公益劳动的知识与技能;认识常见的材料和工具,掌握简单的加工技术;初步掌握一门简单的通用生产技术;初步了解残疾人劳动就业的相关知识和求职的方法、技巧。

(二)过程与方法目标

能协调运用肢体和感官参与活动,观察和分析事物;具有对劳动技能进行模仿和实际操作的能力;改善认知功能,提高精细动作水平和交流合作能力;自觉遵守劳动安全规则;养成良好的劳动习惯;初步具有独立或半独立生活的能力。

(三)情感态度与价值观目标

通过丰富的劳动体验,初步形成对劳动的正确认识;具有热爱劳动、热爱人民、热爱生活、热爱家乡的思想感情;具有认真负责、遵守纪律、勤俭节约、爱护公物、珍惜劳动成果、团结协作的品质;具有劳动意识和良好的意志品质;具有一定的质量意识、安全意识、审美意识、环保意识和法律意识。

二、学段目标

(一)低年级(1—3年级)

低年级是劳动技能的启蒙阶段,课程侧重于以学生个体为中心,以整理和清洗个人物品为重点制定目标,培养学生的劳动意识,为形成良好的劳动习惯奠定基础。

1. 知识与技能目标

(1)能使用、整理或清洗个人物品。
(2)能打扫、整理家庭环境和校内环境。
(3)初步学会使用手工工具对劳动材料进行加工。

2. 过程与方法目标

(1)初步熟悉家庭、学校的生活环境,熟知个人物品。
(2)能初步表达自己的活动意愿,了解他人的要求。
(3)能认真观察活动情境并作出恰当的行为表现。
(4)养成规范操作的习惯,眼、手、脑配合完成操作任务。

3.情感态度与价值观目标

(1)形成参与劳动的意识,初步具有不怕挫折、克服困难的意志品质。

(2)初步具有爱护工具、节约材料的意识,珍惜劳动成果。

(3)初步具有安全意识和环保意识。

(二)中年级(4—6年级)

中年级侧重以个体和家庭为中心,进一步提高自我服务劳动技能和劳动技能,增强劳动兴趣、形成良好的劳动态度、培养热爱劳动的情感,初步具有解决实际问题的应用能力。

1.知识与技能目标

(1)能清洗、晾晒、折叠薄厚适中的衣物。

(2)掌握清扫、保洁的技能。

(3)学会使用常用的生活用具、家用电器。

(4)会使用厨房用具,掌握基本的食材加工技能和厨房劳动技能。

(5)认识手工缝纫所需的材料和工具,初步学会简单的手工缝纫技能。

2.过程与方法目标

(1)熟悉家庭、学校的生活环境,熟知家庭成员的作息规律和生活习惯。

(2)掌握规范的操作程序,眼、手、脑协调配合,提高精细动作水平。

(3)学会表达与倾听,能与他人进行简单的合作交流,能根据他人的需求和情境作出恰当的行为表现。

(4)具有自主参与劳动的习惯。

3.情感态度与价值观目标

(1)对劳动感兴趣,能主动参与劳动,具有为他人服务的意识,初步形成正确的劳动价值观。

(2)具有一定的质量意识、安全意识和环保意识。

(三)高年级(7—9年级)

高年级是劳动技能的提升阶段,劳动服务场所由家庭、学校扩大到社区和社会,在熟练掌握家务劳动技能的基础上,学习初步的职业知识和技能,增强热爱劳动的情感,培养良好的劳动习惯,提高劳动技能的综合运用能力。

1.知识与技能目标

(1)能熟练地进行打扫、清洗、整理等家务劳动。

(2)能熟练使用常用的家用电器。

(3)会几种简单的食材加工技能。

(4)学会手工缝纫技能。

(5)能根据材料特性和五金工具的功能进行简单的操作。

(6)能参与有一定技术要求的公益劳动和生产劳动。

(7)了解几种职业的特点和简单的求职、就业知识。

2.过程与方法目标

(1)熟悉社区环境,积极参与社区公益劳动。

(2)眼、手、脑协调配合,熟练使用家庭日常用具。

(3)能与他人进行友好合作,恰当地处理劳动过程中遇到的问题。

(4)了解个人兴趣、爱好与特长,为接受职业教育做准备。

(5)养成良好的劳动习惯。

3.情感态度与价值观目标

(1)积极参与劳动,具有认真负责、遵守纪律、坚持不懈、团结协作、勤俭节约、爱护公物、珍惜劳动成果等品质和为他人、为集体、为社区服务的意识。

(2)具有一定的质量意识、安全意识、审美意识、环保意识和法律意识。

第三部分　课程内容

一、内容结构

劳动技能课程按九年义务教育一贯制进行整体设计,以"个人生活"为基础,向家庭生活、学校生活、社区生活和社会生活不断扩展延伸,分为自我服务劳动、家务劳动、公益劳动和简单生产劳动四类技能,总共包含十七个项目(见下图)。本图为"一圆三环"结构:一圆分为四个不等的扇形,分别代表四类劳动技能;三环划分十七个扇区,分别代表

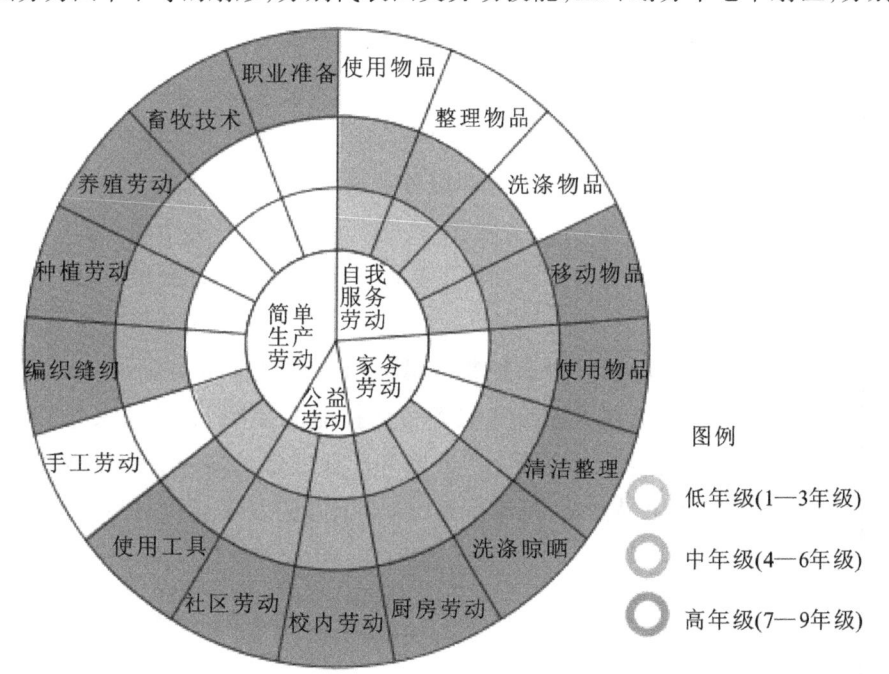

十七个项目(其中自我服务劳动包含四个项目,家务劳动包含四个项目,公益劳动包含两个项目,简单生产劳动包含七个项目)。三环分为内、中、外三层,内环代表低年级,中环代表中年级,外环代表高年级,每个学段涉及的项目表现为阴影。从图中可以看出,自我服务劳动随着年级升高所占的比例逐渐减少,家务劳动和简单生产劳动随着年级升高所占的比例逐渐增加。这些内容既有一定区别,又相互联系,在课程实施中不能机械理解、相互割裂。

（一）自我服务劳动技能

自我服务劳动技能是指学生在日常生活中妥善照料自己的能力,包括使用、整理和清洁个人物品等技能。此类内容分为使用物品、整理物品、洗涤物品和移动物品四个项目。通过学习自我服务劳动技能有助于学生形成劳动意识,养成动手习惯,提高生活自理能力,为从事其他各类劳动奠定基础。

（二）家务劳动技能

家务劳动技能是学生适应家庭生活、从事家务劳动所具备的能力。此类内容包括使用物品、清洁整理、洗涤晾晒和厨房劳动四个项目,它与自我服务劳动的内容有所交叉。家务劳动重在适应家庭生活的需要,培养学生的家庭责任感,为将来融入社会,参与社会生活奠定基础。

（三）公益劳动技能

公益劳动技能是指直接服务并有益于社会的无偿劳动所包含的能力。公益劳动的场所多为学校和社区。通过公益劳动提高学生组织、合作和解决问题的能力,培养学生社会责任感和热爱集体、关爱他人、助人为乐、爱护公物等优良品质。此类内容包括校内劳动和社区劳动两个项目。

（四）简单生产劳动技能

生产劳动技能是指农业、工业和服务业中所需的劳动能力。本课程主要帮助学生认识和使用常用劳动工具,学习农业、工业和服务业中最基础的劳动技能,包括使用工具、手工劳动、缝纫编织、种植劳动、养殖劳动、畜牧技术和职业准备七个项目,其中部分内容为拓展性内容。通过此类技能的学习使学生掌握简单的生产劳动技能,为接受职业教育做准备。

以上四类内容,在不同学段各有侧重。低年级以自我服务劳动、简单家务劳动和简单公益劳动为主;中年级在巩固自我服务劳动技能的基础上,提高家务劳动和公益劳动的难度;高年级适度增加了简单生产劳动和职业准备的内容。劳动技能的学习随着学生年级的升高体现由易到难、由简到繁,螺旋上升的发展规律,促进学生劳动素养的形成。

二、基本内容

低年级(1—3年级)劳动技能课程内容

类别	项目	内容
自我服务劳动技能	使用物品	1. 使用学习用品 2. 使用家具、床上用品等房中的物品
	整理物品	1. 整理小件衣服 2. 整理学习用品
	洗涤物品	清洗、晾晒小件衣物
	移动物品	移动小件物品
家务劳动技能	清洁整理	1. 餐前准备和餐后整理 2. 整理床上用品 3. 整理、打扫房间 4. 开、关、锁门窗
	厨房劳动	清洗常见蔬菜和水果
公益劳动技能	校内劳动	1. 打扫教室 2. 打扫校园 3. 开关教室或楼道的灯、门窗 4. 浇花
	社区劳动	参加居住社区的清扫活动
简单生产劳动技能	使用工具	使用剪刀等简单工具
	手工劳动	穿珠、粘信封等简单手工劳动

中年级(4—6年级)劳动技能课程内容

类别	项目	内容
自我服务劳动技能	使用物品	使用并清理雨具
	整理物品	整理较大件衣物
	洗涤物品	1. 刷洗鞋、书包等物品 2. 清洗、晾晒、折叠薄厚适中的衣物
	移动物品	移动大件物品

续表

类别	项目	内容
家务劳动技能	使用物品	1. 使用电视、热水器等常见的家用电器 2. 使用常见锁具 3. 使用餐具、茶具 4. 使用常用生活器具
	清洁整理	1. 更换、整理卧具 2. 刷洗餐具、茶具、炊具 3. 打扫卫生间
	洗涤晾晒	使用洗衣机洗衣服
	厨房劳动	1. 清洗水果 2. 择菜、洗菜 3. 使用刀具 4. 使用冰箱、微波炉等厨房电器 5. 认识调料,开启食品容器 6. 无明火条件下使用炊具加热饭菜、制作简单饭菜
公益劳动技能	校内劳动	1. 清扫教室、校舍、校园等 2. 修补图书
	社区劳动	1. 参加社区保洁劳动 2. 参加社区服务活动
简单生产劳动技能	使用工具	1. 使用简单办公用品 ※2. 使用简单种植工具
	缝纫编织	熟悉手工缝纫基本针法
	种植劳动	※种植常见花草、蔬菜
	养殖劳动	※饲养常见小动物

高年级(7—9年级)劳动技能课程内容

类别	项目	内容
自我服务劳动技能	移动物品	搬运重物
家务劳动技能	使用物品	使用电暖气等家用电器
	清洁整理	1. 按季节保养、存放衣服、鞋、被褥等物品 2. 使用吸尘器等清洁电器 3. 擦玻璃 4. 打扫、整理厨房 5. 美化、装饰房间 ※6. 服装熨烫
	洗涤晾晒	按季节清洗服装、鞋、被褥、毛毯等
	厨房劳动	1. 使用电烤箱、电饼铛等厨房电器 2. 使用灶具 3. 掌握将食材处理成块儿、片儿、丝儿的刀工技法 4. 掌握蒸、煮、炒、煎、炸等烹饪技能 5. 学会制作简单的面点 6. 制作凉拌菜 7. 冲泡饮料 8. 按存储要求存放食材
公益劳动技能	校内劳动	1. 维修课桌椅等 2. 布置、装饰校内环境
	社区劳动	参加社区志愿者服务活动
简单生产劳动技能	使用工具	1. 使用简单的五金工具进行操作 ※2. 使用简单农具 ※3. 使用装订机等简单机械
	缝纫编织	1. 掌握手工缝纫针法 2. 能使用针线进行简单的缝补 ※3. 能使用缝纫机进行简单操作 ※4. 能进行简单手工编织或刺绣
	种植劳动	※种植当地农作物
	养殖劳动	※养殖当地家禽、牲禽或水产类
	畜牧技术	※掌握简单畜牧技术

续表

类别	项目	内容
简单生产劳动技能	职业准备	1. 了解残疾人就业的相关法律法规,了解求职、就业等知识 2. 体验常见事业工种的操作技能 ※3. 能合理分配经济收入 ※4. 学习清洗汽车 ※5. 学习酒店(民宿、客栈)客房和餐厅保洁 ※6. 学习邮递员和快递员的工作流程 ※7. 学习修理自行车

注:标※的为拓展性内容。

第四部分 实施建议

一、教学建议

教学是课程实施的基本途径,对课程建设具有能动作用。课程是学校教育的实体或内容,教学是学校教育的过程或手段。

(一)注重基础

具备简单的劳动技能是学生独立或半独立生活的基础,本课程教学要做到技能学习与康复训练相结合,与认知发展相结合,与培养社会适应能力相结合,与建立正确的情感、态度、价值观相结合。因此在课程实施过程中,要遵循学生身心发展规律,注重感官机能训练和感官功能代偿,从学习最基本的自我服务劳动技能入手,打牢基础,再逐步过渡到学习家务劳动技能、公益劳动技能和简单生产劳动技能。

(二)体现综合

本课程的实施要注重多学科渗透,加强劳动技能、生活适应、康复训练等课程之间的横向联系和有机整合;同时要体现多渠道实施,将课堂学习与潜在课程相结合,充分利用日常生活、课外活动、社会实践等进行教学,在生活情境中强化对知识技能的理解和掌握,实现对知识技能的综合运用。

(三)尊重差异

培智学校劳动技能课的实施要体现因材施教的原则,从学生的个体差异出发,开展分层教学和个别辅导。要根据学生残疾类型和程度,合理选择学习内容,科学安排活动的难度、梯度和强度,改进教学方法,提供辅具支持,使劳动技能的学习成为改善功能、发展认知、形成技能、适应生活、培养自信的过程。

(四)关注安全

劳动技能课的教学要遵循"安全第一"的原则,做好安全教育和安全保护。在教学过程中教师应创设安全的劳动环境,合理安排学生劳动强度,要求学生严格遵守劳动纪律和安全操作规程,确保安全性。

二、评价建议

学习评价是教师、家长及学生在学习的特定阶段对某个学生群体或个别学生的学习状态、学习过程和学习结果作出的一种描述和价值判断。学习评价是课程实施的重要环节。

(一)评价目的

通过评价发现学习中存在的问题,为教学策略和方法的改进指明方向,为教师调整教学速度和行为提供客观依据;通过评价充分调动学生学习的积极性,从而提高学习质量,促进学生发展。

(二)评价内容

劳动技能课的评价内容包括劳动知识与技能的掌握,劳动技能的综合应用能力,劳动态度与劳动习惯的培养。

(三)评价类型

劳动技能的学习评价应以发展性评价和形成性评价为主,既关注过程又关注结果,采取定性评价与定量评价相结合的形式,全面反映学生劳动技能学习的状态和水平。

(四)评价方式

劳动技能课的评价方式应当灵活多样,可以采用作品展示、操作展示、成果展示等方式汇报学习成果,采用成长记录袋、作品评定、日常观察、阶段考核等方式进行评价。

(五)评价主体

建立学生、教师、家长和其他有关人员参与的评价模式。教师要引导学生对劳动成果进行分享,评价自己在劳动中的表现,促进自我认识和自我改进;教师和其他有关人员要根据评价结果及时调整教学方法与策略,以保证教学目标的达成度;家长要了解学生劳动技能掌握情况,与学校形成合力,提升劳动技能教育的质量。

三、教材编写建议

教材是根据课程标准编写的教学用书,是教学与学习的主要材料和资源,教材编写是落实课程标准的重要环节和步骤。本课程教材建议以教师教学用书的形式呈现。

(1)教师教学用书的编写要培育和践行社会主义核心价值观,坚持育人为本、落实立德树人的根本任务,注重学生劳动态度、劳动意识和劳动习惯的养成。

(2)教师教学用书要充分体现课程方案和课程标准提出的课程理念。

(3)劳动技能课程的学习是以操作项目为载体,以操作过程为重点而设计的实践、探究活动,教师教学用书编写应体现本课程的操作性。

(4)教师教学用书的编写要符合我国国情,充分考虑不同地区的经济、文化、教育、师资情况和时代特点,关注学生的学习兴趣、生活经验、心理需求和实际生活需要,精选基础性、适用性的内容。

(5)教师教学用书的编写要具有多学科的综合视野,整合相关学科的知识内容,并围绕基础性内容进行拓展,提供多种方案,为地方和学校开展教学留出创造性空间,体现一定的开放性和拓展性。

(6)教师教学用书的编写要根据学生身心发展需求,全面有序地安排教学内容,设计教学活动,注重体现系统性和阶段性,注重各学段之间的衔接,在安排教学进度时可根据实际情况提前或延后,弹性掌握。

(7)教师教学用书中每个教学单元应包括教学活动、相关信息和教学建议三部分内容。教学活动部分可以将主题、情境、问题等作为线索设计活动,引导学生主动参与实践;相关信息部分提供活动所需要的基础知识和基本技能;教学建议部分要对康复策略、教学方法、媒体运用和安全防护措施进行相应的介绍。针对具体教学内容可编制数字化多媒体教学材料,附设材料袋,以满足教学需要。

四、课程资源开发与利用建议

课程资源的开发与利用是保证课程实施的基本条件,课程资源对促进学生发展具有独特的价值,学校和教师要重视课程资源的开发与利用。

(1)学校应把课程的开设和人、财、物等资源的开发与利用列入学校工作计划,从实际出发,多方面、多途径组织实施。

(2)学校要因地制宜地安排并落实劳动技能专用教室或场所,专用教室的建设要符合国家有关规定,设备设施配备要满足教学需求。劳动技能教室的设施和设备要登记造册,加强安全设施建设,在专用教室中配备必要的安全防护设备设施,由专人维护和保养,以确保教师和学生的人身安全。

(3)学校要充分利用家庭教育资源,引导家长关心和支持劳动教育,配合学校在生活中对学生进行劳动技能训练,使学生逐步获得必需的生活自理能力,主动参与家务劳动和处理家庭事务,能为家庭成员做一些力所能及的事情。

(4)学校要充分挖掘社区和社会的教育资源,有计划地组织学生参加适宜的社区活动和简单生产劳动,使学生初步了解社会,将学校所学的劳动技能运用于实践,获得社会认同;学校要引进社区、社会的人才资源和物质资源,以课程实施为媒介,与校内资源互为补充。

(5)本课程的教学资源应体现时代特点,应以生活实际为基础,顺应当代科技发展,根据地域特点和学生生活背景,在学习必需的劳动技能的基础上,注重将先进的生活科技知识纳入课程内容,引领学生适应时代的发展。

(6)本课程的教学资源应体现个别化,要尊重学生个体差异,根据学生残疾类型、程度和能力水平积极开发并使用适合的教具、学具和辅具,满足学生的不同需求。

五、保障措施

教师是课程实施的主体,相关教育部门要完善课程管理体制,做好课指导与师资培训工作。

(一)课程管理

1. 教育行政部门要做好劳动技能课程的管理

各级教育行政部门要充分认识劳动技能教育的重要性,切实加强对劳动技能课程的管理,确保课程的实施和课程目标的实现。加强学校劳动技能课教学设施和设备的采购、管理。

为学生参与劳动实践活动提供机会。采取积极措施,建立高等院校和教师进修部门对劳动技能学科师资的培训机制,加强对劳动技能课程科研和教研工作的领导。要将劳动技能课程的实施情况列入培智学校督导工作,并作为学校督导评估的重要内容之一。

2. 教研部门要加强劳动技能课程的教学研究

各省、市、区县的教研部门要负责指导学校劳动技能学科的教学工作,要加强劳动技能教学专项研究,分析劳动技能课程实施中面临的问题,提出有效的解决策略,推广教育教学经验。要开展形式多样的教学研究活动,研训结合,不断提高劳动技能学科的教学水平。

3. 学校要做好劳动技能课程的实施

学校要高度重视对学生进行劳动技能教育,严格执行课程方案,开齐、开足劳动技能课程(课时占周总课时的比例为:低年级3%—4%,中年级5%—6%,高年级8%—9%),通过课堂教学、课外活动等多种形式落实课程目标。校园文化建设要体现劳动育人的理念,使学生潜移默化地受到教育。学校要保证开展劳动技能教育的经费投入。

(二)教师队伍建设

采取多种途径做好师资配备,满足学校教学基本需求。依托各级教研部门和特教中心,建立健全课程培训机制,积极创造条件组织学科培训与进修活动。学校要鼓励教师通过研究和实践提高自身修养和专业素质,适应不断发展的教育需求。

附录2　中华人民共和国职业教育法

（1996年5月15日第八届全国人民代表大会常务委员会第十九次会议通过 2022年4月20日第十三届全国人民代表大会常务委员会第三十四次会议修订）

目　录

第一章　总则

第二章　职业教育体系

第三章　职业教育的实施

第四章　职业学校和职业培训机构

第五章　职业教育的教师与受教育者

第六章　职业教育的保障

第七章　法律责任

第八章　附则

第一章　总则

第一条　为了推动职业教育高质量发展，提高劳动者素质和技术技能水平，促进就业创业，建设教育强国、人力资源强国和技能型社会，推进社会主义现代化建设，根据宪法，制定本法。

第二条　本法所称职业教育，是指为了培养高素质技术技能人才，使受教育者具备从事某种职业或者实现职业发展所需要的职业道德、科学文化与专业知识、技术技能等职业综合素质和行动能力而实施的教育，包括职业学校教育和职业培训。机关、事业单位对其工作人员实施的专门培训由法律、行政法规另行规定。

第三条　职业教育是与普通教育具有同等重要地位的教育类型，是国民教育体系和人力资源开发的重要组成部分，是培养多样化人才、传承技术技能、促进就业创业的重要途径。国家大力发展职业教育，推进职业教育改革，提高职业教育质量，增强职业教育适应性，建立健全适应社会主义市场经济和社会发展需要、符合技术技能人才成长规律的职业教育制度体系，为全面建设社会主义现代化国家提供有力人才和技能支撑。

第四条　职业教育必须坚持中国共产党的领导，坚持社会主义办学方向，贯彻国家的教育方针，坚持立德树人、德技并修，坚持产教融合、校企合作，坚持面向市场、促进就业，坚持面向实践、强化能力，坚持面向人人、因材施教。实施职业教育应当弘扬社会主义核心价值观，对受教育者进行思想政治教育和职业道德教育，培育劳模精神、劳动精神、工匠精神，传授科学文化与专业知识，培养技术技能，进行职业指导，全面提高受教育者的素质。

第五条　公民有依法接受职业教育的权利。

第六条　职业教育实行政府统筹、分级管理、地方为主、行业指导、校企合作、社会参与。

第七条　各级人民政府应当将发展职业教育纳入国民经济和社会发展规划,与促进就业创业和推动发展方式转变、产业结构调整、技术优化升级等整体部署、统筹实施。

第八条　国务院建立职业教育工作协调机制,统筹协调全国职业教育工作。国务院教育行政部门负责职业教育工作的统筹规划、综合协调、宏观管理。国务院教育行政部门、人力资源和社会保障行政部门和其他有关部门在国务院规定的职责范围内,分别负责有关的职业教育工作。省、自治区、直辖市人民政府应当加强对本行政区域内职业教育工作的领导,明确设区的市、县级人民政府职业教育具体工作职责,统筹协调职业教育发展,组织开展督导评估。

县级以上地方人民政府有关部门应当加强沟通配合,共同推进职业教育工作。

第九条　国家鼓励发展多种层次和形式的职业教育,推进多元办学,支持社会力量广泛、平等参与职业教育。国家发挥企业的重要办学主体作用,推动企业深度参与职业教育,鼓励企业举办高质量职业教育。有关行业主管部门、工会和中华职业教育社等群团组织、行业组织、企业、事业单位等应当依法履行实施职业教育的义务,参与、支持或者开展职业教育。

第十条　国家采取措施,大力发展技工教育,全面提高产业工人素质。国家采取措施,支持举办面向农村的职业教育,组织开展农业技能培训、返乡创业就业培训和职业技能培训,培养高素质乡村振兴人才。国家采取措施,扶持革命老区、民族地区、边远地区、欠发达地区职业教育的发展。国家采取措施,组织各类转岗、再就业、失业人员以及特殊人群等接受各种形式的职业教育,扶持残疾人职业教育的发展。国家保障妇女平等接受职业教育的权利。

第十一条　实施职业教育应当根据经济社会发展需要,结合职业分类、职业标准、职业发展需求,制定教育标准或者培训方案,实行学历证书及其他学业证书、培训证书、职业资格证书和职业技能等级证书制度。国家实行劳动者在就业前或者上岗前接受必要的职业教育的制度。

第十二条　国家采取措施,提高技术技能人才的社会地位和待遇,弘扬劳动光荣、技能宝贵、创造伟大的时代风尚。国家对在职业教育工作中做出显著成绩的单位和个人按照有关规定给予表彰、奖励。每年 5 月的第二周为职业教育活动周。

第十三条　国家鼓励职业教育领域的对外交流与合作,支持引进境外优质资源发展职业教育,鼓励有条件的职业教育机构赴境外办学,支持开展多种形式的职业教育学习成果互认。

第二章 职业教育体系

第十四条 国家建立健全适应经济社会发展需要,产教深度融合,职业学校教育和职业培训并重,职业教育与普通教育相互融通,不同层次职业教育有效贯通,服务全民终身学习的现代职业教育体系。国家优化教育结构,科学配置教育资源,在义务教育后的不同阶段因地制宜、统筹推进职业教育与普通教育协调发展。

第十五条 职业学校教育分为中等职业学校教育、高等职业学校教育。中等职业学校教育由高级中等教育层次的中等职业学校(含技工学校)实施。高等职业学校教育由专科、本科及以上教育层次的高等职业学校和普通高等学校实施。根据高等职业学校设置制度规定,将符合条件的技师学院纳入高等职业学校序列。其他学校、教育机构或者符合条件的企业、行业组织按照教育行政部门的统筹规划,可以实施相应层次的职业学校教育或者提供纳入人才培养方案的学分课程。

第十六条 职业培训包括就业前培训、在职培训、再就业培训及其他职业性培训,可以根据实际情况分级分类实施。职业培训可以由相应的职业培训机构、职业学校实施。其他学校或者教育机构以及企业、社会组织可以根据办学能力、社会需求,依法开展面向社会的、多种形式的职业培训。

第十七条 国家建立健全各级各类学校教育与职业培训学分、资历以及其他学习成果的认证、积累和转换机制,推进职业教育国家学分银行建设,促进职业教育与普通教育的学习成果融通、互认。军队职业技能等级纳入国家职业资格认证和职业技能等级评价体系。

第十八条 残疾人职业教育除由残疾人教育机构实施外,各级各类职业学校和职业培训机构及其他教育机构应当按照国家有关规定接纳残疾学生,并加强无障碍环境建设,为残疾学生学习、生活提供必要的帮助和便利。国家采取措施,支持残疾人教育机构、职业学校、职业培训机构及其他教育机构开展或者联合开展残疾人职业教育。从事残疾人职业教育的特殊教育教师按照规定享受特殊教育津贴。

第十九条 县级以上人民政府教育行政部门应当鼓励和支持普通中小学、普通高等学校,根据实际需要增加职业教育相关教学内容,进行职业启蒙、职业认知、职业体验,开展职业规划指导、劳动教育,并组织、引导职业学校、职业培训机构、企业和行业组织等提供条件和支持。

第三章 职业教育的实施

第二十条 国务院教育行政部门会同有关部门根据经济社会发展需要和职业教育特点,组织制定、修订职业教育专业目录,完善职业教育教学等标准,宏观管理指导职业学校教材建设。

第二十一条 县级以上地方人民政府应当举办或者参与举办发挥骨干和示范作用的职业学校、职业培训机构,对社会力量依法举办的职业学校和职业培训机构给予指导和扶持。国家根据产业布局和行业发展需要,采取措施,大力发展先进制造等产业需要的新兴专业,支持高水平职业学校、专业建设。国家采取措施,加快培养托育、护理、康养、家政等方面技术技能人才。

第二十二条　县级人民政府可以根据县域经济社会发展的需要,设立职业教育中心学校,开展多种形式的职业教育,实施实用技术培训。教育行政部门可以委托职业教育中心学校承担教育教学指导、教育质量评价、教师培训等职业教育公共管理和服务工作。

第二十三条　行业主管部门按照行业、产业人才需求加强对职业教育的指导,定期发布人才需求信息。行业主管部门、工会和中华职业教育社等群团组织、行业组织可以根据需要,参与制定职业教育专业目录和相关职业教育标准,开展人才需求预测、职业生涯发展研究及信息咨询,培育供需匹配的产教融合服务组织,举办或者联合举办职业学校、职业培训机构,组织、协调、指导相关企业、事业单位、社会组织举办职业学校、职业培训机构。

第二十四条　企业应当根据本单位实际,有计划地对本单位的职工和准备招用的人员实施职业教育,并可以设置专职或者兼职实施职业教育的岗位。企业应当按照国家有关规定实行培训上岗制度。企业招用的从事技术工种的劳动者,上岗前必须进行安全生产教育和技术培训;招用的从事涉及公共安全、人身健康、生命财产安全等特定职业(工种)的劳动者,必须经过培训并依法取得职业资格或者特种作业资格。企业开展职业教育的情况应当纳入企业社会责任报告。

第二十五条　企业可以利用资本、技术、知识、设施、设备、场地和管理等要素,举办或者联合举办职业学校、职业培训机构。

第二十六条　国家鼓励、指导、支持企业和其他社会力量依法举办职业学校、职业培训机构。地方各级人民政府采取购买服务,向学生提供助学贷款、奖助学金等措施,对企业和其他社会力量依法举办的职业学校和职业培训机构予以扶持;对其中的非营利性职业学校和职业培训机构还可以采取政府补贴、基金奖励、捐资激励等扶持措施,参照同级同类公办学校生均经费等相关经费标准和支持政策给予适当补助。

第二十七条　对深度参与产教融合、校企合作,在提升技术技能人才培养质量、促进就业中发挥重要主体作用的企业,按照规定给予奖励;对符合条件认定为产教融合型企业的,按照规定给予金融、财政、土地等支持,落实教育费附加、地方教育附加减免及其他税费优惠。

第二十八条　联合举办职业学校、职业培训机构的,举办者应当签订联合办学协议,约定各方权利义务。地方各级人民政府及行业主管部门支持社会力量依法参与联合办学,举办多种形式的职业学校、职业培训机构。行业主管部门、工会等群团组织、行业组织、企业、事业单位等委托学校、职业培训机构实施职业教育的,应当签订委托合同。

第二十九条　县级以上人民政府应当加强职业教育实习实训基地建设,组织行业主管部门、工会等群团组织、行业组织、企业等根据区域或者行业职业教育的需要建设高水平、专业化、开放共享的产教融合实习实训基地,为职业学校、职业培训机构开展实习实训和企业开展培训提供条件和支持。

第三十条　国家推行中国特色学徒制,引导企业按照岗位总量的一定比例设立学徒岗位,鼓励和支持有技术技能人才培养能力的企业特别是产教融合型企业与职业学校、职业培训机构开展合作,对新招用职工、在岗职工和转岗职工进行学徒培训,或者与职业学校联合招收学生,以工学结合的方式进行学徒培养。有关企业可以按照规定享受补贴。企业与职业学校联合招收学生,以工学结合的方式进行学徒培养的,应当签订学徒培养协议。

第三十一条　国家鼓励行业组织、企业等参与职业教育专业教材开发,将新技术、新工艺、新理念纳入职业学校教材,并可以通过活页式教材等多种方式进行动态更新;支持运用信息技术和其他现代化教学方式,开发职业教育网络课程等学习资源,创新教学方式和学校管理方式,推动职业教育信息化建设与融合应用。

第三十二条　国家通过组织开展职业技能竞赛等活动,为技术技能人才提供展示技能、切磋技艺的平台,持续培养更多高素质技术技能人才、能工巧匠和大国工匠。

第四章　职业学校和职业培训机构

第三十三条　职业学校的设立,应当符合下列基本条件:

(一)有组织机构和章程;

(二)有合格的教师和管理人员;

(三)有与所实施职业教育相适应、符合规定标准和安全要求的教学及实习实训场所、设施、设备以及课程体系、教育教学资源等;

(四)有必备的办学资金和与办学规模相适应的稳定经费来源。

设立中等职业学校,由县级以上地方人民政府或者有关部门按照规定的权限审批;设立实施专科层次教育的高等职业学校,由省、自治区、直辖市人民政府审批,报国务院教育行政部门备案;设立实施本科及以上层次教育的高等职业学校,由国务院教育行政部门审批。专科层次高等职业学校设置的培养高端技术技能人才的部分专业,符合产教深度融合、办学特色鲜明、培养质量较高等条件的,经国务院教育行政部门审批,可以实施本科层次的职业教育。

第三十四条　职业培训机构的设立,应当符合下列基本条件:

(一)有组织机构和管理制度;

(二)有与培训任务相适应的课程体系、教师或者其他授课人员、管理人员;

(三)有与培训任务相适应、符合安全要求的场所、设施、设备;

(四)有相应的经费。

职业培训机构的设立、变更和终止,按照国家有关规定执行。

第三十五条　公办职业学校实行中国共产党职业学校基层组织领导的校长负责制，中国共产党职业学校基层组织按照中国共产党章程和有关规定，全面领导学校工作，支持校长独立负责地行使职权。民办职业学校依法健全决策机制，强化学校的中国共产党基层组织政治功能，保证其在学校重大事项决策、监督、执行各环节有效发挥作用。校长全面负责本学校教学、科学研究和其他行政管理工作。校长通过校长办公会或者校务会议行使职权，依法接受监督。职业学校可以通过咨询、协商等多种形式，听取行业组织、企业、学校毕业生等方面代表的意见，发挥其参与学校建设、支持学校发展的作用。

第三十六条　职业学校应当依法办学，依据章程自主管理。

职业学校在办学中可以开展下列活动：

（一）根据产业需求，依法自主设置专业；

（二）基于职业教育标准制定人才培养方案，依法自主选用或者编写专业课程教材；

（三）根据培养技术技能人才的需要，自主设置学习制度，安排教学过程；

（四）在基本学制基础上，适当调整修业年限，实行弹性学习制度；

（五）依法自主选聘专业课教师。

第三十七条　国家建立符合职业教育特点的考试招生制度。中等职业学校可以按照国家有关规定，在有关专业实行与高等职业学校教育的贯通招生和培养。

高等职业学校可以按照国家有关规定，采取文化素质与职业技能相结合的考核方式招收学生；对有突出贡献的技术技能人才，经考核合格，可以破格录取。省级以上人民政府教育行政部门会同同级人民政府有关部门建立职业教育统一招生平台，汇总发布实施职业教育的学校及其专业设置、招生情况等信息，提供查询、报考等服务。

第三十八条　职业学校应当加强校风学风、师德师风建设，营造良好学习环境，保证教育教学质量。

第三十九条　职业学校应当建立健全就业创业促进机制，采取多种形式为学生提供职业规划、职业体验、求职指导等就业创业服务，增强学生就业创业能力。

第四十条　职业学校、职业培训机构实施职业教育应当注重产教融合，实行校企合作。职业学校、职业培训机构可以通过与行业组织、企业、事业单位等共同举办职业教育机构、组建职业教育集团、开展订单培养等多种形式进行合作。

国家鼓励职业学校在招生就业、人才培养方案制定、师资队伍建设、专业规划、课程设置、教材开发、教学设计、教学实施、质量评价、科学研究、技术服务、科技成果转化以及技术技能创新平台、专业化技术转移机构、实习实训基地建设等方面，与相关行业组织、企业、事业单位等建立合作机制。开展合作的，应当签订协议，明确双方权利义务。

第四十一条　职业学校、职业培训机构开展校企合作、提供社会服务或者以实习实训为目的举办企业、开展经营活动取得的收入用于改善办学条件；收入的一定比例可以用于支付教师、企业专家、外聘人员和受教育者的劳动报酬，也可以作为绩效工资来源，符合国家规定的可以不受绩效工资总量限制。职业学校、职业培训机构实施前款规定的活动,符合国家有关规定的,享受相关税费优惠政策。

第四十二条　职业学校按照规定的收费标准和办法,收取学费和其他必要费用;符合国家规定条件的,应当予以减免;不得以介绍工作、安排实习实训等名义违法收取费用。职业培训机构、职业学校面向社会开展培训的,按照国家有关规定收取费用。

第四十三条　职业学校、职业培训机构应当建立健全教育质量评价制度,吸纳行业组织、企业等参与评价,并及时公开相关信息,接受教育督导和社会监督。

县级以上人民政府教育行政部门应当会同有关部门、行业组织建立符合职业教育特点的质量评价体系,组织或者委托行业组织、企业和第三方专业机构,对职业学校的办学质量进行评估,并将评估结果及时公开。职业教育质量评价应当突出就业导向,把受教育者的职业道德、技术技能水平、就业质量作为重要指标,引导职业学校培养高素质技术技能人才。有关部门应当按照各自职责,加强对职业学校、职业培训机构的监督管理。

第五章　职业教育的教师与受教育者

第四十四条　国家保障职业教育教师的权利,提高其专业素质与社会地位。

县级以上人民政府及其有关部门应当将职业教育教师的培养培训工作纳入教师队伍建设规划,保证职业教育教师队伍适应职业教育发展的需要。

第四十五条　国家建立健全职业教育教师培养培训体系。各级人民政府应当采取措施,加强职业教育教师专业化培养培训,鼓励设立专门的职业教育师范院校,支持高等学校设立相关专业,培养职业教育教师;鼓励行业组织、企业共同参与职业教育教师培养培训。产教融合型企业、规模以上企业应当安排一定比例的岗位,接纳职业学校、职业培训机构教师实践。

第四十六条　国家建立健全符合职业教育特点和发展要求的职业学校教师岗位设置和职务(职称)评聘制度。职业学校的专业课教师(含实习指导教师)应当具有一定年限的相应工作经历或者实践经验,达到相应的技术技能水平。具备条件的企业、事业单位经营管理和专业技术人员,以及其他有专业知识或者特殊技能的人员,经教育教学能力培训合格的,可以担任职业学校的专职或者兼职专业课教师;取得教师资格的,可以根据其技术职称聘任为相应的教师职务。取得职业学校专业课教师资格可以视情况降低学历要求。

第四十七条　国家鼓励职业学校聘请技能大师、劳动模范、能工巧匠、非物质文化遗产代表性传承人等高技能人才,通过担任专职或者兼职专业课教师、设立工作室等方式,参与人才培养、技术开发、技能传承等工作。

第四十八条　国家制定职业学校教职工配备基本标准。省、自治区、直辖市应当根据基本标准,制定本地区职业学校教职工配备标准。县级以上地方人民政府应当根据教职工配备标准、办学规模等,确定公办职业学校教职工人员规模,其中一定比例可以用于支持职业学校面向社会公开招聘专业技术人员、技能人才担任专职或者兼职教师。

第四十九条 职业学校学生应当遵守法律、法规和学生行为规范,养成良好的职业道德、职业精神和行为习惯,努力学习,完成规定的学习任务,按照要求参加实习实训,掌握技术技能。职业学校学生的合法权益,受法律保护。

第五十条 国家鼓励企业、事业单位安排实习岗位,接纳职业学校和职业培训机构的学生实习。接纳实习的单位应当保障学生在实习期间按照规定享受休息休假、获得劳动安全卫生保护、参加相关保险、接受职业技能指导等权利;对上岗实习的,应当签订实习协议,给予适当的劳动报酬。职业学校和职业培训机构应当加强对实习实训学生的指导,加强安全生产教育,协商实习单位安排与学生所学专业相匹配的岗位,明确实习实训内容和标准,不得安排学生从事与所学专业无关的实习实训,不得违反相关规定通过人力资源服务机构、劳务派遣单位,或者通过非法从事人力资源服务、劳务派遣业务的单位或个人组织、安排、管理学生实习实训。

第五十一条 接受职业学校教育,达到相应学业要求,经学校考核合格的,取得相应的学业证书;接受职业培训,经职业培训机构或者职业学校考核合格的,取得相应的培训证书;经符合国家规定的专门机构考核合格的,取得相应的职业资格证书或者职业技能等级证书。学业证书、培训证书、职业资格证书和职业技能等级证书,按照国家有关规定,作为受教育者从业的凭证。接受职业培训取得的职业技能等级证书、培训证书等学习成果,经职业学校认定,可以转化为相应的学历教育学分;达到相应职业学校学业要求的,可以取得相应的学业证书。接受高等职业学校教育,学业水平达到国家规定的学位标准的,可以依法申请相应学位。

第五十二条 国家建立对职业学校学生的奖励和资助制度,对特别优秀的学生进行奖励,对经济困难的学生提供资助,并向艰苦、特殊行业等专业学生适当倾斜。国家根据经济社会发展情况适时调整奖励和资助标准。国家支持企业、事业单位、社会组织及公民个人按照国家有关规定设立职业教育奖学金、助学金,奖励优秀学生,资助经济困难的学生。职业学校应当按照国家有关规定从事业收入或者学费收入中提取一定比例资金,用于奖励和资助学生。省、自治区、直辖市人民政府有关部门应当完善职业学校资助资金管理制度,规范资助资金管理使用。

第五十三条 职业学校学生在升学、就业、职业发展等方面与同层次普通学校学生享有平等机会。高等职业学校和实施职业教育的普通高等学校应当在招生计划中确定相应比例或者采取单独考试办法,专门招收职业学校毕业生。各级人民政府应当创造公平就业环境。用人单位不得设置妨碍职业学校毕业生平等就业、公平竞争的报考、录用、聘用条件。机关、事业单位、国有企业在招录、招聘技术技能岗位人员时,应当明确技术技能要求,将技术技能水平作为录用、聘用的重要条件。事业单位公开招聘中有职业技能等级要求的岗位,可以适当降低学历要求。

第六章 职业教育的保障

第五十四条 国家优化教育经费支出结构,使职业教育经费投入与职业教育发展需求相适应,鼓励通过多种渠道依法筹集发展职业教育的资金。

第五十五条 各级人民政府应当按照事权和支出责任相适应的原则,根据职业教育办学规模、培养成本和办学质量等落实职业教育经费,并加强预算绩效管理,提高资金使用效益。省、自治区、直辖市人民政府应当制定本地区职业学校生均经费标准或者公用经费标准。职业学校举办者应当按照生均经费标准或者公用经费标准按时、足额拨付经费,不断改善办学条件。不得以学费、社会服务收入冲抵生均拨款。民办职业学校举办者应当参照同层次职业学校生均经费标准,通过多种渠道筹措经费。财政专项安排、社会捐赠指定用于职业教育的经费,任何组织和个人不得挪用、克扣。

第五十六条 地方各级人民政府安排地方教育附加等方面的经费,应当将其中可用于职业教育的资金统筹使用;发挥失业保险基金作用,支持职工提升职业技能。

第五十七条 各级人民政府加大面向农村的职业教育投入,可以将农村科学技术开发、技术推广的经费适当用于农村职业培训。

第五十八条 企业应当根据国务院规定的标准,按照职工工资总额一定比例提取和使用职工教育经费。职工教育经费可以用于举办职业教育机构、对本单位的职工和准备招用人员进行职业教育等合理用途,其中用于企业一线职工职业教育的经费应当达到国家规定的比例。用人单位安排职工到职业学校或者职业培训机构接受职业教育的,应当在其接受职业教育期间依法支付工资,保障相关待遇。

企业设立具备生产与教学功能的产教融合实习实训基地所发生的费用,可以参照职业学校享受相应的用地、公用事业费等优惠。

第五十九条 国家鼓励金融机构通过提供金融服务支持发展职业教育。

第六十条 国家鼓励企业、事业单位、社会组织及公民个人对职业教育捐资助学,鼓励境外的组织和个人对职业教育提供资助和捐赠。提供的资助和捐赠,必须用于职业教育。

第六十一条 国家鼓励和支持开展职业教育的科学技术研究、教材和教学资源开发,推进职业教育资源跨区域、跨行业、跨部门共建共享。国家逐步建立反映职业教育特点和功能的信息统计和管理体系。县级以上人民政府及其有关部门应当建立健全职业教育服务和保障体系,组织、引导工会等群团组织、行业组织、企业、学校等开展职业教育研究、宣传推广、人才供需对接等活动。

第六十二条 新闻媒体和职业教育有关方面应当积极开展职业教育公益宣传,弘扬技术技能人才成长成才典型事迹,营造人人努力成才、人人皆可成才、人人尽展其才的良好社会氛围。

第七章 法律责任

第六十三条 在职业教育活动中违反《中华人民共和国教育法》《中华人民共和国劳动法》等有关法律规定的,依照有关法律的规定给予处罚。

第六十四条 企业未依照本法规定对本单位的职工和准备招用的人员实施职业教育、提取和使用职工教育经费的,由有关部门责令改正;拒不改正的,由县级以上人民政府收取其应当承担的职工教育经费,用于职业教育。

第六十五条 职业学校、职业培训机构在职业教育活动中违反本法规定的,由教育行政部门或者其他有关部门责令改正;教育教学质量低下或者管理混乱,造成严重后果的,责令暂停招生、限期整顿;逾期不整顿或者经整顿仍达不到要求的,吊销办学许可证或者责令停止办学。

第六十六条 接纳职业学校和职业培训机构学生实习的单位违反本法规定,侵害学生休息休假、获得劳动安全卫生保护、参加相关保险、接受职业技能指导等权利的,依法承担相应的法律责任。职业学校、职业培训机构违反本法规定,通过人力资源服务机构、劳务派遣单位或者非法从事人力资源服务、劳务派遣业务的单位或个人组织、安排、管理学生实习实训的,由教育行政部门、人力资源社会保障行政部门或者其他有关部门责令改正,没收违法所得,并处违法所得一倍以上五倍以下的罚款;违法所得不足一万元的,按一万元计算。对前款规定的人力资源服务机构、劳务派遣单位或者非法从事人力资源服务、劳务派遣业务的单位或个人,由人力资源社会保障行政部门或者其他有关部门责令改正,没收违法所得,并处违法所得一倍以上五倍以下的罚款;违法所得不足一万元的,按一万元计算。

第六十七条 教育行政部门、人力资源社会保障行政部门或者其他有关部门的工作人员违反本法规定,滥用职权、玩忽职守、徇私舞弊的,依法给予处分;构成犯罪的,依法追究刑事责任。

第八章 附 则

第六十八条 境外的组织和个人在境内举办职业学校、职业培训机构,适用本法;法律、行政法规另有规定的,从其规定。

第六十九条 本法自2022年5月1日起施行。

附录3　培智学校义务教育课程设置实验方案

根据《中华人民共和国义务教育法》《国务院关于基础教育改革与发展的决定》和《基础教育课程改革纲要(试行)》构建符合素质教育要求的新的特殊教育课程体系的要求,设置培智学校课程。课程设置应体现先进的特殊教育思想,符合特殊教育的基本规律和特点,遵循智力残疾学生身心发展规律,适应构建和谐社会的要求,为智力残疾学生的全面发展奠定基础。

一、培养目标

全面贯彻党的教育方针,体现社会文明进步要求,使智力残疾学生具有初步的爱国主义、集体主义精神;具有初步的社会公德意识和法制观念;具有乐观向上的生活态度;具有基本的文化科学知识和适应生活、社会以及自我服务的技能;养成健康的行为习惯和生活方式,成为适应社会发展的公民。

二、课程设置的原则

1. 一般性与选择性相结合

在课程设置方案中,尊重智力残疾学生的教育需求,通过一般性课程来满足其生理、心理和社会发展的需求,最大限度地开发他们的潜能;同时,通过选择性课程来满足学生的个别化需求,促进他们多方面的发展。

2. 分科课程与综合课程相结合

在课程组织形式上,分为分科课程和综合课程,力求既遵循学生身心发展的基本规律和认识理解事物的普遍特点,较全面满足学生的一般性需求;又促进学生对知识的整体理解和运用知识解决实际问题的能力。鼓励学生学以致用,把所学知识运用到解决实际生活问题的实践中。

3. 生活适应与潜能开发相结合

在课程功能上,强调学生积极生活态度的养成,注重对学生生活自理能力和社会适应能力的培养与训练,关注学生潜能的开发,培养学生的个人才能。

4. 教育与康复相结合

在课程特色上,针对学生智力残疾的成因,以及运动技能障碍、精细动作能力缺陷、言语和语言障碍、注意力缺陷和情绪障碍,课程注意吸收现代医学和康复技术的新成果,融入物理治疗、言语治疗、心理咨询和辅导、职业康复和社会康复等相关专业的知识,促进学生健康发展。

5. 传承借鉴与发展创新相结合

在课程开发上,继承我国特殊教育取得的成功经验,借鉴国内外特殊教育和普通教育的先进理论和成功实践,结合智力残疾学生教育教学实际,通过探索、总结、发展和创造,不断调整、修改和完善课程,使课程更适合智力残疾学生的需要和发展。

6. 规定性与自主性相结合

在课程实施中,各地在使用国家课程方案时,可根据当地的社会、文化、经济背景,社区生活环境以及学生在这些环境中的特殊需求,开发校本课程,体现课程的多样性。

三、课程设置

表1 培智学校课程计划表

年级	课程											
	一般性课程							选择性课程				
	生活语文	生活数学	生活适应	劳动技能	唱游与律动	绘画与手工	运动与保健	信息技术	康复训练	第二语言	艺术休闲	校本课程
低年级	3—4	2	3—4	1	3—4	3—4	3—4	6—9				
中年级	3—4	2—3	2—3	2	3—4	3—4	3—4	6—9				
高年级	4—5	4—5	1	3—4	2	2	2—3	6—10				

表2 培智学校课程设置及比例表

年级	课程											
	一般性课程							选择性课程				
	生活语文	生活数学	生活适应	劳动技能	唱游与律动	绘画与手工	运动与保健	信息技术	康复训练	第二语言	艺术休闲	校本课程
低年级	10—12	6—7	11—13	3—4	10—12	10—12	10—12	20—30				
中年级	10—12	8—9	7—8	5—6	10—12	10—12	10—12	20—30				
高年级	13—15	13—15	3—4	8—9	6—7	6—7	11—13	20—30				

四、课程设置的有关说明

1. 本课程方案(简称"方案"下同)立足于智力残疾学生的发展需求,根据课程设置的原则,注重以生活为核心的思路,整体设计九年一贯的培智学校课程体系。方案充分考虑了智力残疾学生的需求和特点,构建了由一般性课程和选择性课程两部分组成的培智学校课程体系。一般性课程体现对学生素质的最基本要求,着眼于学生适应生活、适应社会的基本需求,约占课程比例的70%—80%;选择性课程着眼于学生个别化发展需要,注重学生潜能开发、缺陷补偿(身心康复),强调给学生提供高质量的相关服务,体现学生发展差异的弹性要求,约占课程比例的20%—30%。两类课程的比例可根据实际情况进行适当调整。

2. 一般性课程为必修课,设置以下六类科目:

生活语文——着眼于学生的生活需要,以生活为核心组织课程内容,使学生掌握与其生活紧密相关的语文基础知识和技能,具有初步的听、说、读、写能力;针对智力残疾学生的语言特点,加强听说能力的训练,把传授知识与补偿缺陷有机结合,使学生具有基本的生活和社会交往能力,形成良好的公民素质和文明的行为习惯,为其自理生活和适应社会打下基础。

生活数学——以帮助学生形成和掌握与生活相关的简单的数的概念、数的运算、时空认识以及数的运用,学习运用简单的运算工具等为课程内容。培养学生具有初步的计算技能、初步的思维能力和应用数学解决日常生活中一些简单问题的能力。

生活适应——以提高学生的生活能力为目的,以学生当前及未来生活中的各种生活常识、技能、经验为课程内容。培养学生具有生活自理能力、简单家务劳动能力、自我保护能力和社会适应能力,使之尽可能成为一个独立的社会公民。

劳动技能——以培养学生简单的劳动技能为主,对学生进行职前劳动的知识和技能教育。通过劳动技能的训练,使学生掌握一定的劳动知识与技能,养成良好的劳动习惯,具备一定的社会适应和职业适应能力。

唱游与律动——课程将音乐律动与舞蹈、游戏相结合。通过音乐教学、音乐游戏和律动训练培养和发展学生的听觉、节奏感和音乐感受能力,补偿学生的认知缺陷,提高学生的动作协调能力,促进学生身心和谐发展。

绘画与手工——通过绘画和手工技能的教学和训练,培养和发展学生的视觉、观察、绘画、手工制作能力,发展学生的审美情趣,提高其审美能力。

运动与保健——以提高学生的运动能力,增强学生身体素质为主。通过体育运动,提高学生的大肌肉群活动能力、反应能力和协调平衡能力,刺激大脑机能的发展。提高安全意识和运动中的自我保护能力。学习基础的卫生保健、维护健康、防治疾病的知识和方法,培养积极锻炼身体的习惯和良好的卫生习惯,促进学生健康成长。

3.选择性课程是学校根据当地的区域环境、学校特点、学生的潜能开发需要而设计的可供学生选择的课程,有四类科目,课时可弹性安排。

信息技术——以学习简单的通信工具运用、计算机操作、互联网络运用以及其他现代信息技术应用为主。帮助学生运用信息技术更好地适应生活和社会发展,提高生活质量。一般在高年级设置。

康复训练——根据学生生理和心理的发展需求,以及在运动、感知、言语、思维和个性等方面的主要缺陷,结合学生个别化教育计划的制定,有针对性地进行各种康复训练、治疗、咨询和辅导。课程力求使学生的身心缺陷得到一定程度的康复,受损器官和组织的功能得到一定程度的恢复,身体素质和健康水平得到提高。

第二语言——在学生已有语言的基础上,根据当地的特点和学生的具体情况可选择学习第二语言,如:地方语言、民族语言、普通话以及简单的外语等;对不能使用语言的学生也可以采用其他非语言的沟通方式或沟通辅具。

艺术休闲——通过程度适宜的音乐、舞蹈、美术、工艺等多种艺术活动,使学生尝试学会感受美和表现美,丰富、愉悦学生的精神生活;学习若干种简单的休闲方式,陶冶学生的生活情趣和生活品位,提高智力残疾学生的生活质量。

校本课程——学校根据地域特征、社会环境、经济文化发展的特点,以及学生实际生活需要,设置和开发的具有本校特点的课程。课程的开设应当充分利用和挖掘学校与地方的课程资源。

4.每学年上课时间为35周,社会实践活动时间为2周,机动安排时间为2周(用于远足、参观、运动会、艺术节等)由学校视具体情况自行安排。寒暑假、国家法定节假日为13周。1—6年级每周总课时量不超过30节,7—9年级每周总课时量不超过32节。

5.每节课上课时间一般为35分钟,可根据学生的年龄、智力残疾程度和课程的性质进行适当调整。

6.每天安排15分钟晨会,进行专题教育活动;每天安排30—40分钟眼保健操、广播操和体育锻炼活动时间,保证学生每天有不少于一小时的课外活动时间。每周安排2课时班队活动或综合实践活动(建议低年级安排综合实践活动,高年级安排班队活动),高年级可安排2课时课外兴趣活动。

7.学校应全面推进个别化教育,为每个智力残疾学生制订和实施个别化教育计划。应将课堂教学与个别教育训练相结合,针对学生的个体需要安排一定时间的个别训练,为有需要的学生提供补救教学,满足不同学生的发展需求。

8.课程评价

(1)构建多元化的课程评价体系

建立多元化、科学的课程评价体系,发挥评价的诊断、激励、导向功能,采用多样化的评价方法,促进学生、教师、学校在不同层面的发展。

（2）评价应促进学生全面发展

评价的内容要有助于智力残疾学生综合素质的提高。应根据培养目标与学生的实际情况，整体设计社会性与情感、认知、语言、自理和运动等多方面的评价内容，全面反映学生的学习经历和成长轨迹。

（3）评价应促进课程建设与发展

评价应促进学校高质量实施课程。学校课程计划及其可行性，课程安排的适切性，课程管理的合理性、有效性，个别化教育计划的科学性，以及学校特色课程开发的针对性等都应成为学校课程评价的重要内容。

（4）建立学校、家长和社会共同参与的评价制度。

学校应积极收集各方面对课程实施的意见与建议，提高教师、家长参与课程实施与管理的积极性，促进学校评价与社会评价有机结合。要积极宣传培智学校课程改革，营造良好舆论环境。

附录4 特殊教育学校暂行规程

(1998年12月2日中华人民共和国教育部令第1号公布 根据2010年12月13日《教育部关于修改和废止部分规章的决定》修正)

第一章 总则

第一条 为加强特殊教育学校内部的规范化管理,全面贯彻教育方针,全面提高教育质量,依据国家有关教育法律、法规制定本规程。

第二条 本规程所指的特殊教育学校是指由政府、企业事业组织、社会团体、其他社会组织及公民个人依法举办的专门对残疾儿童、少年实施义务教育的机构。

第三条 特殊教育学校的学制一般为九年一贯制。

第四条 特殊教育学校要贯彻国家教育方针,根据学生身心特点和需要实施教育,为其平等参与社会生活,继续接受教育,成为社会主义事业的建设者和接班人奠定基础。

第五条 特殊教育学校的培养目标是:培养学生初步具有爱祖国、爱人民、爱劳动、爱科学、爱社会主义的情感,具有良好的品德,养成文明、礼貌、遵纪守法的行为习惯;掌握基础的文化科学知识和基本技能,初步具有运用所学知识分析问题、解决问题的能力;掌握锻炼身体的基本方法,具有较好的个人卫生习惯,身体素质和健康水平得到提高;具有健康的审美情趣;掌握一定的日常生活、劳动、生产的知识和技能;初步掌握补偿自身缺陷的基本方法,身心缺陷得到一定程度的康复;初步树立自尊、自信、自强、自立的精神和维护自身合法权益的意识,形成适应社会的基本能力。

第六条 特殊教育学校的基本教学语言文字为汉语言文字。学校应当推广使用全国通用的普通话和规范字以及国家推行的盲文、手语。招收少数民族学生为主的学校,可使用本民族或当地民族通用语言文字和盲文、手语进行教学,并应根据实际情况在适当年级开设汉语文课程,开设汉语文课程应当使用普通话和规范汉字。

第七条 特殊教育学校实行校长负责制,校长全面负责学校的教学和其他行政工作。

第八条 按照"分级管理、分工负责"的原则,特殊教育学校在当地人民政府领导下实施教育工作。特殊教育学校应接受教育行政部门或上级主管部门的检查、监督和指导,要如实报告工作,反映情况。学年末,学校要向主管教育行政部门报告工作,重大问题应随时报告。

第二章 入学及学籍管理

第九条 特殊教育学校招收适合在校学习的义务教育阶段学龄残疾儿童、少年入学。招生范围由主管教育行政部门确定。学校实行秋季始业。学校应对入学残疾儿童、少年的残疾类别、原因、程度和身心发展状况等进行必要的了解和测评。

第十条 特殊教育学校应根据有利于教育教学和学生心理健康的原则确定教学班学额。

第十一条 特殊教育学校对因病无法继续学习的学生(须具备县级以上医疗单位的证明)在报经主管教育行政部门批准后,准其休学。休学时间超过三个月,复学时学校可根据其实际情况并征求本人及其父母或其他监护人的意见后编入相应年级。

第十二条 特殊教育学校应接纳其主管教育行政部门批准、不适应继续在普通学校就读申请转学的残疾儿童、少年,并根据其实际情况,编入相应年级。学校对因户籍变更申请转入,并经主管教育行政部门审核符合条件的残疾儿童、少年,应及时予以妥善安置,不得拒收。学校对招生范围以外的申请就学的残疾儿童、少年,经主管教育行政部门批准后,可准其借读,并可按有关规定收取借读费。

第十三条 特殊教育学校对修完规定课程且成绩合格者,发给毕业证书,对不合格者发给结业证书;对已修满义务教育年限但未修完规定课程者,发给肄业证书;对未修满义务教育年限者,可视情况出具学业证明。学校一般不实行留级制度。

第十四条 特殊教育学校对学业能力提前达到更高年级程度的学生,可准其提前升入相应年级学习或者提前学习相应年级的有关课程。经考查能够在普通学校随班就读的学生,在经得本人、其父母或者其他监护人的同意后,应向主管教育行政部门申请转学。

第十五条 特殊教育学校对品学兼优的学生应予表彰,对犯有错误的学生应给予帮助或批评教育,对极少数错误严重的学生,可分别给予警告、严重警告和记过处分。学校一般不得开除义务教育阶段学龄学生。

第十六条 特殊教育学校应防止未修满义务教育年限的学龄学生辍学,发现学生辍学,应立即向主管部门报告,配合有关部门依法使其复学。

第十七条 特殊教育学校的学籍管理办法由省级教育行政部门制定。

第三章 教育教学工作

第十八条 特殊教育学校的主要任务是教育教学工作,其他各项工作应有利于教育教学工作的开展。学校的教育教学工作要面向全体学生,坚持因材施教,改进教育教学方法,充分发挥各类课程的整体功能,促进学生全面发展。

第十九条 特殊教育学校应按照国家制定的特殊教育学校课程计划、教学大纲进行教育教学工作。学校使用的教材,须经省级以上教育行政部门审查通过;实验教材、乡土教材须经主管教育行政部门批准后方可使用。学校应根据学生的实际情况和特殊需要,采用不同的授课制和多种教学组织形式。

第二十条　特殊教育学校应当依照教育行政部门颁布的校历安排教育教学工作。特殊教育学校不得随意停课,若遇特殊情况必须停课的,一天以内的由校长决定,并报县级教育行政部门备案;一天以上的,应经县级人民政府批准。

第二十一条　特殊教育学校不得组织学生参加商业性的庆典、演出等活动,参加其他社会活动不应影响教育教学秩序和学校正常工作。

第二十二条　特殊教育学校要把德育工作放在重要位置,要结合学校和学生的实际实施德育工作,注重实效。学校的德育工作由校长负责,教职工参与,做到组织落实、制度落实、内容落实、基地落实、时间落实;要与家庭教育、社会教育密切结合。

第二十三条　特殊教育学校对学生应坚持正面教育,注意保护学生的自信心、自尊心,不得讽刺挖苦、粗暴压服,严禁体罚和变相体罚。

第二十四条　特殊教育学校要在每个教学班设置班主任教师,负责管理、指导班级全面工作。班主任教师要履行国家规定的班主任职责,加强同各科任课教师、学校其他人员和学生家长的联系,了解学生思想、品德、学业、身心康复等方面的情况,协调教育和康复工作。班主任教师每学期要根据学生的表现写出评语。

第二十五条　特殊教育学校要根据学生的实际情况有针对性地给学生布置巩固知识、发展技能和康复训练等方面的作业。

第二十六条　特殊教育学校应重视体育美育工作。学校要结合学生实际,积极开展多种形式的体育活动,增强学生的体质。学校应保证学生每天不少于一小时的体育活动时间。学校要上好艺术类课程,注意培养学生的兴趣、爱好和特长,其他学科也要从本学科特点出发,发挥美育功能。美育要结合学生日常生活,提出服饰、仪表、语言行为等方面审美要求。

第二十七条　特殊教育学校要特别重视劳动教育、劳动技术教育和职业教育。学校要对低、中年级学生实施劳动教育,培养学生爱劳动、爱劳动人民、珍惜劳动成果的思想,培养从事自我服务、家务劳动和简单生产劳动的能力,养成良好的劳动习惯;要根据实际情况对高年级学生实施劳动技术教育和职业教育,提高学生的劳动、就业能力。学校劳动教育、劳动技术教育和职业教育,应做到内容落实、师资落实、场地落实。学校要积极开展勤工俭学活动,办好校办产业;勤工俭学和校办产业的生产、服务活动要努力与劳动教育、劳动技术教育和职业教育相结合。学校参加勤工俭学活动,应以有利于学生的身心健康和发展为原则。

第二十八条　特殊教育学校要把学生的身心康复作为教育教学的重要内容,根据学生的残疾类别和程度,有针对性地进行康复训练,提高训练质量。要指导学生正确运用康复设备和器具。

第二十九条　特殊教育学校要重视学生的身心健康教育,培养学生良好的心理素质和卫生习惯,提高学生保护和合理使用自身残存功能的能力;适时、适度地进行青春期教育。

第三十条　特殊教育学校应加强活动课程和课外活动的指导,做到内容落实、指导教师落实、活动场地落实;要与普通学校、青少年校外教育机构和学生家庭联系,组织开展有益活动,安排好学生的课余生活。学校组织学生参加竞赛、评奖活动,要执行教育行政部门的有关规定。

第三十一条　特殊教育学校要在课程计划和教学大纲的指导下,通过多种形式评价教育教学质量,尤其要重视教学过程的评价。学校不得仅以学生的学业考试成绩评价教育教学质量和教师工作。学校每学年要对学生德、智、体和身心缺陷康复等方面进行1—2次评价,毕业时要进行终结性评价,评价报告要收入学生档案。视力和听力言语残疾学生,1—6年级学期末考试科目为语文、数学两科,其他学科通过考查确定成绩;7—9年级学生学期末考试科目为语文、数学、劳动技术或职业技能三科,其他学科通过考查评定成绩。学期末考试由学校命题,考试方法要多样,试题的难易程度和数量要适度。视力和听力言语残疾学生的毕业考试科目、考试办法及命题权限由省级教育行政部门确定。智力残疾学生主要通过平时考查确定成绩,考查科目、办法由学校确定。

第三十二条　特殊教育学校要积极开展教育教学研究,运用科学的教育理论指导教育教学工作,积极推广科研成果及成功的教育教学经验。

第三十三条　特殊教育学校应合理安排作息时间,学生每日在校用于教学活动时间,不得超过课程计划规定的课时,接受劳动技术教育和职业教育的学生,用于劳动实习的时间,每天不超过3小时;毕业年级集中生产实习每天不超过6小时,并要严格控制劳动强度。

第四章　校长、教师和其他人员

第三十四条　特殊教育学校可按编制设校长、副校长、主任、教师和其他人员。

第三十五条　特殊教育学校校长是学校的行政负责人,校长应具备、符合国家规定的任职条件和岗位要求,履行国家规定的职责。校长由学校举办者或举办者的上级主管部门任命或聘任;副校长及教导(总务)主任等人员由校长提名,按有关规定权限和程序任命或聘任。社会力量举办的特殊教育学校校长应报教育行政部门核准后,由校董会或学校举办者聘任。校长要加强教育及其有关法律法规、教育理论的学习,要熟悉特殊教育业务,不断加强自身修养,提高管理水平,依法对学校实施管理。

第三十六条　特殊教育学校教师应具备国家规定的相应教师资格和任职条件,具有社会主义的人道主义精神,关心残疾学生,掌握特殊教育的专业知识和技能,遵守职业道德,完成教育教学工作,享受和履行法律规定的权利和义务。

第三十七条　特殊教育学校其他人员应具备相应的思想政治、业务素质,其具体任职条件、职责由教育行政部门或学校按照国家的有关规定制定。

第三十八条　特殊教育学校要根据国家有关规定实行教师聘任、职务制度，对教师和其他人员实行科学管理。

第三十九条　特殊教育学校要加强教师的思想政治、职业道德教育，重视教师和其他人员的业务培训和继续教育，制定进修计划，积极为教师和其他人员进修创造条件。教师和其他人员进修应根据学校工作需要，以在职、自学、所教学科和所从事工作为主。

第四十条　特殊教育学校应建立健全考核奖惩制度和业务考核档案，从德、能、勤、绩等方面全面、科学考核教师和其他人员工作，注意工作表现和实绩，并根据考核结果奖优罚劣。

第五章　机构与日常管理

第四十一条　特殊教育学校可根据规模，内设分管教务、总务等工作的机构（或岗位）和人员，协助校长做好有关工作。招收两类以上残疾学生的特殊教育学校，可设置相应的管理岗位，其具体职责由学校确定。

第四十二条　特殊教育学校应按国家有关规定建立教职工代表会议制度，加强对学校民主管理和民主监督。

第四十三条　校长要依靠党的学校（地方）基层组织，并充分发挥工会、共青团、少先队及其他组织在学校工作中的作用。

第四十四条　特殊教育学校应根据国家有关法律法规和政策建立健全各项规章制度，建立完整的学生、教育教学和其他档案。

第四十五条　特殊教育学校应建立学生日常管理制度，并保证落实。学生日常管理工作应与社区、家庭密切配合。

第四十六条　特殊教育学校应按有利于管理，有利于教育教学，有利于安全的原则设置教学区和生活区。

第四十七条　寄宿制特殊教育学校实行24小时监护制度。要设专职或兼职人员，负责学生的生活指导和管理工作。并经常与班主任教师保持联系。

第六章　卫生保健及安全工作

第四十八条　特殊教育学校应认真执行国家有关学校卫生工作的法规、政策，建立健全学校卫生工作制度。

第四十九条　特殊教育学校的校园、校舍、设备、教具、学具和图书资料等应有利于学生身心健康。学校要做好预防传染病、常见病的工作。

第五十条　特殊教育学校要特别重视学生的安全防护工作，建立健全安全工作制度，学校校舍、设施、设备、教具、学具等都应符合安全要求。学校组织的各项校内、外活动，应采取安全防护措施，确保师生的安全。学校要根据学生特点，开展安全教育和训练，培养学生的安全意识和在危险情况下自护自救能力。

第五十一条 特殊教育学校应配备专职或兼职校医,在校长的领导下,负责学校卫生保健工作和教学、生活卫生监督工作。学校应建立学生健康档案,每年至少对学生进行一次身体检查;注重保护学生的残存功能。

第五十二条 特殊教育学校要加强饮食管理。食堂的场地、设备、用具、膳食要符合国家规定的卫生标准,要注意学生饮食的营养合理搭配。要制定预防肠道传染病和食物中毒的措施,建立食堂工作人员定期体检制度。

第七章 校园、校舍、设备及经费

第五十三条 特殊教育学校的办学条件及经费由学校举办者负责提供,校园、校舍建设应执行国家颁布《特殊教育学校建设标准》。学校应具备符合规定标准的教学仪器设备、专用检测设备、康复设备、文体器材、图书资料等;要创造条件配置现代化教育教学和康复设备。

第五十四条 特殊教育学校要重视校园环境建设,搞好校园的绿化和美化,搞好校园文化建设,形成良好的育人环境。

第五十五条 特殊教育学校应遵照有关规定管理和使用校舍、场地等,未经主管部门批准,不得改变其用途;要及时对校舍设施进行维修和维护,保持坚固、实用、清洁、美观,发现危房立即停止使用,并报主管部门。

第五十六条 特殊教育学校应加强对仪器、设备、器材和图书资料等的管理,分别按有关规定建立健全管理制度,保持完好率,提高使用率。

第五十七条 特殊教育学校对义务教育阶段学生免收学费,对家庭生活困难的学生减免杂费。特殊教育学校收费应严格按照省级人民政府规定的收费项目和县级以上人民政府制定的标准及办法执行。各级政府应设立助学金,用于帮助经济困难学生就学。

第五十八条 特殊教育学校的校办产业和勤工俭学收入上缴学校部分应用于改善办学条件,提高教职工福利待遇,改善学生学习和生活条件。学校可按有关规定接受社会捐助。

第五十九条 特殊教育学校应科学管理、合理使用学校经费,提高使用效益。要建立经费管理制度,并接受上级财务和审计部门的监督。

第八章 学校、社会与家庭

第六十条 特殊教育学校应同街道(社区)、村民委员会及附近的普通学校、机关、团体、部队、企事业单位联系,争取社会各界支持学校工作,优化育人环境。

第六十一条 特殊教育学校要在当地教育行政部门领导下,指导普通学校特殊教育班和残疾儿童、少年随班就读工作,培训普通学校特殊教育师资,组织教育教学研究活动,提出本地特殊教育改革与发展的建议。

第六十二条 特殊教育学校应通过多种形式与学生家长建立联系制度,使家长了解

学校工作,征求家长对学校工作的意见,帮助家长创设良好的家庭育人环境。

第六十三条　特殊教育学校应特别加强与当地残疾人组织和企事业单位的联系,了解社会对残疾人就业的需求,征求毕业生接收单位对学校教育工作的意见、建议,促进学校教育教学工作的改革。

第六十四条　特殊教育学校应为当地校外残疾人工作者、残疾儿童、少年及家长等提供教育、康复方面的咨询和服务。

第九章　附则

第六十五条　特殊教育学校应当根据《中华人民共和国教育法》《中华人民共和国义务教育法》《残疾人教育条例》和本规程的规定,结合实际情况制定学校章程。承担教育改革试点任务的特殊教育学校,在报经省级主管教育行政部门批准后,可调整本规程中的某些要求。

第六十六条　本规程适用于特殊教育学校。普通学校附设的特殊教育班、特殊教育学校的非义务教育机构和实施职业教育的特殊教育学校可参照执行有关内容。

第六十七条　各省、自治区、直辖市教育行政部门可根据本规程制定实施办法。

第六十八条　本规程自发布之日起施行。

跋

2023年,笔者有幸以"良好"结项了国家社会科学基金教育学一般课题"基于供给侧改革的残疾人职业教育支持保障体系构建的实证研究"(BJA170099)项目。在结项专著《残疾人职业教育供给侧改革的实证研究》的跋部分,笔者留下了感慨"因为残疾人种类较多,本研究又没有对残疾职业教育进行细致的种类划分,为研究留有一定的遗憾。未来在可能的情况下,笔者计划围绕中等智力障碍者展开涉农类职业教育深入研究,弥补此遗憾"。

为了弥补此遗憾,笔者近几年也多次到兄弟单位和多个省市进行有关残疾人职业教育主题论坛发表了呼吁重点关注智力与发展性障碍学生劳动教育相关主题的发言和讲座,与更多的对此领域感兴趣的教师、朋友和学生进行了更为深入、细致的探讨。在对智力与发展性障碍学生劳动教育不断地探讨和思考中,笔者有幸遇到了对此问题有同样思考的陕西宝鸡眉县特殊教育学校张占平校长,我们就智力与发展性障碍学生的劳动教育领域进行了深入交流,我欣喜地发现原来我们对此领域有太多共同话语。为了使我对眉县特殊教育学校劳动教育开展情况有更为具体的了解,张占平校长热情地邀请我去他那里"看看、指导指导"。我本着了解和学习省内特殊教育学校劳动教育开展具体情况的目的,欣然接受了张占平校长的邀请,前往眉县特殊教育学校了解和学习其劳动教育开展情况。经过对眉县特殊教育学校的走访和深入了解,笔者被该校开展的智力与发展性障碍学生猕猴桃种植教育深深吸引和折服。作为一所县域学校,眉县特殊教育学校能够紧密结合学校所在地的农业特产——猕猴桃,与家庭合作开展农业教育,使学生能够将在学校所学到的农业技能,在家庭种植园中加以使用,既提升了学校的劳动教育教学成效,又使学生将所学技能应用于家庭创收,改善了残疾学生家庭的经济条件。

笔者深切感受到眉县特殊教育学校基于县域开展劳动教育所取得的喜人成绩,加之2024年笔者作为负责人中标了中华职教社重点研究项目:黄炎培职业教育体系与中国式残疾人职业教育现代化(ZJS2024ZN002),笔者迫切想将眉县特殊学校的经验与更多的残疾人劳动教育学校或者机构进行分享,使更多的从事残疾人劳动教育者受到启迪。笔者表达了将眉县特殊教育学校劳动教育经验加以整理出版的想法。此想法一经提出,就受到了眉县特殊教育学校张占平校长及其他领导、教师的一致支持。很快,我们就成立了书稿编写小组。商榷之后,由笔者和张占平校长共同担任主编,邀请全国多所学校的教师与眉县特殊教育学校教师共同组成书稿的编写小组。书稿各章的编写分工如下:杭州市杨绫子学校毛婕妤编写第一章,南京特殊教育师范学院杨艳编写第二章,眉县特殊教育学校苏金喜编写第三章第一节、柴文敏编写第三章第二节、皮笑笑编写第三章第三节,眉县特殊教育学校周红莉编写第四章第一节、李建军编写第四章第二节、丁桥编写第四章第三、四节,湖北师范大学张晨琛编写第五章第一、二节、眉县特殊教育学校吕春燕编写第五章第三、四节,邯郸学院张梁编写第六章,汉中特殊教育学校汪锐编写第七章,海南师范大学教育学院张皓月编写第八章。

　　书稿初稿完成后,我们对书稿进行了统编工作。其中,第一章至第五章由我本人负责,第六章至第八章由张占平校长负责。

　　书稿的编写过程中发生了许多让我感动和记忆深刻的事情:

　　其一,我的博士生导师方俊明先生在首肯书稿选题的基础上,不仅对书稿进行了仔细的批阅,提出了许多中肯和具体的修改意见,而且欣然为书稿撰写序,让我们备受荣光和鼓舞。

　　其二,眉县特殊教育学校的各位参与书稿撰写的教师,虽然均为首次参与书稿的编写工作,但他们均高质量地完成了书稿的撰写任务,既克服了自身工作所带来的压力,又顶住了我近乎严苛的修改压力。他们逐光而行、积极奋进的精神风貌和硬朗作风使我备受感动。

　　其三,杭州市杨绫子学校毛婕妤老师积极克服单位本职工作方面的各种困难,不仅保证自己承担编写部分的书稿高质量地完成,而且还为书稿大纲出台,书稿内容的科学有序化调整进言进策,为整本书稿的完成起到了重要的推动作用。

　　其四,南京特殊教育师范学院杨艳老师、邯郸学院张梁老师、海南师范大学教育学院张皓月老师均克服了各自工作中的很多困难,确保了书稿初稿、修订稿的如期完工。

　　其五,工作繁忙的眉县特殊教育学校张占平校长,克服多方面的困难,在书稿的编写中出色的组织能力,饱满的工作热情,实干的工作作风,书稿大纲讨论中的高屋建瓴,统稿中的精心阅读和润色,也让我印象深刻。

　　总之,正是有了书稿编写小组各位成员的共同努力和辛苦付出,才使得书稿编写中遇到的种种困难都迎刃而解,最终确保了书稿的编写得以顺利完成。

　　在书稿审校、排版等环节中,陕西师范大学出版总社的相关工作人员进行了大量细致、耐心的工作,对他们的辛勤付出,请允许我代表本书编写团队在此表达诚挚的谢意:

谢谢你们！

此外，本书稿的编写得到了陕西师范大学教育学部领导和同人的大力支持。书稿得以顺利完成，也离不开中华职业教育社和陕西省中华职业教育社的大力支持，离不开各位编写组成员家人、朋友的莫大帮助，以及我的硕士研究生邱翠丝、钟晓杰、王翱钰、侯清清、李欣悦、傅玲、徐定琴、王炜杰等同学所做的协助工作。在此，我代表书稿编写组向你们致以诚挚的谢意！你们的支持是推动团队在学术道路上不断向光而行、奋勇向前的最大动力源泉！

郭文斌记于临潼静心斋
2024 年 3 月 29 日